BENJAMIN KILCHÖR

Das Alte Testament vom Glaubensbekenntnis her verstehen

Bibelzitate folgen, wenn nicht anders angegeben, der Lutherbibel, revidierter Text 1984, durchgesehene Ausgabe, © 1999 Deutsche Bibelgesellschaft, Stuttgart (LUT84)

© 2023 Brunnen Verlag GmbH, Gießen
Umschlagfoto: Adobe Stock
Umschlaggestaltung: Jonathan Maul, Brunnen Verlag GmbH
Satz: Brunnen Verlag GmbH
Druck: CPI books GmbH, Leck
ISBN Buch 978-3-7655-2151-5
ISBN E-Book 978-3-7655-7650-8
www.brunnen-verlag.de

„Dieses Buch ist eine notwendige Medizin für Christen heute. Es hilft gegen die Verunsicherung, oft sogar Entfremdung von Christen gegenüber dem Alten Testament."
Pfr. Ulrich Parzany, Kassel

„Dieses Buch ist eigentlich eine Biblische Theologie im Taschenformat. Es führt anhand des Glaubensbekenntnisses vom Garten Eden bis zum himmlischen Jerusalem – spannend zu lesen vom Anfang bis zum Ende, kompakt, aber gut verständlich und überaus informativ."
Pfrn. Prof. Dr. Hanna Stettler, Tübingen/Flaach ZH

„Dieses Buch weckt Freude am Alten Testament – und das ist gut so: Denn der christliche Glaube lebt aus der gesamten Geschichte Gottes mit den Menschen. Das Alte Testament ist weder veraltet noch überflüssig. Vielmehr ist es die bleibend aktuelle Grundlage der christlichen Existenz. Anhand des Apostolischen Glaubensbekenntnisses zeigt Benjamin Kilchör, wie entscheidende Glaubensfragen und geistliche Weichenstellungen im Schöpfungshandeln Gottes und in der Erwählung Israels begründet sind. Dieser gesamtbiblische Zugang belebt und erfrischt den Glauben und ist für ethische Fragen der Gegenwart ebenso bedeutsam wie für die Praxis des Gemeindeaufbaus. Man kann das Buch in einem Zug lesen und erhält damit ein Panorama zu wesentlichen biblisch-theologischen Themen – oder man kann es genauso gewinnbringend als Arbeitshilfe für die Predigtvorbereitung, für Glaubenskurse oder für die religionspädagogische Arbeit einsetzen."
Prof. Dr. Stefan Schweyer, Ordentlicher Professor für Praktische Theologie an der Universitären Theologischen Hochschule STH Basel

„Schöpft das bekannteste und in vielen Kirchen verwendete, sogenannte ‚Apostolische' Glaubensbekenntnis neben dem Neuen auch aus dem Alten Testament? Benjamin Kilchör zeigt, dass dem so ist, indem er den drei Teilen dieses wichtigen wie grundlegenden christlichen Bekenntnisses (Gott/Vater – Jesus Christus – Hl. Geist, Kirche und Weiteres) entlanggeht.

Bei Gott-Vater, dem Schöpfer, mag es wenig überraschen, dass sich viele Belege ergeben, findet sich doch im Alten Testament der Schöpfungsbericht. An den Schöpfergott anknüpfend werden aber weiterführende Hinweise gegeben zu Stichworten wie: die Schöpfung als Gottes Tempel, der Mensch als Ebenbild und Priester Gottes und anderen mehr.

Auch die weiteren Abschnitte zu Jesus Christus und zum Heiligen Geist (mit Kirche und weiteren Aussagen) sind von ähnlichem Umfang, will heißen: Es gibt viele grundlegende und vorbereitende Aussagen dazu im Alten Testament. So sind etwa Aussagen von Jesu Hoheit (Messias, Gottessohn), seiner Niedrigkeit (Leiden, Sterben) und seines stellvertretenden Handelns uns zugute (Gottesknechtsaussagen etc.) zum Verständnis unentbehrlich.

Mehr noch: Ohne diese alttestamentlichen Aussagen wäre das Kommen und Wirken Jesu heilsgeschichtlich kaum denkbar gewesen, das Neue Testament nicht möglich und damit gäbe es auch keine christliche Glaubensgemeinschaft mit ihrem Bekenntnis.

In christlichen Gemeinschaften findet sich nicht selten, offen oder verdeckt, die Tendenz, das Alte Testament gegenüber dem Neuen abzuwerten. Das ist nicht im Sinne von Jesus und der Urkirche, deren Bibel allein aus dem (später so genannten) Alten Testament bestand. Beide Testamente machen die Heilige Schrift aus und sind damit unentbehrliche Grundlage eines christlichen Glaubensbekenntnisses. Dass dem so ist, hilft dieses Buch besser zu verstehen. Dafür ist dem Verfasser zu danken und dem Buch eine breite wie hörbereite Leserschaft zu wünschen."

Pfr. Dr. theol. Beat Weber, Basel

Inhalt

Vorwort 9

Das Apostolische Glaubensbekenntnis 13

Kapitel 1
„Ich glaube an Gott, den Vater, den Allmächtigen, den Schöpfer des Himmels und der Erde" 14
1. „Ich glaube an Gott" 14
2. „Den Vater, den Allmächtigen" 17
3. „Den Schöpfer des Himmels und der Erde" 20
    Die Schöpfung als Gottes Tempel 23
    Der Mensch als Gottes Ebenbild 28
    Der Mensch als Gottes Priester 34
    Der Garten Eden als Ort des priesterlichen Dienstes 35
    Der priesterliche Auftrag des Menschen 42
    Heilig und profan 45
    Der profane Bereich 46
    Die Opfer 50
    Die Heiligung des Profanen 56
    Wie im Himmel, so auf Erden 60
4. Fazit: Was bedeutet der Glaube an Gott, den Vater, den Allmächtigen, den Schöpfer des Himmels und der Erde? ... 64

Kapitel 2
„Und an Jesus Christus, seinen eingeborenen Sohn, unsern Herrn" 68
1. „Und an Jesus Christus" 69
    Die Salbung und die drei alttestamentlichen Ämter: Prophet, Priester und König 69
    Der Gesalbte im Jesajabuch 76

	Die Salbung Jesu im Lukasevangelium	80
2.	„Seinen eingeborenen Sohn"	83
3.	„Unsern Herrn".	99
4.	Die Erniedrigung und Erhöhung Jesu.	100
	„Empfangen durch den Heiligen Geist, geboren von der Jungfrau Maria"	100
	„Gelitten [...], gekreuzigt, gestorben und begraben"	104
	„Hinabgestiegen in das Reich des Todes"	110
	„Am dritten Tage auferstanden von den Toten"	118
	„Aufgefahren in den Himmel"	122
	„Er sitzt zur Rechten Gottes, des allmächtigen Vaters"	123
	„Von dort wird er kommen, zu richten die Lebenden und die Toten".	125
5.	Fazit: Was bedeutet der Glaube an Jesus Christus, den eingeborenen Sohn Gottes, unsern Herrn?	129

Kapitel 3
„Ich glaube an den Heiligen Geist". 134

1.	Licht und Finsternis	137
2.	Land und Wasser	142
3.	Leben und Tod	159
4.	Gut und Böse	160
5.	Fazit: Was bedeutet der Glaube an den Heiligen Geist?	168

Kapitel 4
„die heilige, katholische Kirche" 173

1.	„Gemeinschaft der Heiligen"	182
2.	„Vergebung der Sünden"	188
3.	„Auferstehung der Toten".	196
4.	„Und das ewige Leben"	207
5.	„Amen.".	212
6.	Fazit: Was bedeutet es, die heilige, katholische Kirche zu glauben?	214

Anhang:
Alttestamentliche Bibelstellen zum Apostolikum 220

Bibelstellenverzeichnis......................... 223

Anmerkungen 230

Vorwort

„Das Glaubensbekenntnis ist als liturgisches Gebet keine Sammlung von – auf verschiedenen Konzilien – teilweise brachial durchgesetzten Dogmen, sondern ein neues Eintreten jedes Einzelnen in die reinigende Frische der Taufe, Anwesenheit der Gemeinschaft der Heiligen, kirchenschaffende Wirkkraft der Dreifaltigkeit."

Martin Mosebach[1]

Über das Apostolische Glaubensbekenntnis, kurz: das Apostolikum, wurden schon viele und teils hervorragende Bücher geschrieben, gerade auch von sehr namhaften Theologen (z. B. Thomas von Aquin, Karl Barth, Wolfhart Pannenberg, Hans Küng, Joseph Ratzinger). Unter der Professorenschaft der STH Basel bin ich meines Wissens der Dritte, der dazu ein Buch vorlegt.[2] Warum ein weiteres Buch?

Genau genommen verstehe ich das Buch weniger als einen Beitrag zum Verständnis des Apostolikums (das ist es hoffentlich auch), sondern eher als Beitrag zum Verständnis des Alten Testaments. In den zurückliegenden Jahren, in denen ich mich auf das Alte Testament spezialisiert habe, stellte ich fest, dass in den christlichen Gemeinden (bis in die Pfarrerschaft) eine gewisse Unsicherheit in Bezug auf die Bedeutung des Alten Testaments für den christlichen Glauben und das Leben als Christ besteht. Das Apostolikum in seiner präzisen Knappheit erscheint mir als geeigneter Ausgangspunkt, um von diesen grundlegenden christlichen Glaubenssätzen ins Alte Testament zu gehen und zu schauen, was eigentlich die Wurzeln dieser Bekenntnissätze sind, von denen wir uns nicht abschneiden dürfen, da ein Baum ohne Wurzeln stirbt. Natürlich ist gerade der christlichen Gemeinde das Alte Testament durch Jesus

Christus und damit auch zusammen mit dem Neuen Testament vermittelt. So liegt zwar der Fokus dieses Buchs auf dem Alten Testament, doch das Neue Testament wird immer auch mit bedacht.

Über dem Vorwort steht ein Zitat von Martin Mosebach. Ich hatte die Gelegenheit, Martin Mosebach anlässlich der jährlichen *Tilman Geske Memorial Lecture* am 19. Mai 2022 an der STH Basel persönlich zu begegnen. Er hat aus seinem Buch *Die 21: Eine Reise ins Land der koptischen Märtyrer* gelesen. Mosebach listet an einer Stelle eine Reihe von Attentaten auf Kopten in den letzten Jahren auf und fragt, ob es nicht ungerecht sei, einzig das Schicksal der einundzwanzig herauszulösen, die 2015 im libyschen Sirte am Strand enthauptet worden sind. Was für ihn aber den Unterschied zwischen den vielen Erschossenen und von Bomben Zerfetzten und den einundzwanzig ausmacht: „Sie waren nicht einfach nur wehrlos abgeschlachtet worden, sondern sie hatten sich kurz vor und noch während ihrer Enthauptung vernehmlich zu Jesus Christus bekannt."[3] Durch ihr Bekenntnis sind sie in ganz besonderem Sinne in die „Gemeinschaft der Heiligen" eingetreten.

Ist das Glaubensbekenntnis ein Eintreten „in die reinigende Frische der Taufe, Anwesenheit der Gemeinschaft der Heiligen, kirchenschaffende Wirkkraft der Dreifaltigkeit", so ist es das gerade auch in dem Sinne, dass es nicht vom biblischen Wort wegführt, indem es gleichsam ein Konzentrat daraus anfertigt, das den Verzicht auf den Rest ermöglichen würde, sondern es führt in das biblische Wort hinein, in das Wort Alten und Neuen Testaments. Denn die Wirkkraft der Dreieinigkeit kommt aus dem biblischen Wort, das tut, was Gott gefällt (Jesaja 55,11). „Ihr seid schon rein um des Wortes willen, das ich zu euch geredet habe", sagt Jesus (Johannes 15,3).

Das Buch ist im Wesentlichen so aufgebaut, dass es den einzelnen Aussagen des Apostolikums folgt. Viele Dinge hängen eng miteinander zusammen, z. B. die Auferstehung Jesu Christi (2.4, „am dritten Tage auferstanden […]"), der lebendig machende Geist (3.3) und die Auferstehung der Toten (4.3) oder die Gottesebenbildlichkeit des Menschen (1.3, „Der Mensch als Gottes Ebenbild") und die Gottessohnschaft Jesu

Christi (2.2). Aus diesem Grund war es nicht immer möglich, Wiederholungen zu vermeiden und einige zentrale Bibeltexte, welche diese Glaubenssätze miteinander verbinden, an mehreren Orten (unter jeweils veränderten Gesichtspunkten) auszulegen. Es scheint mir wichtig, dass sie zu jedem Glaubenssatz, für den sie grundlegend sind, auch zur Sprache kommen. Das Bibelstellenverzeichnis am Ende des Buchs soll dabei helfen, sich zurechtzufinden.

Es ist eine Eigenheit des Apostolischen Glaubensbekenntnisses, dass es ganz zeitlos formuliert ist. Im Lateinischen und auch im Englischen kann man zwischen Credo/Creed („ich glaube") und Confessio/Confession („ich bekenne") unterscheiden. Während „Confessio" für konfessionelle Bekenntnisschriften steht, die gerade auch in zeitgeschichtlichen Herausforderungen und theologischen Auseinandersetzungen sich zeitaktuell positionieren, bekennt das Apostolikum als „Credo" den christlichen Glauben in seiner Zeitlosigkeit, ohne auf spezifische zeitgebundene Fragen zu antworten. Das beinhaltet auch, dass das Apostolikum keine praktischen Handlungsanweisungen gibt und auch keine ethischen Konsequenzen formuliert. Aus diesem Grund liegt auch im vorliegenden Buch der Fokus nicht so sehr auf der praktischen Relevanz des Glaubensbekenntnisses oder des Alten Testaments, sondern auf der Frage, wer der Gott ist, an den wir Christen glauben, und in welchem Verhältnis wir zu ihm stehen. Dennoch versuche ich punktuell einige Hinweise auf ethische und praktische Implikationen für Herausforderungen in der heutigen Zeit zu geben und aktuelle Themen zu benennen, für die das Glaubensbekenntnis besonders bedeutsam ist. So habe ich zu den einzelnen Kapiteln jeweils ein Fazit formuliert, das unter dem Titel „Was bedeutet der Glaube [...]" einige Gedankenanstöße zur gesellschaftlichen Aktualität der Glaubenssätze gibt und zumindest skizzenhaft über die Bedeutung der jeweiligen Glaubenssätze für die heutige Christenheit nachdenkt. Erkennen ist Leben. Gerade in der prophetischen Verkündigung des Alten Testaments wird deutlich, dass die Frage, welchem Gott man dient, letztlich auch bestimmt, nach welchem Gesetz man lebt (vgl. 5. Mose 4,6-8). Die Ethik und der Lebensvollzug gehen aus dem

Glauben hervor und wirken manchmal auch auf diesen zurück, gerade dann, wenn man den eigenen Lebenswandel rechtfertigen möchte und entsprechend den Glauben so formuliert, dass er nicht im Widerspruch zum Leben steht. Das Apostolische Glaubensbekenntnis setzt für die eigene Formulierung des Glaubens Leitplanken. Wo diese verlassen werden, ist der christliche Glaube verlassen. Wo der Mensch sich selbst zum Schöpfer erklärt, der meint, Wirklichkeit aus dem Nichts konstruieren zu können, hat er beispielsweise das Bekenntnis zu Gott, dem allmächtigen Vater, Schöpfer des Himmels und der Erde, verlassen.

Ich danke Dr. Beat Weber für gelegentlichen Austausch über dieses Buchprojekt. Manches wurde dadurch angeregt. So ist etwa die Tabelle im Anhang mit alttestamentlichen Bibelstellen zu den einzelnen Glaubenssätzen auf seine Idee hin entstanden. Sie ist nicht auf Vollständigkeit angelegt, sondern soll als Arbeitshilfe (gerade auch für den kirchlichen Kontext) dienen. Auch danke ich Hanna Stettler, Stefan Schweyer und Uwe Bertelmann für wertvolle Hinweise.

Der STH Basel danke ich für die Übernahme des Druckkostenzuschusses, Luca Staehelin für das Erstellen des Bibelstellenregisters.

Als Bibelübersetzung habe ich in der Regel die Lutherbibel in der revidierten Fassung von 1984, herausgegeben von der Deutschen Bibelgesellschaft in Stuttgart, verwendet. Gelegentlich weiche ich davon aber auch ab und biete eigene Übersetzungen, um gewisse Aspekte deutlicher hervorzuheben.

Möge dieses Buch einen kleinen Beitrag dazu leisten, die Entfremdung von Christen gegenüber dem Alten Testament (und gegenüber dem Apostolischen Glaubensbekenntnis, das sich gerade in der Rückfrage nach den biblischen Grundlagen in seinen knappen Formulierungen als durch und durch biblisch erweist!) zu verkleinern und damit den Glauben zu stärken.

Grüt, im Februar 2023
Benjamin Kilchör

Das Apostolische Glaubensbekenntnis

Ich glaube an Gott,
den Vater, den Allmächtigen,
den Schöpfer des Himmels und der Erde.

Und an Jesus Christus,
seinen eingeborenen Sohn, unsern Herrn,
empfangen durch den Heiligen Geist,
geboren von der Jungfrau Maria,
gelitten unter Pontius Pilatus,
gekreuzigt, gestorben und begraben,
hinabgestiegen in das Reich des Todes,
am dritten Tage auferstanden von den Toten,
aufgefahren in den Himmel;
er sitzt zur Rechten Gottes,
des allmächtigen Vaters;
von dort wird er kommen,
zu richten die Lebenden und die Toten.

Ich glaube an den Heiligen Geist,
die heilige katholische Kirche,
Gemeinschaft der Heiligen,
Vergebung der Sünden,
Auferstehung der Toten
und das ewige Leben.

Amen.

Kapitel 1

„Ich glaube an Gott, den Vater, den Allmächtigen, den Schöpfer des Himmels und der Erde"

Die Bibel beginnt nicht über Gott zu reden, indem sie zuerst einmal einige grundlegende Lehrsätze über ihn aufstellen und beschreiben würde, wie er ist: allmächtig, ewig, allweise, gütig, gerecht, liebend etc. Vielmehr erzählt sie unmittelbar von seinem Handeln, ohne Gott vorzustellen oder einzuführen: „Am Anfang schuf Gott Himmel und Erde" (1. Mose 1,1). Es zieht sich wie ein roter Faden durch die Bibel, dass wir Gott nicht als abstrakte Idee kennenlernen, als ein in sich ruhendes Wesen, als das Sein an sich; Gott ist von Anfang an in Bewegung, er offenbart sich in seinen Werken. „Deshalb gibt es für das Auge der Propheten und Apostel keinen anderen Ort, an dem sich *Offenbarung Gottes* in vollem Sinne finden könnte, als die *Geschichte*", schreibt Adolf Schlatter. „Darum besteht Gottes Lob in der Bibel im Preise seiner großen *Taten*."[4]

1. „Ich glaube an Gott"

Das Apostolische Glaubensbekenntnis beginnt mit den Worten „Ich glaube" – auf Lateinisch *Credo*. Sogleich wird hinzugefügt, worauf sich mein Glaube richtet: „an Gott". Das Glaubensbekenntnis ist damit nicht einfach eine Sammlung von Aussagen über Gott, sondern es setzt diejenigen, die es sprechen, in ein persönliches Verhältnis zu Gott.

Innerhalb des Alten Testaments führt die Formulierung „an Gott glauben" zuallererst zu Abraham, über den wir lesen:

1. „Ich glaube an Gott"

1. Mose 15,6
Abram glaubte dem HERRN, und das rechnete er ihm zur Gerechtigkeit.

Schon Paulus nimmt diesen Vers als Ausgangspunkt, wenn er in Römer 4 über den Glauben und Abraham als Vater des Glaubens spricht. Voraus geht in 1. Mose 15 die Verheißung Gottes an Abraham (der damals noch Abram heißt und auch in hohem Alter keine Nachkommen hat), dass seine Nachkommen sein werden wie die Sterne am Himmel (1. Mose 15,5, siehe dazu unten 4.3). Damit wird schon bei Abraham deutlich, dass dem Glauben das Wort Gottes vorausgeht. Der Glaube und das Glaubensbekenntnis sind immer Antwort auf das vorherige Reden Gottes. Darum folgt im christlichen Gottesdienst das Glaubensbekenntnis auch auf die Schriftlesungen (je nach Tradition auch auf die Predigt) und steht nicht am Anfang.

Das bekannteste Glaubensbekenntnis im Alten Testament ist das sogenannte *Schema Israel* („Höre Israel!"). Es wird manchmal als jüdisches Glaubensbekenntnis bezeichnet und gehört bis heute zu den wichtigsten jüdischen Gebeten. Es findet sich in 5. Mose 6,4-5 und folgt damit auf die Zehn Gebote Gottes in 5. Mose 5. Auch hier wird deutlich, dass das Bekenntnis eine Antwort auf das Offenbarungswort Gottes ist, indem das Glaubensbekenntnis auf die Selbstoffenbarung Gottes in seinem Wort und auf seine Weisung an sein Volk antwortet. Die einzelnen Sätze des *Schema Israel* lassen sich nämlich Aussagen aus den Zehn Geboten folgendermaßen zuordnen:

	Gottes Offenbarung		Israels Bekenntnis
5,6	Ich bin der HERR, dein Gott	6,4bα	Der HERR ist unser Gott
5,7	Du sollst keine anderen Götter haben	6,4bβ	Der HERR ist einzig
5,10	[…] aber Barmherzigkeit erweist an denen, die mich lieben […]	6,5	Du sollst den Herrn, deinen Gott, lieben von ganzem Herzen, von ganzer Seele und mit all deiner Kraft

Nachdem Gott Israel aus der Knechtschaft in Ägypten geführt hat, offenbart er sich als Jahwe (in deutschen Übersetzungen in der Regel in Kapitälchen als HERR wiedergegeben) – als der Gott Israels, neben dem Israel keine anderen Götter haben soll, weil es sonst wieder in die Knechtschaft gerät. Israel bekennt sich in seiner Antwort auf diese Offenbarung zu Jahwe als seinem einzigen Gott. Die Existenz anderer Götter wird hier nicht bestritten, aber Gott schließt mit Israel einen Bund, der ausschließt, dass Israel neben ihm auch anderen Göttern dient.

Als Paulus in 1. Korinther 8 gegenüber den Korinthern das Essen von Götzenopferfleisch anspricht, schreibt er:

> *1. Korinther 8,4-6*
> Was nun das Essen von Götzenopferfleisch angeht, so wissen wir, dass es keinen Götzen gibt in der Welt und keinen Gott als den einen. Und obwohl es solche gibt, die Götter genannt werden, es sei im Himmel oder auf Erden, wie es ja viele Götter und viele Herren gibt, so haben wir doch nur einen Gott, den Vater, von dem alle Dinge sind und wir zu ihm; und einen Herrn, Jesus Christus, durch den alle Dinge sind und wir durch ihn.

Paulus anerkennt hier, dass es himmlische und irdische Wesen gibt, die Anbetung und Verehrung beanspruchen, auch wenn sie es nicht verdienen, „Götter" genannt zu werden. Mehrere Ausleger haben darauf hingewiesen, dass Paulus dann mit der zweiteiligen Formulierung „Es gibt nur einen Gott, den Vater [...] und nur einen Herrn, Jesus Christus" sich auf das *Schema Israel* bezieht („Der HERR ist unser Gott, der HERR ist einzig"). So schreibt beispielsweise der Neutestamentler Eckhard Schnabel:

> Paulus wagt eine Neudefinition des jüdischen Monotheismus im Sinne eines christologischen Monotheismus. Er fügt Jesus Christus nicht zum monotheistischen Glaubensbekenntnis hinzu (was Ditheismus [d. h. die Verehrung von zwei Göttern] wäre und dem Bekenntnis der Einzigartigkeit Gottes widersprechen würde), son-

dern er schließt Jesus Christus in die einzigartige Identität des einen Gottes mit ein, zu dem sich die Glieder des Volkes Gottes im Shema bekennen.[5]

Mit anderen Worten: Paulus fügt dem *Schema Israel* nicht ein zweites Bekenntnis hinzu, sodass es ein Bekenntnis zu Gott dem Vater und eines zu Jesus Christus gäbe, sondern er formuliert das *Schema Israel* neu so, dass das Bekenntnis zu dem einen Gott sowohl das Bekenntnis zum Vater wie zum Sohn beinhaltet. Dies bedeutet, dass für Paulus diejenigen, die sich zu Jesus Christus als dem einen Herrn bekennen, zum Volk Gottes gehören und in das *Schema Israel* einstimmen können, weil der eine Gott Vater und Sohn umfasst. Man kann damit 1. Korinther 8,6 durchaus als ein theologisches Zwischenstück zwischen dem *Schema Israel* und dem altkirchlichen Apostolikum sehen. Der Anfangssatz des Apostolischen Glaubensbekenntnisses – „Ich glaube an Gott" – bezieht sich damit nicht nur auf den Vater, sondern beinhaltet Vater, Sohn und Heiligen Geist. Jede der drei Personen der Gottheit wird anschließend für sich genannt, aber es sind nicht drei Götter, an die der Christ glaubt, sondern ein Gott in drei Personen: „Ich glaube an den dreieinigen Gott."

2. „Den Vater, den Allmächtigen"

Das Apostolische Glaubensbekenntnis bekennt Gott als „den Vater, den Allmächtigen" und als „Schöpfer des Himmels und der Erde". In der lateinischen Originalfassung wird noch deutlicher als in der deutschen Übersetzung, dass Gottes Allmacht seiner Vaterschaft beigeordnet ist und nicht eine davon unabhängige Eigenschaft meint. Das lateinische *Patrem omnipotentem* ließe sich wörtlich als „allmächtiger Vater" übersetzen, doch wollte die deutsche Übersetzung die Vorordnung von „Vater" vor „allmächtig" beibehalten.

In der Bibel ist es aber gerade nicht so, dass zuerst Gott als allmächtiger Vater definiert wird, bevor er dann beginnt, die Welt zu erschaffen.

Vielmehr ist sein Schöpfungshandeln das Erste, was über ihn ausgesagt ist – sein Werk, durch das er aus der Verborgenheit in die Sichtbarkeit tritt, sich offenbart und sich als allmächtiger Vater erweist. Das Schöpfungshandeln ist der erste Akt der Selbstoffenbarung Gottes.

Es gibt nicht allzu viele Stellen, in denen Gott im Alten Testament „Vater" genannt wird. Schon in der ersten Stelle, im Lied des Mose (5. Mose 32), verbindet sich die Vaterschaft Gottes mit seinem Schöpferhandeln, allerdings nicht mit der Schöpfung von Himmel und Erde, sondern mit der Schöpfung Israels als dem Volk Gottes:

5. Mose 32,6
Dankst du so dem HERRN, deinem Gott, du tolles und törichtes Volk? Ist er nicht dein Vater und dein Herr? Ist es nicht er allein, der dich gemacht und bereitet hat?

Auch Jesaja 64,7 und Maleachi 2,10 betonen diesen Zusammenhang:

Jesaja 64,7
Aber nun, HERR, du bist doch unser Vater! Wir sind Ton, du bist unser Töpfer, und wir alle sind deiner Hände Werk.

Maleachi 2,10
Haben wir nicht alle einen Vater? Hat uns nicht ein Gott geschaffen? Warum verachten wir denn einer den anderen und entheiligen den Bund mit unseren Vätern?

Natürlich sorgt der Vater für seine Kinder:

Psalm 68,6
Ein Vater der Waisen und ein Helfer der Witwen ist Gott in seiner heiligen Wohnung.

2. „Den Vater, den Allmächtigen"

Psalm 103,13
Wie sich ein Vater über Kinder erbarmt, so erbarmt sich der HERR über die, die ihn fürchten.

Jesaja 63,15-16
So schau nun vom Himmel und sieh herab von deiner heiligen, herrlichen Wohnung! Wo ist nun dein Eifer und deine Macht? Deine große, herzliche Barmherzigkeit hält sich hart gegen mich! Bist du doch unser Vater; denn Abraham weiß von uns nichts, und Israel kennt uns nicht. Du, HERR, bist unser Vater; „Unser Erlöser", das ist von alters her dein Name.

Schließlich verbindet sich die Vaterschaft Gottes auch mit der Verheißung eines Nachkommens Davids, d. h. mit der Messiasverheißung, über den Gott sagt:

2. Samuel 7,14a
Ich will sein Vater sein und er soll mein Sohn sein.

Diese Messiasverheißung wird in Psalm 89 und in Jesaja 9 aufgenommen (vgl. auch Psalm 2,7, wo Gott zwar nicht als Vater bezeichnet wird, aber zum Messias sagt: „Du bist mein Sohn"):

Psalm 89,27
Er wird mich nennen: Du bist mein Vater, mein Gott und Hort, der mir hilft.

Jesaja 9,5-6
Denn uns ist ein Kind geboren, ein Sohn ist uns gegeben, und die Herrschaft ruht auf seiner Schulter; und er heißt Wunder-Rat, Gott-Held, Ewig-Vater, Friede-Fürst; auf dass seine Herrschaft groß werde und des Friedens kein Ende auf dem Thron Davids und in seinem Königreich, dass er es stärke und stütze durch Recht und

Gerechtigkeit von nun an bis in Ewigkeit. Solches wird tun der Eifer des HERRN Zebaoth.

Die Vaterschaft Gottes hat im Alten Testament damit im Wesentlichen zwei Dimensionen: Zum einen ist er Vater seiner Geschöpfe, insbesondere Vater derer, die zu seinem Volk gehören. In einem spezifischeren Sinne ist er aber auch Vater des Messias, des Nachkommens Davids. Die Vaterschaft Gottes wird darum unten einerseits da vertieft, wo es um die Schöpfung geht (1.3, besonders „Der Mensch als Gottes Ebenbild"), aber auch da, wo es um die Gottessohnschaft Jesu geht (2.2).

Beides, dass Gott der allmächtige Vater und dass er Schöpfer des Himmels und der Erde ist, gründet schon in den ersten Kapiteln der Bibel. Von dort aus soll darum entfaltet werden, was es beinhaltet, wenn die glaubende Gemeinde sich zu Gott als dem allmächtigen Vater und dem Schöpfer des Himmels und der Erde bekennt.

3. „Den Schöpfer des Himmels und der Erde"

Es gibt gute Gründe, den ersten Satz der Bibel – „Am Anfang schuf Gott *Himmel und Erde*" – so zu verstehen, dass Gott am Anfang eine himmlische und eine irdische Welt erschaffen hat, man könnte auch sagen: die für den Menschen unsichtbare himmlische und die sichtbare irdische Welt.[6]

Diese Deutung wird alleine schon durch den zweiten Satz gestützt: „Und die *Erde* war wüst und leer" (1. Mose 1,2). Zwar hat Gott also am Anfang Himmel und Erde erschaffen, aber nur die Erde wird dann als „wüst und leer" (hebräisch *tohu wabohu*) beschrieben.[7] Auch das zweite Kapitel des ersten Mosebuchs beginnt mit einem Satz über Himmel und Erde: „So wurden vollendet *Himmel und Erde* mit ihrem ganzen Heer" (1. Mose 2,1). Nach den sechs Schöpfungstagen ist die Erde nicht mehr "wüst und leer", sondern von einem ganzen Heer von Geschöpfen bevölkert.

Die Schöpfung Gottes wird also in zwei Bereiche aufgeteilt, man spricht auch von einer zweigliedrigen Kosmologie: Himmel und Erde. Liest man aber die Verse zwischen 1. Mose 1,1 und 1. Mose 2,1, so begegnet durchweg eine dreigliedrige Kosmologie: Himmel, Erde und Meer (z. B. 1. Mose 1,8-10: "Und Gott nannte die Feste *Himmel* [...] und Gott nannte das Trockene *Erde*, und die Sammlung der Wasser nannte er *Meer*"; vgl. 1. Mose 1,28). Auch später, zum Beispiel in den Zehn Geboten, wird die Schöpfung dreigliedrig beschrieben (2. Mose 20,11: "Denn in sechs Tagen hat der HERR *Himmel* und *Erde* gemacht und das *Meer*, und alles, was in ihnen ist, und ruhte am siebten Tage").

Wir finden also in 1. Mose 1,1 und 1. Mose 2,1 einen zweigliedrigen Kosmos (Himmel und Erde), sonst aber einen dreigliedrigen (Himmel, Erde, Meer). Weitere biblische Texte legen nahe, dass die zweigliedrige Rede von "Himmel und Erde" sich auf das bezieht, was man "unsichtbare und sichtbare Welt" nennen könnte, also auf den Bereich Gottes und den Bereich des Menschen, während die dreigliedrige Rede von "Himmel, Erde und Meer" sich nur auf den Bereich des Menschen bezieht. Ein schönes Beispiel dafür bietet Psalm 33, wenn darin gesagt wird:

Psalm 33
13 Der HERR schaut vom *Himmel* und sieht alle Menschenkinder.
14 Von seinem festen Thron sieht er auf alle, die auf *Erden* wohnen.

Der Himmel ist hier der Ort der Gegenwart Gottes und seines Thrones, während die Menschenkinder auf Erden wohnen. Im gleichen Psalm findet sich aber auch eine Aussage über die Erde als einen in Himmel, Erdboden und Meer aufgeteilten Bereich:

Psalm 33
5b Die *Erde* ist voll von der Güte des HERRN:

6 Der *Himmel* ist durch das Wort des HERRN gemacht und all sein Heer durch den Hauch seines Mundes.
7 Er hält die Wasser des *Meeres* zusammen wie in einem Schlauch und sammelt in Kammern die Fluten.
8 Alle Welt fürchte den HERRN, und vor ihm scheue sich alles, was auf dem *Erdboden* wohnt.

Wir finden in diesem Schöpfungspsalm somit dieselbe Unterscheidung wie in 1. Mose 1: Der Himmel ist der Bereich Gottes, die Erde der Bereich des Menschen. Die Erde ist aber ihrerseits unterteilt in Himmel, Erde und Meer. Nach 1. Mose 1,1 schafft Gott am Anfang den Himmel und die Erde. Über den Himmel wird aber nichts weiter ausgesagt, sondern nur darüber, dass die Erde wüst und leer ist und dass sie dann in drei Räume aufgeteilt wird (Himmel, Erde, Meer), die anschließend mit Bewohnern gefüllt werden. Die Reihenfolge – Himmel und Erde – weist aber darauf hin, dass der Himmel zuerst geschaffen wird und danach die Erde. Damit wird ein biblisches Prinzip eingeführt, das uns aus dem Vaterunser vertraut ist: „wie im Himmel, so auf Erden" (Matthäus 6,10). Im Vaterunser ist es der Wille des Vaters, der „wie im Himmel, so auf Erden" geschehen soll. In 1. Mose 1,1 ist dies der Schöpferwille des himmlischen Vaters: Er erschafft eine himmlische und eine irdische Welt und füllt die irdische mit Geschöpfen, wie schon die himmlische Welt voll seiner himmlischen Heerscharen ist.

Diese Unterscheidung von Himmel und Erde erlaubt es uns, differenziert von der Gegenwart Gottes zu sprechen. Während Gott in der unsichtbaren Welt – im Himmel – „wohnt" und dort somit allgemein gegenwärtig ist, ist er nicht in gleicher Weise in der sichtbaren Welt – auf der Erde – gegenwärtig. Seine irdische Gegenwart ist eine spezielle Gegenwart, die es auch ermöglicht, dass er sich „abwenden" oder „verbergen" kann. Die allgemeine Gegenwart Gottes ist somit durch seine himmlische Wohnstätte ausgedrückt, seine spezielle Gegenwart (oder auch Abwesenheit) bezieht sich auf den irdischen Bereich. So ist es auch zu verstehen, wenn Gott sagt: „Der Himmel ist mein Thron und die Erde der Schemel meiner Füße"

(Jesaja 66,1). Gott thront in der unsichtbaren Welt, aber etwas von seiner Herrlichkeit (seine „Füße") ragt in die sichtbare Welt hinein.

Wenn das Apostolische Glaubensbekenntnis Gott, den allmächtigen Vater, als „Schöpfer des Himmels und der Erde" bekennt, so ist somit nicht nur ausgesagt, dass er uns Menschen und unsere Welt erschaffen hat, sondern auch die himmlische Welt mit ihren „Engeln, Mächten und Gewalten" (Römer 8,38; vgl. 1. Petrus 3,22).

Die Schöpfung als Gottes Tempel

Die Bitte des Vaterunsers, dass die Königsherrschaft Gottes komme und sein Wille „wie im Himmel, so auf Erden" geschehe (Matthäus 6,10), beinhaltet, dass der himmlische Thron Gottes ein Abbild auf der Erde haben soll. Der irdische Ort, an dem der göttliche Thron steht, ist im Alten Testament der Tempel. König Salomo betet bei der Einweihung des neu gebauten Tempels in Jerusalem:

1. Könige 8,27
Aber sollte Gott wirklich auf Erden wohnen? Siehe, der Himmel und aller Himmel Himmel können dich nicht fassen – wie sollte es dann dies Haus tun, das ich gebaut habe?

Der größere Zusammenhang macht deutlich, dass die Antwort auf die erste Frage, ob Gott wirklich auf Erden wohnen sollte, mit „Ja" zu beantworten ist: Ja, Gott, den der Himmel und aller Himmel Himmel nicht fassen können, hat zugesagt, dass er in einem von Menschenhand erbauten Haus inmitten seines Volkes Israel wohnen möchte, wie er schon zu Mose gesagt hat:

2. Mose 25,8-9
Und sie sollen mir ein Heiligtum machen, dass ich unter ihnen wohne. Genau nach dem Bild, das ich dir von der Wohnung und ihrem ganzen Gerät zeige, sollt ihr's machen.

Auch hier finden wir das Prinzip „wie im Himmel, so auf Erden". Denn das Heiligtum, das die Israeliten anfertigen sollen, damit Gott inmitten seines Volkes wohnt, soll nach einem Vorbild angefertigt werden, das Mose gesehen hat, als er Gott auf der Spitze des Berges Sinai begegnet ist. Dort ist Gott in seiner königlichen Herrlichkeit erschienen und eine Wolke bedeckte den Berg sechs Tage lang. Am siebten Tag rief Gott Mose aus der Wolke und Mose ging in die Wolke hinein (2. Mose 24,15-18). Die Spitze des Berges ist der Ort, wo Himmel und Erde sich berühren. Dort, in der Wolke, tritt Mose ein in den himmlischen Bereich Gottes und darf einen Blick auf dessen himmlisches Heiligtum werfen. Das Heiligtum, dessen Anfertigung Mose dann beaufsichtigen soll, soll ein irdisches Abbild dessen sein, was im Himmel ist.

Doch nicht nur der unter Salomo erbaute Tempel und die unter Mose erbaute Stiftshütte sind Initiativen Gottes, um unter den Menschen zu wohnen. Die von Gott „erbaute" Schöpfung selbst ist eine solche Initiative. So ist laut Psalm 78,69 der Jerusalemer Tempel auf dem Berg Zion ein Abbild der Schöpfung:

Psalm 78,69
Er baute sein Heiligtum wie Himmelshöhen,
wie die Erde, die er gegründet hat für immer.

Ganz ähnlich spricht auch Psalm 104 von der Schöpfung, bei der Gott nicht einfach aus der Distanz erschafft und vollendet, sondern selbst in Licht gekleidet in die Schöpfung hineinkommt auf einem Wolkengefährt, das vom Geistwind angetrieben wird, um das Erdreich auf festen Boden zu gründen und über den Wassern seine Gemächer zu errichten:

Psalm 104,1-5
Lobe den HERRN, meine Seele!
HERR, mein Gott, du bist sehr herrlich;
Licht ist dein Kleid, das du anhast.
Du breitest den Himmel aus wie einen Teppich;

3. „Den Schöpfer des Himmels und der Erde"

Du baust deine Gemächer über den Wassern.
Du fährst auf den Wolken wie auf einem Wagen
und kommst daher auf den Fittichen des Geistwindes,
der du machst Geistwinde[8] zu deinen Boten
und Feuerflammen zu deinen Dienern;
der du das Erdreich gegründet hast auf festen Boden,
dass es bleibt immer und ewiglich.

Die Schöpfung selbst ist der erste Bau eines irdischen Heiligtums, in dem Gott unter den Menschen wohnen möchte. In diesem Psalm wird auch deutlich, dass das Licht des ersten Schöpfungstages, das der Erschaffung von Sonne, Mond und Sternen (Tag 4) vorausgeht, das Licht Gottes ist – die Lichtherrlichkeit, in die er sich kleidet. Im Judentum wird die der Welt einwohnende Lichtherrlichkeit Gottes *Schechina* (d. h. „Einwohnung") genannt. Gott selbst, der „Vater des Lichts, bei dem keine Veränderung ist noch Wechsel des Lichts und der Finsternis" (Jakobus 1,17), ist die Quelle allen Lichtes. Die Sonne hat ihr Licht nicht aus sich selbst, sondern sie reflektiert das Licht Gottes. In 1. Mose 1 kommt das darin zum Ausdruck, dass für das Licht des ersten Schöpfungstages das hebräische Wort *Or* („Licht") gebraucht wird, für Sonne, Mond und Sterne am vierten Tag dagegen das davon abgeleitete *Me-or* („Lampe", „Lichtträger"). Auch der Anfang des Johannesevangeliums deutet das Licht des ersten Schöpfungstages als das Licht Gottes:

Johannes 1,1–5
Am Anfang war das Wort, und das Wort war bei Gott, und Gott war das Wort. Dasselbe war im Anfang bei Gott. Alle Dinge sind durch dasselbe gemacht, und ohne dasselbe ist nichts gemacht, was gemacht ist. In ihm war das Leben, und das Leben war das Licht der Menschen. Und das Licht scheint in der Finsternis, und die Finsternis hat's nicht ergriffen.

Das Erscheinen Gottes, das Licht in die Finsternis der irdischen Welt hineinbringt, steht am Anfang der Schöpfung und dann erschafft Gott sein Heiligtum in sechs Tagen, wobei die Tage 1-3 dem Erschaffen von „Räumen" gewidmet sind, die Tage 4-6 dem Füllen dieser Räume mit „Bewohnern":

Raum		**Bewohner**
1. Tag: Licht und Finsternis	→	4. Tag: Sonne, Mond und Sterne
2. Tag: Wasser und Himmel	→	5. Tag: Wassertiere und Vögel
3. Tag: Land und Pflanzen	→	6. Tag: Landtiere und Mensch

So schafft Gott selbst in sechs Tagen sein irdisches Heiligtum. Die mosaische Stiftshütte und der salomonische Tempel sind nur spätere Abbilder davon:

> *Jesaja 66,1-2a*
> So spricht der HERR: Der Himmel ist mein Thron und die Erde der Schemel meiner Füße! Was ist denn das für ein Haus, das ihr mir bauen könntet, oder welches ist die Stätte, da ich ruhen sollte? Meine Hand hat alles gemacht, was da ist, spricht der HERR.

Mit der Rede von der „Stätte, da ich ruhen sollte" ist auch der siebte Tag, der Sabbat, angesprochen: Denn das Heiligtum ist der Ort der Ruhe Gottes. Nachdem er sich sein Heiligtum in sechs Tagen errichtet hat, ruht er am siebten Tag.

Dieses Schema von sechstägiger Arbeit und Ruhe am siebten Tag führt auch nochmals zur Entsprechung der mosaischen Stiftshütte:

> *2. Mose 24,15-18*
> Als nun Mose auf den Berg kam, bedeckte die Wolke den Berg, und die Herrlichkeit des HERRN ließ sich nieder auf dem Berg Sinai, und die Wolke bedeckte ihn *sechs Tage*; und *am siebenten Tage* erging der Ruf des HERRN an Mose aus der Wolke. Und die Herrlich-

3. „Den Schöpfer des Himmels und der Erde"

keit des HERRN war anzusehen wie ein verzehrendes Feuer auf dem Gipfel des Berges vor den Israeliten. Und Mose ging mitten in die Wolke hinein und stieg auf den Berg und blieb auf dem Berge vierzig Tage und vierzig Nächte.

Sechs Tage lang bereitet Gott das Urbild der Stiftshütte vor, bevor er Mose am siebten Tag in die Wolke hineinruft und ihm alles zeigt. Der jüdische Ausleger Benno Jacob schrieb dazu:

> Für einen Zeitraum von sechs Tagen und einem darauffolgenden ausgezeichneten siebenten Tage gibt es keine andere Analogie als die sechs Werktage mit dem Sabbat. Die sechs Tage sind die Zeit, innerhalb deren Gott, im dunklen Gewölke verborgen, das Urbild des Heiligtums schafft, um am siebenten Mose hineinzurufen und ihm das vollendete Werk zu zeigen und zu erklären. Dies ist eine der mehrfachen [...] Parallelen zwischen der sechstägigen Weltschöpfung und dem Heiligtum.[9]

Es mag an dieser Stelle genügen, darauf hinzuweisen, dass den sieben Schöpfungstagen sieben Reden Gottes zum Bau der Stiftshütte entsprechen (2. Mose 25,1-30,10; 30,11-16; 30,17-21; 30,22-33; 30,34-38; 31,1-11; 31,12-17), wobei Gott in der siebten Rede die Feier des Sabbattages gebietet. Verschiedene Parallelen zwischen der Vollendung der Schöpfung und der Vollendung der Stiftshütte hat Michael Morales zusammengestellt:[10]

1. Mose 1–2	2. Mose 39–40
1,31: Und Gott sah an alles, was er gemacht hatte, und siehe, es war sehr gut.	39,43: Und Mose sah an alles Gemachte, und siehe, sie hatten es gemacht. Wie der HERR es geboten hatte,[11] so hatten sie es gemacht.

2,1: So wurden vollendet Himmel und Erde und all ihr Heer.	39,32: So wurde vollendet alle Arbeit der Wohnung des Zeltes der Begegnung.[12]
2,2: Und Gott vollendete […] sein Werk, das er getan hatte.[13]	40,33: Und Mose vollendete das Werk.[14]
2,3: Und Gott segnete […]	39,43: Und Mose segnete sie […]
2,3: Und Gott […] heiligte	40,9: […] sie zu heiligen und alles Gerät […][15]

Dass Gott *Schöpfer des Himmels und der Erde ist*, bedeutet in diesem Zusammenhang, dass Gott wie im Himmel, so auch auf der Erde wohnen will. Die Schöpfung selbst und auch der Bau der mosaischen Stiftshütte und des salomonischen Tempels zielen darauf ab, dass Gott unter den Menschen wohnt, wie er es in 3. Mose 26 formuliert:

> *3. Mose 26,11-12*
> Ich will meine Wohnung unter euch haben und will euch nicht verwerfen. Und ich will unter euch wandeln und will euer Gott sein, und ihr sollt mein Volk sein.

Der Mensch als Gottes Ebenbild

Das Prinzip „wie im Himmel, so auf Erden" spielt auch bei der Erschaffung des Menschen eine Rolle:

> *1. Mose 1,26-28*
> *Und Gott sprach*: Lasset uns Menschen machen, ein Bild, das uns gleich sei, die da herrschen über die Fische im Meer und über die Vögel unter dem Himmel und über das Vieh und über alle Tiere des Feldes und über alles Gewürm, das auf Erden kriecht.
> *Und Gott schuf* den Menschen zu seinem Bilde, zum Bilde Gottes schuf er ihn; und schuf sie als Mann und Frau.

3. „Den Schöpfer des Himmels und der Erde"

Und Gott segnete sie und sprach zu ihnen: Seid fruchtbar und mehret euch und füllet die Erde und machet sie euch untertan und herrschet über die Fische im Meer und über die Vögel unter dem Himmel und über das Vieh und über alles Getier, das auf Erden kriecht.

Der Mensch wird zum Bild Gottes geschaffen. Im darauffolgenden Schöpfungssegen wird ihm das Schöpfungswerk Gottes übergeben. Die Gottesebenbildlichkeit des Menschen zielt darauf ab, dass der Mensch als Statthalter Gottes die himmlische Herrschaft auf Erden repräsentiert und auch selbst das Geschenk des Lebens, das er von Gott empfangen hat, weitergibt.

Zunächst einmal fällt auf, dass in diesen Versen durchgehend Gott handelt („Gott sprach [...]"; „Gott schuf [...]"; „Gott segnete sie und sprach [...]"). Doch er scheint nicht allein zu sein, sondern er spricht in Mehrzahl: „Lasset uns Menschen machen, ein Bild, das uns gleich sei [...]". Gleiches finden wir auch beim Turm von Babel (1. Mose 11,7: „Lasst uns herniederfahren und dort ihre Sprache verwirren") und in der Berufungsgeschichte des Propheten Jesaja, wo dieser in den himmlischen Thronsaal Gottes hineingenommen wird, in welchem Gott umgeben von Serafim thront, und Jesaja, nachdem seine Lippen durch feurige Kohlen gereinigt wurden, die Frage Gottes hört: „Wen soll ich senden? Wer will *unser* Bote sein?" (Jesaja 6,8).

Dieses „Wir/Uns" weist darauf hin, dass Gott nicht einsam im Himmel thront. In der Forschung spricht man von einem „Thronrat" oder „Hofstaat" Gottes, der ihn umgibt (man könnte auch von einer Art himmlischem Kabinett sprechen).[16] In 1. Könige 22 sieht der Prophet Micha den Thron Gottes umgeben vom ganzen himmlischen Heer, mit dem Gott sich berät:

1. Könige 22,19-20
Darum höre nun das Wort des HERRN! Ich sah den HERRN sitzen auf seinem Thron *und das ganze himmlische Heer neben ihm stehen zu seiner Rechten und Linken.* Und der HERR sprach: Wer will Ahab

betören, dass er hinaufzieht und vor Ramot in Gilead fällt? Und der eine sagte dies, der andere das.

Gott ist hier in seinem himmlischen Thronsaal von himmlischen Heerscharen umgeben und er spricht mit ihnen. Ähnlich heißt es in Psalm 82 (vgl. Psalm 95,3):

Psalm 82,1
Gott (*Elohim*) steht in der Gottesversammlung[17]
und ist Richter unter den Göttern (*Elohim*).

Diese himmlischen Wesen werden hier und auch an anderen Stellen der Bibel als „Götter", hebräisch *Elohim*, bezeichnet. Wenn man „Himmel und Erde" in 1. Mose 1,1 auf den Bereich Gottes und den Bereich des Menschen bezieht, so ist damit eben nicht ausgesagt, dass im Bereich Gottes nur Gott existiert. Vielmehr ist auch die Welt Gottes von himmlischen Heerscharen bevölkert und der Thron Gottes ist umgeben von Scharen himmlischer Wesen.

Dass Gott sagt: „Lasst uns Menschen machen, ein Bild, das uns gleich sei […]" und es dann heißt: „Und Gott schuf den Menschen zu seinem Bilde, zum Bilde *Elohim* schuf er ihn", bedeutet, dass der Mensch nicht nur zum Bilde Gottes geschaffen ist, sondern auch zum Bilde dieser himmlischen Wesen, die ihrerseits himmlische Ebenbilder Gottes sind. So wie es im Himmel einen Thronrat Gottes gibt mit Wesen, welche an der himmlischen Königsherrschaft Gottes teilhaben, so ist der Mensch zum Thronrat Gottes auf Erden bestimmt, um Gottes Herrschaft auf Erden zu repräsentieren. Diese Deutung findet Unterstützung in Psalm 8:

Psalm 8,4-10
Wenn ich sehe die Himmel, deiner Finger Werk,
den Mond und die Sterne, die du bereitet hast:
Was ist der Mensch, dass du seiner gedenkst,
und des Menschen Kind, dass du dich seiner annimmst?

3. „Den Schöpfer des Himmels und der Erde"

Du hast ihn wenig niedriger gemacht als *Elohim*[18],
mit Ehre und Herrlichkeit hast du ihn gekrönt.
Du hast ihn zum Herrn gemacht über deiner Hände Werk,
alles hast du unter seine Füße getan:
Schafe und Rinder allzumal,
dazu auch die wilden Tiere,
die Vögel unter dem Himmel und die Fische im Meer
und alles, was die Meere durchzieht.
HERR, unser Herrscher,
wie herrlich ist dein Name in allen Landen!

Der Schlussvers des Psalms erinnert an den Ruf der Serafim bei der Berufung Jesajas: „Heilig, heilig, heilig ist der HERR der Heerscharen, *alle Lande sind voll von seiner Herrlichkeit!*" (Jesaja 6,3). In Psalm 8 wird die Herrlichkeit Gottes auf der ganzen Welt durch die Herrschaft des Menschen repräsentiert, dem das Schöpfungswerk Gottes anvertraut ist. In deutschen Bibelübersetzungen heißt es in der Regel, Gott habe den Menschen „wenig niedriger gemacht als *Gott*". Doch schon die Septuaginta, die in vorchristlicher Zeit angefertigte griechische Übersetzung des hebräischen Alten Testaments, übersetzt: „Du hast ihn wenig niedriger gemacht als *Engel*" und deutet damit *Elohim* nicht auf Gott selbst, sondern auf die himmlischen Wesen des göttlichen Thronrates. Dieser Deutung schließt sich im Neuen Testament der Hebräerbrief an (Hebräer 2,15-19), der Psalm 8 auf Jesus Christus bezieht, der in seiner Menschwerdung „eine kleine Zeit niedriger gewesen ist als die Engel".

Die Ähnlichkeit des Menschen mit den Mitgliedern des himmlischen Thronrates kommt unter anderem darin zum Ausdruck, dass Propheten durch den Geist Gottes auch zu Mitgliedern dieses Thronrates werden. Nach Jeremia 23,18 ist das Kennzeichen, das den wahren Propheten vom falschen unterscheidet, dass der wahre Prophet im Rat Gottes gestanden hat und dort das Wort Gottes gesehen und gehört hat, während die falschen Propheten nur aus ihrem eigenen Herzen reden. Jesaja und Hesekiel werden am Thron Gottes zu Propheten berufen (Jesaja 6;

Hesekiel 1-2). Jesus spricht davon, dass die zwölf Apostel auf Thronen sitzen werden, um die zwölf Stämme Israels zu richten (Matthäus 19,28), und Paulus sagt, dass wir über Engel richten werden (1. Korinther 6,3). Wenn Mose auf der Spitze des Sinai in die Herrlichkeitswolke eingeht, dann glänzt anschließend sein Gesicht (2. Mose 34,29-35), was die Verherrlichung aller Gläubigen vorwegnimmt (2. Korinther 3,15-18). Nach Daniel 12,3 werden die Lehrer der Tora und der Gerechtigkeit nach der Auferstehung „leuchten wie des Himmels Glanz" und „wie die Sterne immer und ewiglich". Jesus sagt, die Auferstandenen seien „den Engeln gleich und Gottes Kinder, weil sie Kinder der Auferstehung sind" (Lukas 20,36). Auch Paulus schreibt dem Auferstehungsleib einen himmlischen Glanz zu (1. Korinther 15,40-43). Siehe dazu ausführlicher 4.3.

Im eben zitierten Wort Jesu aus Lukas 20,36 ist auch bereits etwas Weiteres angesprochen, was uns wieder zur Aussage des Apostolischen Glaubensbekenntnisses zurückführt, dass Gott unser Vater ist, wenn Jesus sagt, dass die Auferstandenen in ihrer Engelsgleichheit „Gottes Kinder" sind. Die Mitglieder von Gottes Thronrat werden in Hiob 1,6 als „Söhne Gottes" bezeichnet. Auch 1. Mose 6,2 spricht von solchen „Söhnen Gottes", die aber in Sünde fallen und dann in Judas 6 als „Engel, die ihren himmlischen Rang nicht bewahrten", und in 2. Petrus 2,4 als „Engel, die gesündigt haben", bezeichnet werden.

Der Mensch, der als Ebenbild Gottes zu einer Art Statue geformt wird (das Wort, das im Hebräischen für „Bild" steht, bezeichnet im Alten Testament auch Götzenstatuen), wird durch Einhauchung des Lebensatems Gottes zu einem lebendigen Wesen (1. Mose 2,7). Gott gibt seinen Lebensatem in Adam hinein. Das Geschlechtsregister Adams in 1. Mose 5 überträgt nun die Formulierung der Schöpfung Adams durch Gott auf die Zeugung Sets durch Adam:

1. Mose 5,1-3
Dies ist das Buch von Adams Geschlecht. *Als Gott den Menschen schuf, machte er ihn nach dem Bilde Gottes* und schuf sie als Mann und Frau und segnete sie und gab ihnen den Namen „Mensch" (Adam)

zur Zeit, da sie geschaffen wurden.
Und Adam war 130 Jahre alt und *zeugte einen Sohn, ihm gleich und nach seinem Bilde*, und nannte ihn Set.

Wie Adam und Eva „Gott gleich und nach seinem Bilde" geschaffen sind, so ist Set „Adam gleich und nach seinem Bilde" gezeugt. Es wird hier deutlich, dass Ebenbildlichkeit letztlich Kindschaft bedeutet. So lässt sich später der Stammbaum Jesu zusammenfassen als: *„Jesus war* [...] *ein Sohn Sets, der war ein Sohn Adams, der war Gottes"* (Lukas 3,23-38). Man beachte hier aber, dass Adam nicht als „Sohn Gottes" bezeichnet wird. Jesu Gottessohnschaft wird nicht auf seine Abstammung von Adam her zurückgeführt, sondern auf seine Zeugung durch den Heiligen Geist, wie der Engel Gabriel zu Maria sagt:

Lukas 1,35
Der Heilige Geist wird über dich kommen, und die Kraft des Höchsten wird dich überschatten; *darum wird auch das Heilige, das geboren wird, Gottes Sohn genannt werden.*

In 1. Mose 1–2 wird die Ebenbildlichkeit erst dadurch verwirklicht, dass Gott seinen Atem in Adam einhaucht. Und so wird Jesus Gottes Sohn genannt, weil er durch den Heiligen Geist gezeugt wurde. Jesus wird damit zum Vorläufer aller, die den Heiligen Geist empfangen:

Römer 8,14-17
Denn welche der Geist Gottes treibt, die sind Gottes Kinder. Denn ihr habt nicht einen knechtischen Geist empfangen, dass ihr euch abermals fürchten müsstet; sondern ihr habt einen kindlichen Geist empfangen, durch den wir rufen: Abba, lieber Vater! Der Geist selbst gibt Zeugnis unserm Geist, dass wir Gottes Kinder sind. Sind wir aber Kinder, so sind wir auch Erben und Miterben Christi, wenn wir denn mit ihm leiden, damit wir auch mit zur Herrlichkeit erhoben werden.

Paulus unterscheidet hier zwischen „unserem Geist" und dem „Geist Gottes". Nicht aus unserem Geist heraus sind wir Kinder Gottes, sondern als solche, die vom Geist Gottes getrieben sind und damit Anteil an der Gotteskindschaft von Jesus Christus selbst haben. Adam ist das Vorbild dafür, da er den Lebenshauch nicht aus sich selbst hat, sondern aus dem Munde Gottes.

Der Satz des Apostolischen Glaubensbekenntnisses, „Ich glaube an Gott, den Vater", führt uns somit zur Erschaffung des Menschen im Ebenbild Gottes zurück und sogar zur Erschaffung der himmlischen Welt, die in 1. Mose 1 nur angedeutet ist. Letztlich führt das Bekenntnis zu Gott dem Vater auch zu Jesus Christus als dem Sohn Gottes von Ewigkeit her, was weiter unten (2.2) vertieft werden wird.

Der Mensch als Gottes Priester

1. Mose 1,1–2,3 beschreibt also die Erschaffung von Himmel und Erde, wobei Gott seine königliche Herrschaft auf Erden ebenso aufrichten möchte wie im Himmel und dazu den Menschen als sein Ebenbild erschafft, damit dieser Statthalter der Herrschaft Gottes auf Erden sei. Der siebte Tag ist der Tag der Ruhe, nachdem Gott die Schöpfung als sein Heiligtum errichtet hat. Doch was geschieht am achten Tag? Um das zu verstehen, kann noch einmal ein Blick auf die Errichtung der Stiftshütte helfen, die ein Abbild der Schöpfung Gottes ist.

Nach der Errichtung der Stiftshütte erscheint die Herrlichkeit Gottes über der Stiftshütte und bedeckt sie, sodass nicht einmal Mose eintreten kann (2. Mose 40,34-38). Damit endet das zweite Mosebuch und das dritte beginnt damit, dass Gott von der Stiftshütte her zu Mose spricht, der in einer gewissen Distanz dazu stehen bleibt (3. Mose 1,1). Gott gibt Mose die Opfergesetze (3. Mose 1–7). In 3. Mose 8 weiht Mose Aaron und dessen Söhne zu Priestern. Damit verbindet sich auch eine siebentägige Einweihung der Stiftshütte, wie sie in 2. Mose 29 angeordnet wurde. Nach diesen sieben Tagen heißt es:

3. „Den Schöpfer des Himmels und der Erde"

3. Mose 9,1-2
Und *am achten Tag* rief Mose Aaron und seine Söhne und die Ältesten in Israel und sprach zu Aaron: Nimm dir einen jungen Stier zum Sündopfer und einen Widder zum Brandopfer, beide ohne Fehler, und bringe sie vor den HERRN.

Am achten Tag beginnt Aaron seinen regelmäßigen Priesterdienst mit seinem ersten Opfer. Erst danach können er und Mose die Stiftshütte betreten (3. Mose 9,23). Auch die Einweihung des Salomonischen Tempels dauert sieben Tage (1. Könige 8,66). Dasselbe gilt für den zukünftigen Tempel, den Hesekiel in seiner Tempelvision (Hesekiel 40–48) sieht. Gott ordnet eine siebentägige Weihe an:

Hesekiel 43,27
Und nach diesen Tagen sollen die Priester *am achten Tag* und danach immer wieder auf dem Altar opfern eure Brandopfer und eure Dankopfer, so will ich euch gnädig sein, spricht Gott der HERR.

Der achte Tag ist der Tag der Einsetzung der Priester. Genau dies geschieht auch in 1. Mose 2: Der Mensch wird als Priester im Heiligtum Gottes eingesetzt.

Der Garten Eden als Ort des priesterlichen Dienstes

1. Mose 2,5-6 beschreibt die Schöpfung als karg, bevor Gott den Menschen erschafft und dann in seinen priesterlichen Dienst einsetzt.

1. Mose 2,7
Da machte Gott der HERR den Menschen aus Erde vom Acker und blies ihm den Odem des Lebens in seine Nase. Und so ward der Mensch ein lebendiges Wesen.

Wie bereits ausgeführt, hat die Gottesebenbildlichkeit des Menschen wesentlich damit zu tun, dass der Mensch durch die Einhauchung des göttlichen Atems belebt wird. Er besteht aus Erde und Gottesatem und hat gleichsam Teil an Himmel und Erde. Erst als lebendiges Wesen kann er den Schöpfungsauftrag wahrnehmen und Repräsentant der Herrlichkeit Gottes auf Erden sein.

Der Text fährt dann fort:

1. Mose 2,8
Und Gott der HERR pflanzte einen Garten bei Eden gegen Osten hin und setzte den Menschen hinein, den er gemacht hatte.

Man beachte, dass hier Eden und der Garten nicht identisch sind. Vielmehr ist der Garten von Eden aus nach Osten hin angelegt. Manchmal wird in der Bibel auch der Garten selbst als Eden bezeichnet. Wir können uns das wie bei einem Haus vorstellen: Wenn man im Haus drinnen ist, dann betrachtet man den Garten nicht als Teil des Hauses. Von der Außenperspektive gehört er dagegen zum Haus. Oder um ein anderes Beispiel zu nennen, das uns schon sehr nahe an die Beschreibung aus 1. Mose 2,8 heranführt: Der Garten Gethsemane liegt im Osten des Tempelberges außerhalb der Stadtmauern Jerusalems. Der Garten liegt also bei Jerusalem nach Osten hin außerhalb der Altstadt. Dennoch gehört er von außen betrachtet zu Jerusalem.

Eden ist der Ort der Gegenwart Gottes, da, wo Gott seine Herrlichkeit wohnen lässt. Von hier aus pflanzt Gott einen Garten gegen Osten hin und setzt den Menschen hinein. Alle Tempel im Alten Testament sind nach Westen hin ausgerichtet, d. h., das Allerheiligste ist im Westen (siehe z. B. 2. Mose 26,22; Hesekiel 8,16). Vom Allerheiligsten nach Osten hin befindet sich in der Stiftshütte und im Tempel der heilige Vorraum, der vom Allerheiligsten durch einen Vorhang abgetrennt ist. In diesem heiligen Raum stehen neben dem Räucheraltar ein Tisch mit zwölf Broten und Leuchter, wobei die Menora als siebenarmiger Leuchter mit Baumsymbolik beschrieben ist (2. Mose 25,31-40).[19] So symbo-

lisiert das Heilige einen abgegrenzten Bereich fruchtbaren Bodens mit Broten (Getreide) und Früchten (Baum) und damit einen Garten.[20] Das Allerheiligste ist Ort des Thrones Gottes und als solches sein Palast, das Heilige der nach Osten hin angelegte Palastgarten. In Eden thront die Herrlichkeit Gottes und von dort aus „wandelt" Gott im nach Osten hin angelegten Garten (1. Mose 3,8).
Neben den Bäumen, die sich im Garten finden (1. Mose 2,9), fließt durch den Garten auch ein Strom. Auch in 1. Mose 2,10 wird Eden vom Garten unterschieden:

1. Mose 2,10
Und es ging aus von Eden ein Strom, den Garten zu bewässern, und teilte sich von da in vier Hauptarme.

Eden ist hier als Ort der Quelle vom Garten als dem Ort des Stromes unterschieden. Der Strom teilt sich in vier Hauptarme, die für die vier Himmelsrichtungen stehen: Der Strom des Lebenswassers, der in Eden, der Wohnstätte Gottes, seine Quelle hat, versorgt zuerst den Garten, dann aber auch die ganze Erde mit Wasser. Der Psalmist sagt über die Menschen, die bei Gott Zuflucht finden:

Psalm 36,9-10
Sie werden satt von den reichen Gütern deines Hauses,
und mit dem Strom deiner Wonnen tränkst du sie.[21]
Denn bei dir ist die Quelle des Lebens,
und in deinem Lichte sehen wir das Licht.

Mit „Wonnen" wird das hebräische Wort „Eden" übersetzt. Wörtlich ist hier also vom „Strom deiner Eden" die Rede. Auch hier sind Schöpfungsmotive (Gottes Licht, Quelle des Lebens, „Strom deiner Eden") mit Tempelmotiven (Güter deines Hauses) verbunden.

Im Salomonischen Tempel ist Eden mit seinem Garten folgendermaßen abgebildet: Im Heiligen stehen zwei Reihen mit je fünf Leuchtern (1. Könige 7,49). Dazwischen muss man sich den Strom von Lebenswasser denken, der aus dem Allerheiligsten fließt. Die zwei Reihen von Leuchtern symbolisieren Bäume zur rechten und linken Seite des Stroms. Dieser fließt sodann aus dem Tempelhaus hinaus zwischen den beiden mit Granatäpfeln und Lilienschmuck als Bäume verzierten, frei stehenden Säulen hindurch (1. Könige 7,15-22) in das vor dem Tempelhaus stehende Kupferbecken, das den Namen „ehernes Meer" trägt (1. Könige 7,23-26). Der Strom aus dem Tempel fließt somit ins Meer. Eine alte jüdische Auslegung (*Midrasch Numeri Rabba* 13,19) kommentiert zur Symbolik der Stiftshütte: „Der Vorhof [...] umgab das Zelt, wie das Meer die Erde umgibt".[22]

Expliziter wird diese Tempelsymbolik in Hesekiel 47, wo der Prophet im Rahmen seiner Tempelvision einen Strom von Lebenswasser beschreibt:

Hesekiel 47,1-12
Und er führte mich wieder zu der Tür des Tempels. Und siehe, da floss ein Wasser heraus unter der Schwelle des Tempels nach Osten [...] Und als ich zurückkam, siehe, da standen sehr viele Bäume am Ufer auf beiden Seiten. Und er sprach zu mir: Dies Wasser fließt hinaus in das östliche Gebiet [...] und mündet ins Tote Meer. Und wenn es ins Meer fließt, soll dessen Wasser gesund werden, und alles, was darin lebt und webt, wohin der Strom kommt, soll leben.

Und an dem Strom werden an seinem Ufer auf beiden Seiten allerlei fruchtbare Bäume wachsen; und ihre Blätter werden nicht verwelken, und mit ihren Früchten hat es kein Ende. Sie werden alle Monate neue Früchte bringen; denn ihr Wasser fließt aus dem Heiligtum. Ihre Früchte werden zur Speise dienen und ihre Blätter zur Arznei.

Der Bogen, der in 1. Mose 1–2 eröffnet wird, schließt sich in Offenbarung 21–22, wenn der neue Himmel und die neue Erde in Bildern von Eden beschrieben werden:

3. „Den Schöpfer des Himmels und der Erde"

Offenbarung 22,1-17
Und er zeigte mir einen Strom lebendigen Wassers, klar wie Kristall, der ausgeht von dem Thron Gottes und des Lammes; mitten auf dem Platz und auf beiden Seiten des Stromes Bäume des Lebens, die tragen zwölfmal Früchte, jeden Monat bringen sie ihre Frucht, und die Blätter dienen zur Heilung der Völker.
[...]
Und es wird keine Nacht mehr sein, und sie bedürfen keiner Leuchte und nicht des Lichts der Sonne; denn Gott der Herr wird sie erleuchten, und sie werden regieren von Ewigkeit zu Ewigkeit.
[...]
Und der Geist und die Braut sprechen: Komm! Und wer es hört, der spreche: Komm! Und wen da dürstet, der komme; und wer da will, der nehme das Wasser des Lebens umsonst.

Eden ist der Ort des Thrones Gottes und Gott ist die Quelle des Lebens: Von ihm gehen das Licht und das Wasser aus, das dem Menschen Leben ermöglicht, und in seiner Gegenwart wird die Wüste belebt und zu einem Garten, einem Lebensraum für den Menschen.

Mit der getroffenen Unterscheidung von Allerheiligstem und Heiligem wird theologisch auch die Unterscheidung von Schöpfer und Geschöpf betont: Das Allerheiligste ist der Raum des Schöpfers, das Heilige der Lebensraum für die Geschöpfe. Im Allerheiligsten thront die Lichtherrlichkeit Gottes, im Heiligen brennen die Leuchter und schenken Licht. Im Allerheiligsten entspringt das Lebenswasser, im Heiligen fließt der Strom des Lebenswassers und schenkt Fruchtbarkeit und Leben. Gott als Schöpfer ist die Quelle von Licht und Wasser. Die Geschöpfe können zu Licht- und Wasserträgern werden, aber sie können es nicht selbst hervorbringen. Wenn Gott in Jesaja 60,1 spricht: „Mache dich auf, werde licht; denn dein Licht kommt, und die Herrlichkeit des HERRN geht auf über dir!", so ist damit Gott selbst die Quelle des Lichtes, die nun auch mitten in der Finsternis das Volk Gottes zum Leuchten bringt. Darum sagt Jesus von sich: „Ich bin das Licht der Welt" (Johannes 8,12a) und zugleich zu seinen Jüngern: „Ihr seid das Licht der Welt" (Matthäus 5,14). Letzteres sagt er zu denen, die ihm nachfolgen, denn: „Wer mir nachfolgt, der wird nicht wandeln in der Finsternis, sondern wird das Licht des Lebens haben" (Johannes 8,12b). Licht und Wasser stehen letztlich für das von Gott ausgehende Leben. Sowohl von Gott wie auch von Menschen kann dieses Leben ausgehen, und doch besteht ein Unterschied darin, dass Gott als Schöpfer die Quelle des Lebens ist, der Mensch als Geschöpf dagegen nur das von Gott empfangene Leben weitergeben kann (vgl. auch Johannes 7,38: „Wer an mich glaubt, wie die Schrift sagt, von dessen Leib werden Ströme lebendigen Wassers fließen" – das Lebenswasser kommt aus dem Glauben).

Es ist bezeichnend, dass in der Bibel die Sünde ihren Kern darin hat, die Unterscheidung von Schöpfer und Geschöpf aufheben zu wollen. Die Schlange verspricht Eva, dass der Mensch sein werde wie Gott, wenn er die verbotene Frucht isst (1. Mose 3,5). Der Weltherrscher, der in der Auslegungsgeschichte oft mit dem Satan identifiziert wurde, will seinen Thron über die Sterne Gottes erhöhen, d. h. von einem Leuchter zur Lichtquelle werden und „gleich sein dem Allerhöchsten" (Jesaja 14,13-14). Auch nach Paulus besteht die Sünde darin, dass die „Herrlichkeit des unvergänglichen Gottes" vertauscht wird mit einem „Bild gleich dem eines vergänglichen Menschen" (Römer 1,23).

Es kann hier nur angedeutet werden, wie weitreichend die Bestimmung des Verhältnisses von Schöpfer und Geschöpf auch für heutige ethische Fragen von Relevanz ist. Ethische Urteile sind immer abhängig von weltanschaulichen und philosophischen Voraussetzungen. Im 20. Jahrhundert hat sich in der westlichen Zivilisation ausgehend von der Philosophie in den Humanwissenschaften sehr stark ein konstruktivistisches Denken etabliert. Die Grundposition des Konstruktivismus besteht in der Annahme, dass menschliches Erkennen nicht so sehr darin besteht, einen Gegenstand als das, was er vorgegebenermaßen bereits ist, zu erkennen, sondern vielmehr darin, durch den Vorgang des Erkennens den Gegenstand erst zu konstruieren. Der Mensch ist damit nicht mehr in der Position des Geschöpfes, das sich in eine ihm vorgegebene Wirk-

3. „Den Schöpfer des Himmels und der Erde"

lichkeit hineingestellt sieht und beginnt, diese zu erkunden und zu erkennen, sondern er versetzt sich in die Position des Schöpfers und erhebt den Anspruch, die Wirklichkeit selber zu konstruieren und zu erschaffen.

Das derzeit wohl in der Öffentlichkeit präsenteste Beispiel eines solchen Konstruktivismus ist die Gender-Bewegung, welche die bipolare Geschlechtlichkeit von Mann und Frau für ein gesellschaftliches Konstrukt hält, das es zu dekonstruieren gilt, bevor jeder Mensch sich selber neu konstruieren kann. In einem ersten Schritt können sich dabei zunächst Männer auch als Frauen konstruieren und umgekehrt, eigentlich sollen diese Kategorien aber ganz überwunden und die Geschlechtlichkeit abgeschafft werden. Die Gender-Bewegung ist zunächst eine „geistige" Bewegung, die das gesellschaftliche Geschlecht vom biologischen Geschlecht unterscheiden und es damit von den biologischen (geschöpflichen) Grundlagen loslösen möchte. In einem zweiten Schritt kann dann aber durch hormonelle Behandlungen und Operationen auch eine biologische Anpassung an das geistige Konstrukt stattfinden.

Als weiteres Beispiel, das von Anfang an noch stärker darauf angelegt ist, nicht nur in einem geistigen Bereich, sondern auch im materiellen Bereich den Menschen neu zu konstruieren, ist der sogenannte Transhumanismus zu nennen, der durch Verschmelzung von Mensch und Technik einen neuen Schritt in der Evolution herbeiführen und ein neues, „posthumanes" Wesen schaffen möchte, wobei durch die vielfältigen Möglichkeiten der Technik dieses neue Wesen nicht einfach eine neue Spezies sein wird, in der alle transhumanen Wesen wieder mehr oder weniger die gleichen Voraussetzungen haben, sondern jeder Mensch wird zu seinem eigenen Schöpfer und kann mittels Technik seine Lebensqualität, sein Aussehen, seine physikalischen und seelischen Möglichkeiten selber bestimmen.

Es gehört zu den ethischen Herausforderungen der christlichen Kirche heute, den Hochmut des Konstruktivismus, der im Grunde nichts Neues ist, sondern sein Urbild im Turm von Babel hat, aufzuzeigen und konsequent an der Unterscheidung von Schöpfer und Geschöpf festzuhalten. Der Turm von Babel resultiert darin, dass die Menschen keine gemeinsame Sprache mehr sprechen und sich zerstreuen und schließlich auch bekriegen. Der Konstruktivismus entzieht dem Menschen letztlich auch eine gemeinsame Sprache und sogar eine gemeinsame Wirklichkeit. Jeder Mensch wird zum Schöpfer seiner eigenen Wirklichkeit. Wenn jeder Mensch sich aber in seiner selbst konstruierten Wirklichkeit aufhält, wie kann es da noch zur echten Begegnung kommen? Wird das Resultat von Transgenderismus, Transhumanismus und anderen konstruktivistischen Bewegungen nicht eine weitere Sprachenverwirrung und schlussendlich eine totale Separation und Vereinsamung des Menschen sein?

Der priesterliche Auftrag des Menschen

Nach der Beschreibung des Gartens, den Gott im Osten von Eden anlegte, lesen wir:

1. Mose 2,15
Und Gott der HERR nahm den Menschen und setzte ihn in den Garten Eden, *dass er ihn bebaute und bewahrte.*

Wenn man sich nun die Parallele bewusst macht zwischen dem Garten Eden und dem heiligen Raum des Tempels mit den Baum-Leuchtern und dem Schaubrottisch sowie dem angedeuteten Tempelstrom, der nach außen fließt, so wird deutlich, dass der Priesterdienst der Dienst eines Gärtners ist. Anders gesagt: Der priesterliche Grundauftrag ist nicht der Opferdienst. Dieser kommt erst nach dem Sündenfall dazu. Der priesterliche Grundauftrag ist das Bebauen und Bewahren des von Gott geschenkten Lebensraumes. Die beiden Wörter, die in 1. Mose 2,15 im Hebräischen für „bebauen" (hebr. *avad*, wörtlich: „arbeiten", „dienen") und „bewahren" (hebr. *schamar*, wörtlich: „bewahren", „bewachen") stehen, finden sich im Alten Testament immer wieder als spezifische Ausdrücke für den priesterlichen Dienst:

3. „Den Schöpfer des Himmels und der Erde"

4. Mose 18,7 (vgl. 4. Mose 3,7-8; Hesekiel 44,14; Maleachi 3,14)
Du (Aaron) aber und deine Söhne mit dir, ihr sollt *bewahren (schamar)* euren Priesterdienst in allen Belangen des Altars und innerhalb des Vorhangs, und so *dienen (avad)*; als geschenkten *Dienst (äväd)* gebe ich euch euer Priestertum. Der Unbefugte aber, der sich nähert, soll sterben.[23]

Während „dienen", „bebauen" (*avad*) für den Dienst im Heiligen steht, d. h. für die Gartenarbeit, bzw. in der Stiftshütte für die Pflege der Menora (Versorgung mit Öl) und des Schaubrottisches (Versorgung mit Brot), meint „bewahren", „bewachen" (*schamar*) die Aufsicht darüber, dass nichts Unbefugtes, d. h. nichts, was Leben verhindert und Tod verbreitet, in den Raum des Lebens eindringt. Die den Garten umgebende Wüste darf nicht in den Garten eindringen mit ihren Disteln und Dornen.

Was ist nun das Ziel des menschlichen Priesterdienstes im Garten von Eden? Um dies zu beantworten, ist es notwendig, noch einmal ins erste Kapitel der Bibel zurückzugehen, zum sechsten Schöpfungstag:

1. Mose 1,27-28
Und Gott schuf den Menschen zu seinem Bilde, zum Bilde Gottes schuf er ihn; und schuf sie als Mann und Frau. Und Gott segnete sie und sprach zu ihnen: *Seid fruchtbar und mehret euch und füllet die Erde und machet sie euch untertan und herrschet über die Fische im Meer und über die Vögel unter dem Himmel und über alles Getier, das auf Erden kriecht.*

Die Gottesebenbildlichkeit des Menschen verbindet sich mit dem Schöpfungssegen: Gott ist die Quelle des Lebens und so soll auch der Mensch als sein Ebenbild das Leben weitergeben und Gottes Herrschaft über die Schöpfung als Statthalter ausüben. Mit anderen Worten: Gott hat einen Garten angelegt und den Menschen in diesen Garten gestellt. Doch der Mensch ist nicht dazu bestimmt, für immer in diesem kleinen, abgegrenzten Garten zu bleiben, sondern er soll sich vermehren und die ganze Erde füllen und bewohnbar machen.

Der Schöpfungssegen zielt auf zwei Bereiche: Auf die menschliche Nachkommenschaft und auf das Land mit seinen nichtmenschlichen Bewohnern, das dem Menschen zur Verwaltung und Kultivierung übergeben wird. Nachdem das Verhältnis von Gott zum Menschen durch die Gottesebenbildlichkeit des Menschen bestimmt ist, wird nun auch das Verhältnis des Menschen zur nichtmenschlichen Schöpfung bestimmt. Der Mensch ist als Stellvertreter Gottes in eine Verantwortung gegenüber der Schöpfung hineingestellt. Der Alttestamentler Christopher J. H. Wright hat eine alttestamentliche Ethik geschrieben, in welcher er die gesamte Ethik in diesem Dreieck Gott – Mensch – Erde (bzw. Gott – Israel – Land) entfaltet.[24] Eine im Alten Testament gegründete Ethik hat dann immer eine theologische (Gott), eine soziale (Mensch) und eine ökonomische/ökologische (Land) Dimension. Gerade mit Blick auf den Garten hat der Mensch Gott gegenüber eine ökonomische (er ist der von Gott eingesetzte Verwalter), aber auch dem Garten gegenüber eine ökologische Verantwortung (das Leben muss sich ausbreiten, es darf dem Garten nicht durch Ausbeutung entzogen werden). In diesem Zusammenhang ist auch zu betonen, dass der Mensch zwar nach 1. Mose 1,28 über die Erde herrschen, nach 1. Mose 2,5.15 aber auch dem Erdboden dienen soll. Er ist also Herrscher über die Schöpfung, indem er ihr dient.[25] So sind auch Vieh (2. Mose 20,10) und Land (3. Mose 25,4) in die Sabbatruhe eingeschlossen. Unter der Sünde des Menschen leidet auch die Schöpfung mit (Römer 8,22).

Durch ökonomisch und ökologisch verantwortlichen Priesterdienst sollen die Grenzen des Gartens, den Gott angelegt hat, ausgedehnt werden, bis die ganze Erde zu Lebensraum wird:[26]

Jesaja 45,18
Denn so spricht der HERR, der die Himmel geschaffen hat – er ist Gott –, der die Erde gebildet und sie gemacht hat – er hat sie gegründet, *nicht zur Wüste hat er sie geschaffen, <sondern> zum Bewohnen hat er sie gebildet* […][27]

3. „Den Schöpfer des Himmels und der Erde"

Hesekiel 36,34–35
Das verwüstete Land soll wieder gepflügt werden, nachdem es verheert war vor den Augen aller, die vorüberzogen. Und man wird sagen: *Dies Land war verheert, und jetzt ist es wie der Garten Eden*, und diese Städte waren zerstört, öde und niedergerissen und stehen nun fest gebaut und bewohnt.

Der Mensch, der im Bilde Gottes geschaffen ist und durch den Lebensatem Gottes zum Leben erweckt ist, ist in den Garten gestellt, um diesen in priesterlichem Dienst zu bebauen und zu bewahren und als Statthalter Gottes die Königsherrschaft Gottes auf Erden zu repräsentieren. Diese erstreckt sich zu Beginn auf den Garten Eden, dessen Grenzen aber durch den priesterlichen Dienst des Bebauens und Bewahrens auf die ganze Erde ausgeweitet werden sollen, wozu auch die Fruchtbarkeit und Vermehrung des Menschen gehören.

Im Bekenntnis zu Gott als Schöpfer und allmächtigem Vater ist damit bereits enthalten, dass der Mensch als Ebenbild Gottes zur Gotteskindschaft bestimmt ist und zur Anteilhabe an Gottes Schöpferherrlichkeit. Die priesterliche Bestimmung des Menschen besteht darin, dass er an Gottes Schöpfungshandeln Anteil hat und das, was Gott angefangen hat, weiterführt.

Heilig und profan

In 1. Mose 2 wird deutlich, dass neben Eden, dem Ort, an dem Gott als Quelle des Lebens wohnt, und neben dem Garten, den Gott als Lebensraum für den Menschen angelegt hat, noch ein weiterer Raum außerhalb des Gartens existiert, an dem das Leben nicht in dieser von Gott geschaffenen Fülle vorhanden ist. Es ist die Aufgabe des Menschen, die Erde zu erschließen und den von Gott angelegten Garten auszudehnen. Doch es kommt anders.

Das Misstrauen gegenüber Gott, das die Schlange in den Menschen sät, spielt mit der Gottesebenbildlichkeit des Menschen: *„Ihr werdet sein* *wie Gott* und wissen, was gut und böse ist", sagt die Schlange (1. Mose 3,5), obwohl doch der Mensch schon zum Bild Gottes geschaffen ist. Doch Eden als Ort Gottes und der Garten als Ort des Menschen stehen einander so gegenüber, dass Gott das Leben schenkt und der Mensch das Leben empfängt. Gott ist das Original, der Mensch das Ebenbild. Gott ist Schöpfer, der Mensch sein Geschöpf.

Die Versuchung der Schlange zielt aber darauf ab, dass der Mensch selbst den königlichen Thron Gottes besteigen will. Der königliche Thron ist zugleich der Richterstuhl Gottes. Schon in 1. Mose 1 unterscheidet Gott zwischen Licht und Finsternis, Wasser und Land und zwischen all den Tierarten und beurteilt sein Werk abschließend als sehr gut (1. Mose 1,31). Doch nun soll der Mensch selbst entscheiden, was gut und schlecht ist.

Der Mensch verlässt sein Abhängigkeitsverhältnis Gott gegenüber und möchte selbst auf dem Thron in Eden sitzen, nicht nur den Garten bebauen und bewahren. Er weist seine Ebenbildlichkeit, seine Statthalterschaft, zurück und tritt in Rivalität mit Gott, möchte Original statt Ebenbild sein.

Als Folge muss der Mensch den Garten verlassen. Statt dass der Mensch die Grenzen des Gartens ausdehnt, muss er ihn verlassen und von nun an unter Disteln und Dornen seinen Acker bestellen und im Schweiß seines Angesichts sein Brot essen (1. Mose 3,18-19).

Handelt 1. Mose 1 vom Allerheiligsten, vom Erscheinen Gottes und dem Aufstrahlen seiner Lichtherrlichkeit in der Schöpfung, 1. Mose 2 dagegen vom Heiligen, dem Garten von Eden, der im Osten angelegt ist und in welchen der Mensch als Priester eingesetzt ist, so handelt 1. Mose 3 vom profanen Bereich, von der Wüste mit Disteln und Dornen, in welchen der Mensch aufgrund der Sünde vertrieben wird.

Der profane Bereich

Dass der Mensch nach dem Vertrauensbruch Gott gegenüber dem Tod verfällt, hat nach 1. Mose 3 nicht damit zu tun, dass im vormals unsterblichen Menschen irgendein genetischer Schaden eintritt, sondern damit,

3. „Den Schöpfer des Himmels und der Erde"

dass der sterbliche Mensch den Zugang zum Baum des Lebens verliert (1. Mose 3,24; siehe dazu unten 4.4). Er muss den Garten Eden, den heiligen Bereich, verlassen und wird buchstäblich in die Wüste geschickt. Gott ist als Quelle des Lebens und des Lichtes auch die Quelle der Heiligkeit. Heiligkeit lässt sich am einfachsten beschreiben als die Lebenskraft Gottes. Gott ist der dreimalheilige, dem die Serafim singen: „Heilig, heilig, heilig ist der HERR Zebaoth, alle Lande sind seiner Herrlichkeit[28] voll!" (Jesaja 6,3; Offenbarung 4,8). Wo das Licht und das Lebenswasser hingelangen, da wird Profanes heilig. Darum ist der Garten Eden ein heiliger Raum. Da, wo Gottes Herrlichkeit hinreicht, ist Garten und Leben; da, wo Gott fern ist, hingegen Wüste und Tod. Die Lebenskraft Gottes kann aber auch tödlich sein, nämlich für alles, was sich ihr unbefugt nähert, was also Unreinheit – alles, was das Zeichen des Todes an sich hat – in den Bereich des Lebens hineinbringen möchte. Um in den heiligen Lebensraum der Gegenwart Gottes hineingehen zu können, muss der Mensch sich darum reinigen und heiligen. Wenn der Mensch also aus dem Garten Eden vertrieben wird, so wird er vom heiligen in den profanen Bereich versetzt. Das Leben aber hatte der Mensch nie aus sich selbst, sondern immer nur aus seiner Nähe zu Gott. Nun ist er unter den Tod verkauft und kann nicht mehr von sich aus in die Gegenwart des heiligen, lebendigen Gottes treten.

Das Kommen Gottes in den Garten nach dem Sündenfall ist ein richterliches Kommen. Die deutschen Übersetzungen, die in 1. Mose 3,8 formulieren, dass Gott in der Kühle des Abends im Garten spazieren geht, werden dem nicht gerecht. Gott begegnet Adam und Eva nicht zufällig beim gemütlichen Abendspaziergang, sondern er kommt zum Gericht (siehe zur Deutung von 1. Mose 3,8 ausführlicher unten 3.4). Schon die Tatsache, dass Adam und Eva sich vor der Lichtherrlichkeit Gottes verstecken, zeigt, dass für sie im heiligen Bereich, in den Gottes Herrlichkeit hineinreicht, kein Platz mehr sein kann.

Dazu kommt das Bewusstsein der Nacktheit und die damit verbundene Scham (1. Mose 3,7). Gott macht für Adam und Eva Kleider aus Tierhaut (3,21), was wohl beinhaltet, dass die erste Schlachtung stattfindet. Auch hier sehen wir eine Parallele von Adam und Eva zu den späteren Priestern: Diese müssen, wenn sie ihren Dienst tun, darauf achten, vor Gott nicht nackt zu erscheinen:

2. Mose 20,26
Du sollst auch nicht auf Stufen zu meinem Altar hinaufsteigen, dass nicht deine Blöße aufgedeckt werde vor ihm.

2. Mose 28,41-42
Und du sollst […] sie (Aaron und seine Söhne) salben und ihre Hände füllen und sie weihen, dass sie meine Priester seien. Und du sollst ihnen leinene Beinkleider machen, um ihre Blöße zu bedecken, von den Hüften bis an die Schenkel.

Dies zeigt, dass die aaronitischen Priester Adam und Eva repräsentieren, jedoch in gefallenem Zustand. 1. Mose 3 schließt mit folgenden Worten:

1. Mose 3,24
Und er trieb den Menschen hinaus und ließ lagern östlich vom Garten Eden die Cherubim mit dem flammenden, blitzenden Schwert, zu bewachen den Weg zum Baum des Lebens.

Hier wird noch einmal deutlich, dass der Garten Eden dem Heiligen in der Stiftshütte und im Tempel entspricht. Die Wände des Heiligen sind nämlich sowohl in der Stiftshütte wie auch im Tempel mit Cherubim verziert, die zum Ausdruck bringen, dass der Priester jedes Mal, wenn er das Heilige betritt, symbolisch an den Wächtern des Gartens von Eden vorbeischreiten darf, um als Repräsentant Adams und der Menschheit in den Garten Gottes zu treten:

2. Mose 26,1
Die Wohnung sollst du machen aus zehn Teppichen von gezwirnter feiner Leinwand, von blauem und rotem Purpur und von Scharlach. Cherubim sollst du einweben in kunstreicher Arbeit.

3. „Den Schöpfer des Himmels und der Erde"

1. Könige 6,33–35
Ebenso machte er auch an der Tür der Tempelhalle viereckige Pfosten von Olivenbaumholz und zwei Türen von Zypressenholz, sodass jede Tür zwei Flügel hatte, die sich drehten, und machte Schnitzwerk darauf von Cherubim, Palmen und Blumenwerk und überzog es mit Gold, genau wie es eingegraben war.

Der Mensch wird also aus dem heiligen Bereich vertrieben und in den profanen Raum versetzt, in dem Dornen und Disteln wachsen und der Tod regiert. Die Aufgabe des Bewahrens/Bewachens (hebr. *schamar*), mit der in 1. Mose 2,15 der Mensch beauftragt wird, wird nun von Cherubim übernommen. Die Situation des verbotenen Zugangs in den Garten Eden spiegelt sich im Bericht des Baus der Stiftshütte, der darin mündet, dass der Mensch das Zelt der Begegnung gar nicht betreten kann, weil es von Gottes Herrlichkeit erfüllt ist:

2. Mose 40,34–35
Da bedeckte die Wolke die Stiftshütte, und die Herrlichkeit des Herrn erfüllte die Wohnung. Und Mose konnte nicht in die Stiftshütte hineingehen, weil die Wolke darauf ruhte und die Herrlichkeit des Herrn die Wohnung erfüllte.

Doch der heilige Bereich bleibt den Menschen nicht für immer verschlossen. Nach der Einsetzung der Opfer (3. Mose 1–7) und der Priester (3. Mose 8–9) können Mose und Aaron die Stiftshütte betreten:

3. Mose 9,23
Und Mose und Aaron gingen in die Stiftshütte. Und als sie wieder herauskamen, segneten sie das Volk. Da erschien die Herrlichkeit des Herrn allem Volk.

Der symbolische Zugang in den Garten Eden zur Begegnung mit Gott ist die Voraussetzung für den Schöpfungssegen, mit dem die Priester das

Volk segnen sollen (4. Mose 6,22-27) und der bis heute den liturgischen Abschluss des christlichen Gottesdienstes bildet.

Die Opfer

Der priesterliche Auftrag des Menschen ist die Arbeit im Garten. Doch nun sind die ersten Priester, Adam und Eva, aus dem Garten ausgeschlossen. Der ganze spätere Tempeldienst kreist um die Frage, wie der Mensch, der dem Tod verfallen ist, wieder in den heiligen Raum des Lebens eintreten kann. Die Opfer sind dabei die entscheidende Handlung, damit die Priester trotz Sünde und Todverfallenheit in den heiligen Bereich der Gegenwart Gottes eintreten dürfen. Aus diesem Grund steht auch der Altar nicht im heiligen, sondern im profanen Bereich, d. h. im Vorhof. Er steht geradezu als Repräsentant des Todes in dem Bereich, der von der Herrlichkeit Gottes abgetrennt ist.

Das erste Kapitel der Bibel, das außerhalb („östlich") des Gartens von Eden spielt, ist 1. Mose 4, die Geschichte von Kain und Abel. Hier findet der erste Opferdienst statt. Die Altäre von Kain und Abel stehen außerhalb Edens.

Das bestimmende Motiv in 1. Mose 4 ist das Blut.
- 1. Mose 4,1-5: Gott nimmt das Blutopfer Abels an und weist das pflanzliche Opfer Kains zurück.
- 1. Mose 4,5-8: Kain vergießt das Blut Abels.
- 1. Mose 4,9-10: Das Blut Abels schreit zum Himmel.
- 1. Mose 4,11: Fluch statt Segen („Verflucht seist du auf der Erde, die ihr Maul hat aufgetan und deines Bruders Blut von deinen Händen empfangen".)
- 1. Mose 4,15: Das Kainszeichen schützt ihn vor Blutrache.

Als Resultat entfernt sich Kain unter Blutschuld noch weiter weg vom Garten Eden nach Osten hin und lebt damit fern vom Angesicht Gottes:

3. „Den Schöpfer des Himmels und der Erde"

1. Mose 4,16
So ging Kain hinweg von dem Angesicht des HERRN und wohnte im Lande Nod, jenseits von Eden, gegen Osten.

In 1. Mose 4 wird somit die biblische Opfertheologie begründet. Es geht letztlich um das Vergießen menschlichen Blutes: Menschliches Blut hat eine eigene Stimme, es schreit zum Himmel. Im Noah-Bund macht Gott den Zusammenhang mit der Gottesebenbildlichkeit des Menschen deutlich:

1. Mose 9,5-6
Auch will ich euer eigen Blut, das ist das Leben eines jeden unter euch, rächen und will es von allen Tieren fordern und will des Menschen Leben fordern von einem jeden Menschen. Wer Menschenblut vergießt, dessen Blut soll auch durch Menschen vergossen werden; *denn Gott hat den Menschen zu seinem Bilde gemacht.*

Hier wird deutlich, dass der unbedingte Schutz des menschlichen Lebens, der als Schutz des Menschenblutes formuliert wird, seinen direkten Grund in der Gottesebenbildlichkeit des Menschen hat. Denselben Zusammenhang findet man auch in einer Gesetzespassage in 3. Mose 24,16-22, die konzentrisch aufgebaut ist:

3. Mose 24,16-22
A Wer Jahwes Namen lästert, der soll des Todes sterben [...]
  B Ob Fremdling oder Einheimischer, wer den Namen lästert, soll sterben.
    C Wer irgendeinen Menschen erschlägt, soll des Todes sterben.
      D Wer aber ein Stück Vieh erschlägt, der soll es ersetzen, Leben um Leben
        X Wer seinem Nächsten einen Makel zufügt, dem soll man tun, wie er getan hat:

> Bruch um Bruch, Auge um Auge, Zahn um Zahn; wie er einen Menschen verletzt hat, so soll man auch ihm tun.
> D' Wer ein Stück Vieh erschlägt, der soll es erstatten.
> C' Wer aber einen Menschen erschlägt, der soll sterben.
> B' Es soll ein und dasselbe Recht unter euch sein für den Fremdling wie für den Einheimischen.
> A' Ich bin Jahwe, euer Gott.

Lästerung gegen Jahwe und das Erschlagen eines Menschen werden hier auf dieselbe Ebene gestellt, während tierisches Leben ersetzbar ist. In der Mitte des Gesetzes ist die Rede davon, dass dem Nächsten ein „Makel" zugefügt wird. „Makel" bezieht sich sonst in den Mosebüchern durchgehend auf kultischen Dienst: Körperliche Versehrtheiten, welche als „Makel" bezeichnet werden, schließen Priester vom kultischen Dienst aus und Tiere mit einem „Makel" dürfen nicht geopfert werden. Die konzentrische Struktur dieses Gesetzes zeigt, dass Vergehen gegen Gott (A B – A' B') und Mensch (C – C') gleichermaßen Kapitaldelikte sind. Die Zufügung eines Makels (X) verletzt das Zueinander von Gott und Mensch in der Gottesebenbildlichkeit des Menschen und kann darum im Unterschied zu Tieren (D – D') nicht mit Ersatzzahlungen beiseitegeschafft werden. Das Gesetz zielt auf die priesterliche Würde, die jeder Mensch in seiner Gottesebenbildlichkeit hat. Anders gesagt: Ein Vergehen gegen den Menschen ist immer ein Vergehen gegen Gott, weil im Vergehen gegen den Menschen die Herrlichkeit Gottes angegriffen und verletzt wird. Umgekehrt steht darum das Gebot der Nächstenliebe auf derselben Stufe wie das Gebot der Gottesliebe. Die Gottesebenbildlichkeit des Menschen verleiht ihm eine unantastbare Würde.

Das Bekenntnis zu Gott, dem Vater, dem Allmächtigen, Schöpfer des Himmels und der Erde, führt also über die Erscheinung seiner Herrlichkeit in der Schöpfung, die Erschaffung der Welt als seines Tempels und der Einsetzung des Menschen als Priester in diesem Tempel zur

3. „Den Schöpfer des Himmels und der Erde"

Gottesebenbildlichkeit des Menschen und zur Heiligkeit menschlichen Lebens.

Die Heiligkeit menschlichen Lebens ist ein exklusives Spezifikum des jüdisch-christlichen Offenbarungsglaubens. Das wird deutlich an Äußerungen des australischen Ethikers Peter Singer zur Frage nach Säuglingstötung (Infantizid), die zeigen, dass wir hier an einer Weiche stehen, die in einem nachchristlichen Zeitalter wohl früher oder später neu gestellt werden wird. Singer, der unter gewissen Bedingungen die Legalisierung von Säuglingstötungen befürwortet, schreibt:

> Wenn diese Folgerungen zu schockierend erscheinen, um ernst genommen zu werden, dann sollten wir uns vielleicht daran erinnern, dass unser heutiger absoluter Schutz des Lebens von Säuglingen Ausdruck einer klar definierten christlichen Haltung ist und nicht etwa ein universaler moralischer Wert. Infantizid wurde in Gesellschaften praktiziert, die sich geografisch von Tahiti bis Grönland erstrecken und kulturell so verschieden sind wie die nomadisierenden Ureinwohner Australiens und die hochkultivierten Stadtbewohner des alten Griechenland oder des China der Mandarine. In einigen dieser Gesellschaften war Infantizid nicht bloß erlaubt, sondern sie wurde unter bestimmten Umständen als moralische Verpflichtung angesehen. Einen missgestalteten oder kranken Säugling nicht zu töten, wurde oft als Unrecht betrachtet, und Infantizid war vermutlich die erste und in manchen Gesellschaften die einzige Form von Bevölkerungskontrolle.
>
> Wir können der Meinung sein, dass wir doch viel „zivilisierter" seien als diese „primitiven" Völker. Aber es ist nicht so leicht, mit Zuversicht zu behaupten, wir seien zivilisierter als die besten griechischen und römischen Moralisten. […] auch Platon und Aristoteles empfahlen, der Staat solle das Töten von missgestalteten Kindern anordnen. Römer wie Seneca, dessen moralisches Empfinden den modernen Leser (oder jedenfalls mich) im Vergleich zu den frühen und mittelalterlichen christlichen Schriftstellern überlegen anmutet,

meinten ebenfalls, Infantizid sei die natürliche und humane Lösung des Problems, das sich durch kranke und missgestaltete Säuglinge stellt. Im Westen ist der Wandel der Einstellung zum Infantizid seit den Zeiten der Römer ein Produkt des Christentums, so wie die Lehre von der Heiligkeit des Lebens, deren Bestandteil sie ist. Vielleicht ist es heute möglich, über diese Probleme nachzudenken, ohne das christliche Moralsystem ins Spiel zu bringen, das so lange Zeit jede grundlegende Neueinschätzung verhindert hat.[29]

Zwar stößt Peter Singer damit auch in einem säkularen Kontext auf viel Widerstand, der allerdings eher emotional als sachlich begründet ist. Die Heiligkeit menschlichen Lebens ist durch Jahrhunderte christlicher Prägung auch den Menschen eingeprägt, die sich von den jüdisch-christlichen Grundlagen entfernt haben. Ein Glaube bringt immer gewisse Überzeugungen hervor und diese Überzeugungen können den Glauben auch eine Zeit lang überdauern. Peter Singer kommt mit seiner Argumentation wohl um einige Jahrzehnte zu früh, weil der Glaube, der die Lehre von der Heiligkeit menschlichen Lebens hervorgebracht hat, zwar weitgehend erodiert ist, der neue Glaube einer säkularisierten Welt aber noch nicht die Wirkkraft von Überzeugungen, welche die Gesellschaft auf unbewusster Ebene durchdringen, hervorgebracht hat. Giuseppe Gracia veranschaulicht dies in einem „Gleichnis von der christlichen Zentralheizung":

> Stellen wir uns ein prächtiges, mehrstöckiges Haus mit großen Fenstern vor. Es ist ein Haus, das gebaut wurde auf dem Fundament des Glaubens an die Gottesebenbildlichkeit und Nächstenliebe. Ein Haus, das etwa 2000 Jahre alt ist. [...]
> Seit der Geburt von Jesus Christus ist dieses Haus immer größer geworden. Es bietet Raum nicht nur für viele Leistungsfähige und Gesunde, sondern auch für viele kleine Kinder, für viele Alte, Kranke und Schwache. Denn die Zehn Gebote gehören fest zur Hausordnung – auch wenn manche sich nicht an diese Regeln halten.[30]

3. „Den Schöpfer des Himmels und der Erde"

Gracia führt aus, dass dieses Haus von der Zentralheizung gewärmt wird, dass aber kritische Bewohner diese Zentralheizung im Keller ausgeschaltet haben. Das Ausschalten der Zentralheizung hat vor gut 200 Jahren in der Zeit der Aufklärung begonnen. Er fährt fort:

> Seither läuft die Zentralheizung [...] nicht mehr. Die Mehrheit der Bewohner hat sich inzwischen daran gewöhnt und findet das auch ganz in Ordnung. Und zwar deshalb, weil sie im Vergleich zu früher keinen wesentlichen Temperaturunterschied wahrnehmen. Sie leben in den modernen Wohnräumen des 21. Jahrhunderts. Das heißt: in den Zimmern des 21. Stockwerks. Und dort, im 21. Jahrhundert, spürt man den Ausfall der Zentralheizung noch gar nicht. Es gibt genügend zivilisatorische Restwärme.[31]

Weil sich die Auswirkungen der Abwendung von der biblischen Lehre der Gottesebenbildlichkeit des Menschen nur stark verzögert zeigen werden, ist vielen Menschen nicht bewusst, dass die Frage, ob eine Gesellschaft solchen theologischen Lehrsätzen zustimmt oder sie ablehnt, sehr konkrete Auswirkungen hat. Es ist, wie die britische Krimi-Autorin Dorothy L. Sayers in Auseinandersetzung mit dem Nationalsozialismus im Jahr 1940 schrieb (ihr Aufsatz wurde von Karl Barth ins Deutsche übersetzt):

> „Lassen wir die Theologie", sagen wir freundlich, „wenn wir einfach weiter brüderlich zueinander sind, ist es doch gleichgültig, welche Ansichten wir von Gott haben." Dieser Gedanke ist uns so geläufig, dass uns auch der Mann nicht erschüttert, der fragt: „Wenn ich nicht an Gottes Vaterschaft glaube, weshalb sollte ich dann an die Brüderlichkeit unter den Menschen glauben?" Das, denken wir, ist ein interessanter Standpunkt, aber nur Plauderei – ein Thema für eine ruhige Unterhaltung nach dem Essen. Doch dann geht der Mann und setzt seinen Standpunkt in die Tat um, und zu unserem Erstaunen geraten die Grundsteine der Gesellschaft heftig ins Wanken, die Kruste der

Moral, die uns so solide erschien, zerbricht wie eine dünne Brücke und gibt den Blick frei in einen Abgrund, in dem zwei Dogmen – unvereinbar wie Feuer und Wasser – zischend zusammenstoßen.[32]

Die Verankerung des ersten Artikels des Apostolischen Glaubensbekenntnisses im Alten Testament ist darum nicht bloß ein interessantes, aber letztlich bangloses Gedankenspiel. Vielmehr ist es eine Frage von Leben und Tod, ob auch die heutige Christenheit daran festhält.

Die Heiligung des Profanen

Wenn es der priesterliche Auftrag des Menschen ist, den Garten Eden so zu bebauen und zu bewahren, dass er sich auf die ganze Welt ausweitet, so ist mit der Verstoßung des Menschen aus dem Garten dieses Ziel nicht verworfen worden. „Verflucht sei der Acker um deinetwillen! [...] Dornen und Disteln soll er dir tragen!" (1. Mose 3,17-18), lautet der Fluch Gottes über dem Erdboden.

Die Frage, wie es wieder zur Begegnung zwischen Gott und Mensch auf heiligem Boden kommen kann, zieht sich durch die ganze Bibel. Anhand der drei großen alttestamentlichen Gestalten Abraham, Jakob und Mose soll hier kurz skizziert werden, welche Antwort die Bibel darauf gibt.

Die Ursünde, dass der Mensch wie Gott sein will (1. Mose 3,5), wiederholt sich im Großen in der Geschichte des Turmbaus zu Babel, wo die Menschen sagen:

> *1. Mose 11,4*
> Wohlauf, lasst uns eine Stadt und einen Turm bauen, dessen Spitze bis an den Himmel reiche, damit wir uns einen Namen machen.

Der Versuch, mit einem hohen Turm den Himmel zu erreichen, steht für den Versuch, wieder nach Eden zu gelangen. Die Menschen wollen sich einen Namen machen, wie der Weltherrscher in Jesaja 14 in seiner Selbstüberhebung sagt:

3. „Den Schöpfer des Himmels und der Erde"

Jesaja 14,13-14
Ich will in den Himmel steigen und meinen Thron über die Sterne Gottes erhöhen, ich will mich setzen auf den Berg der Versammlung im fernsten Norden. Ich will auffahren über die hohen Wolken und gleich sein dem Allerhöchsten.

Gott macht den Versuch der Menschen in Babel zunichte, indem er die Sprachen verwirrt und sie in alle Welt zerstreut. Auf die Geschichte des Turmbaus zu Babel folgt der Stammbaum Abrahams, bevor Abraham dann aus diesen zerstreuten Völkern herausgerufen wird:

1. Mose 12,1-3
Und der HERR sprach zu Abram: Geh aus deinem Vaterland und von deiner Verwandtschaft und aus deines Vaters Hause in ein Land, das ich dir zeigen will. Und ich will dich zum großen Volk machen und will dich segnen und dir einen großen Namen machen, und du sollst ein Segen sein. Ich will segnen, die dich segnen, und verfluchen, die dich verfluchen; und in dir sollen gesegnet werden alle Geschlechter auf Erden.

Die Berufung Abrams, der später den Namen Abraham bekommt (d. h. „Vater vieler Völker"), ist in mehrfacher Hinsicht eine Umkehrung der Zerstreuung der Völker beim Turm von Babel: Die Menschen in Babel wollen sich selber einen Namen machen (1. Mose 11,4), doch Gott sagt zu Abraham: „Ich will dir einen großen Namen machen" (1. Mose 12,2). Die Sammlung des einen Volkes unter Abraham, die zum Segen für alle Völker werden soll, ist die Gegenbewegung zur Zerstreuung der Völker.[33] Und schließlich wird auch der Schöpfungssegen, der schon über Adam und Eva (1. Mose 1,28) und über Noah und seiner Familie (1. Mose 9,1) ausgesprochen war, auf Abraham übertragen, wenn ihm verheißen wird, dass er zu einem großen Volk werden wird.

Noch deutlicher findet sich die Umkehrung der Geschichte des Turmbaus zu Babel in der Geschichte mit Jakob und der Himmelsleiter. Wollen die Menschen in Babel einen Turm bauen, „dessen Spitze bis an den Himmel reiche" (1. Mose 11,4), so sieht Jakob im Traum eine Leiter, „die rührte mit der Spitze an den Himmel, und siehe, die Engel Gottes stiegen daran auf und nieder" (1. Mose 28,12).³⁴ Wo die Menschen den Himmel erklimmen wollen, da geht es schief. Aber Gott selbst schafft eine Verbindung zwischen Himmel und Erde, um den Menschen zu begegnen. So ruft Jakob aus, als er aus seinem Schlaf erwacht:

1. Mose 28,16-17
Fürwahr, der HERR ist an dieser Stätte, und ich wusste es nicht! Und er fürchtete sich und sprach: Wie heilig ist diese Stätte! Hier ist nichts anderes als Gottes Haus und hier ist die Pforte des Himmels.

Auch an Jakob richtet sich dabei der Schöpfungssegen:

1. Mose 28,14
Und dein Geschlecht soll werden wie der Staub auf Erden, und du sollst ausgebreitet werden gegen Westen und Osten, Norden und Süden, und durch dich und deine Nachkommen sollen alle Geschlechter auf Erden gesegnet werden.

Das 2. Mosebuch beginnt damit, dass sich dieser Schöpfungssegen erfüllt. Die Nachkommen Jakobs sind in Ägypten, wie sie dahin gekommen sind, erzählt die Josefsgeschichte (1. Mose 37–50). Am Anfang des 2. Mosebuchs lesen wir dann:

2. Mose 1,6-7
Als nun Josef gestorben war und alle seine Brüder und alle, die zu der Zeit gelebt hatten, wuchsen die Nachkommen Israels und zeugten Kinder und mehrten sich und wurden überaus stark, sodass von ihnen das Land voll ward.

Der Pharao versucht, durch Kindstötung und Unterdrückung diesen Segen zu stoppen, doch es gelingt ihm nicht. Gott erhört das Schreien seines Volkes und beruft Mose, um es aus der Hand des Pharaos zu befreien. Wenn schon Jakob ausgerufen hat: „Der HERR ist an dieser Stätte, und ich wusste es nicht!", so trifft das noch vielmehr für Mose zu.

Mose befindet sich in der Wüste und Gott begegnet ihm in einem brennenden Dornbusch. Das Szenario ist so ziemlich das Gegenteil des Szenarios von 1. Mose 2, wo Adam und Eva in der Gegenwart Gottes lebten: Wüste statt Garten. Der Dornbusch erinnert an 1. Mose 3,17-18:

1. Mose 3,17-18
Verflucht sei der Erdboden[35] um deinetwillen! Mit Mühsal sollst du dich von ihm nähren dein Leben lang. Dornen und Disteln soll er dir tragen, und du sollst das Kraut auf dem Felde essen.

Der Boden, auf dem Mose steht, hat alle Eigenschaften dieses verfluchten Bodens. Doch Gott sagt zu Mose, der sich dem brennenden Dornbusch nähern will:

2. Mose 3,5-6
Tritt nicht herzu, zieh deine Schuhe von deinen Füßen; denn *der Ort, darauf du stehst, ist heiliger Erdboden!*[36] Und er sprach weiter: Ich bin der Gott deines Vaters, der Gott Abrahams, der Gott Isaaks und der Gott Jakobs. Und Mose verhüllte sein Angesicht, denn er fürchtete sich, Gott anzuschauen.

Es ist die gleiche Logik wie bei der Himmelsleiter: Gott kommt selbst auf den Erdboden, den er verflucht hat, und heiligt ihn. Die Wiederherstellung des heiligen Bereichs, in welchem Gott und Mensch sich begegnen können, erfordert nicht eine Bewegung des Menschen auf Gott zu, sondern Gott bewegt sich auf den Menschen zu. Gott übernimmt den priesterlichen Auftrag des Menschen: Er heiligt den verfluchten Boden, er macht Wüste zu Garten. Es ist sicher kein Zufall, dass es die gleiche

Szene ist, in der Gott auf verfluchtem Boden Mose beruft und den verfluchten Boden für heilig erklärt, in der Gott auch seinen Namen offenbart:

2. Mose 3,13-15
Mose sprach zu Gott: Siehe, wenn ich zu den Israeliten komme und spreche zu ihnen: Der Gott eurer Väter hat mich zu euch gesandt! und sie mir sagen werden: Wie ist sein Name?, was soll ich ihnen sagen?
    Gott sprach zu Mose: Ich bin, der ich bin. Und sprach: So sollst du zu den Israeliten sagen: „Ich bin" hat mich zu euch gesandt.[37]

Der Gottesname „Ich bin, der ich bin", kann auf Deutsch nicht gut übersetzt werden, da im Hebräischen sowohl die Vergangenheit, die Gegenwart und die Zukunft enthalten sind: Gott ist der Ewige, der ist, der war und der sein wird. Bei der Berufung von Mose, als er seinen Namen offenbart, spurt er sein Erlösungswerk vor: Gott begibt sich in den Fluch hinein, er kommt an den verfluchten Ort. Das Motiv der Dornen wird wieder auftauchen in der Dornenkrone, mit der Jesus gekrönt wird: Die Erlösung der Menschheit geschieht, indem Gott den Fluch selbst trägt.[38]

Wie im Himmel, so auf Erden

Kehren wir nochmals an den Anfang der Bibel zurück: Am Anfang schuf Gott Himmel und Erde, aber die Erde war wüst und leer (1. Mose 1,1-2). Die Sechstageschöpfung und der Schöpfungssegen zielen darauf ab, dass die Erde so belebt und gefüllt wird, wie es der Himmel bereits ist. Durch den Menschen als Ebenbild Gottes soll die Königsherrschaft Gottes auch auf Erden ausgeübt werden. Der Ort des Menschen ist die Erde, doch der Mensch will sein wie Gott und sich in den Himmel erheben (1. Mose 3,5; 11,4; Jesaja 14,13-14). Statt dass der Mensch die Erde außerhalb des Gartens heiligt, entheiligt er sich selbst und muss den Garten verlassen. Darum kommt Gott selber in die Wüste, um diesen Bereich außerhalb des Gartens zu heiligen (2. Mose 3,5). Er erwählt dazu Abraham, Isaak und Jakob, aus denen das Volk Israel hervorgeht, und mit diesem Volk schließt Gott am Berg Sinai einen Bund, damit sie den königlichen und priesterlichen Auftrag von Adam und Eva wieder wahrnehmen:

2. Mose 19,5-6
Werdet ihr nun meiner Stimme gehorchen und meinen Bund halten, so sollt ihr mein Eigentum sein vor allen Völkern; denn die ganze Erde ist mein. *Und ihr sollt mir ein Königreich von Priestern und ein heiliges Volk sein.*

Gegen Ende des 5. Mosebuchs ruft Mose Himmel und Erde, die unsichtbare und die sichtbare Welt, an als Zeugen dieses Bundes, den Gott mit Israel schließt:

5. Mose 30,19-20
Ich nehme Himmel und Erde heute über euch zu Zeugen: Ich habe euch Leben und Tod, Segen und Fluch vorgelegt, damit du das Leben erwählst und am Leben bleibst, du und deine Nachkommen, indem ihr den HERRN, euren Gott, liebt und seiner Stimme gehorcht und ihm anhangt. Denn das bedeutet für dich, dass du lebst und alt wirst und wohnen bleibst in dem Lande, das der HERR deinen Vätern Abraham, Isaak und Jakob geschworen hat, ihnen zu geben.

Die fünf Mosebücher beginnen also mit der Erschaffung von Himmel und Erde und sie enden damit, dass Himmel und Erde als Zeugen angerufen werden für den Bund Gottes mit seinem Volk Israel. Dieser Bund besteht darin, dass Israel anders als Adam und Eva der Stimme Gottes gehorchen, ihn lieben und ihm anhangen. Damit verbindet sich wieder die Verheißung von Leben und Nachkommenschaft.

Durch den Propheten Jesaja wird Gott, der Vater, diese Zeugen wieder aufrufen, und zwar als Zeugen gegen seine Kinder:

Jesaja 1,2
Höret, ihr Himmel, und Erde, nimm zu Ohren, denn der HERR redet! Ich habe Kinder großgezogen und hochgebracht, und sie sind von mir abgefallen.

Himmel und Erde werden zu Zeugen dafür, dass nicht nur Adam und Eva, sondern alle Kinder, die Gott, der allmächtige Vater, Schöpfer des Himmels und der Erde, großgezogen hat, von ihm abgefallen sind. So mündet das Jesajabuch in die Verheißung, dass Gott selbst nicht nur die Menschheit erneuern wird, sondern dass er auch einen neuen Himmel und eine neue Erde erschaffen wird. Dieser neue Himmel und diese neue Erde sollen nicht mehr Zeugen werden vom menschlichen Fall, von der Sünde und vom Leiden, sondern Zeugen von der Freude und Wonne Jerusalems:

Jesaja 65,17-18
Denn siehe, *ich will einen neuen Himmel und eine neue Erde schaffen*, dass man der vorigen nicht mehr gedenken und sie nicht mehr zu Herzen nehmen wird. Freuet euch und seid fröhlich immerdar über das, was ich schaffe. Denn siehe, ich will Jerusalem zur Wonne machen und sein Volk zur Freude.

Mit der Verheißung des neuen Himmels und der neuen Erde verbindet sich die Verheißung, dass das Volk Israel endlich den Auftrag von Adam und Eva wahrnehmen wird: Sie sind zwar aus dem verheißenen Land vertrieben, wie einst Adam und Eva aus Eden, aber Gott wird sie aus den Völkern sammeln und sie werden zu Priestern werden:

Jesaja 66,19-22
Und ich will ein Zeichen unter ihnen aufrichten und einige von ihnen, die errettet sind, zu den Völkern senden, nach Tarsis, nach Put und Lud, nach Meschech und Rosch, nach Tubal und Jawan und zu den fernen Inseln, wo man nichts von mir gehört hat und die meine

Herrlichkeit nicht gesehen haben; und sie sollen meine Herrlichkeit unter den Völkern verkünden.

Und sie werden alle eure Brüder aus allen Völkern herbringen dem HERRN zum Weihgeschenk auf Rossen und Wagen, in Sänften, auf Maultieren und Dromedaren nach Jerusalem zu meinem heiligen Berge, spricht der HERR, gleichwie Israel die Opfergaben in reinem Gefäße zum Hause des HERRN bringt. Und *ich will auch aus ihnen Priester und Leviten nehmen*, spricht der HERR.

Denn *wie der neue Himmel und die neue Erde, die ich mache*, vor mir Bestand haben, spricht der HERR, so soll auch euer Geschlecht und Name Bestand haben.

Dass zwischen Jesaja 1 und Jesaja 65–66 das Lied vom leidenden Gottesknecht, der um unserer Missetat willen verwundet und um unserer Sünde willen zerschlagen wird (Jesaja 53,4), liegt, weist schon voraus auf den zweiten Artikel des Apostolischen Glaubensbekenntnisses.

Die Verheißung eines neuen Himmels und einer neuen Erde schließt nicht nur das Jesajabuch, sondern auch die ganze Bibel ab. Offenbarung 21–22 schlägt den Bogen zurück zu 1. Mose 1, wenn Johannes schreibt:

Offenbarung 21,1-5
Und *ich sah einen neuen Himmel und eine neue Erde; denn der erste Himmel und die erste Erde sind vergangen*, und das Meer ist nicht mehr. Und ich sah die heilige Stadt, das neue Jerusalem, von Gott aus dem Himmel herabkommen, bereitet wie eine geschmückte Braut für ihren Mann.

Und ich hörte eine große Stimme von dem Thron her, die sprach: Siehe da, die Hütte Gottes bei den Menschen! Und er wird bei ihnen wohnen, und sie werden sein Volk sein, und er selbst, Gott mit ihnen, wird ihr Gott sein; und Gott wird abwischen alle Tränen von ihren Augen, und der Tod wird nicht mehr sein, noch Leid noch Geschrei noch Schmerz wird mehr sein, denn das Erste ist vergangen.

Und der auf dem Thron saß, sprach: Siehe, ich mache alles neu!

Der neue Himmel und die neue Erde zeichnen sich dadurch aus, dass das neue Jerusalem vom Himmel, dem Bereich Gottes, auf die Erde herabkommt und dass der Thron Gottes damit auch auf Erden aufgerichtet ist. Das Vaterunser findet seine Erfüllung:

Matthäus 6,9-10
Unser Vater im Himmel!
Dein Name werde geheiligt.
Dein Reich komme.
Dein Wille geschehe, wie im Himmel, so auf Erden.

Das Vaterunser formuliert in Form von Bitten, was der erste Artikel des Apostolikums in Bekenntnisform formuliert: „Ich glaube an Gott, den Vater, den Allmächtigen, den Schöpfer des Himmels und der Erde."

4. Fazit: Was bedeutet der Glaube an Gott, den Vater, den Allmächtigen, den Schöpfer des Himmels und der Erde?

Zugespitzt kann man sagen: Der Glaube an Gott den Vater zeigt die Verwandtschaft des Menschen mit Gott an, der Glaube an Gott den Schöpfer dagegen die Differenz des Menschen zu Gott.

Das Bekenntnis, dass Gott Schöpfer des Himmels und der Erde ist, beinhaltet: Wir sind es nicht. Gott ist Schöpfer, wir Menschen sind Geschöpfe. Gerade dem Menschen, der sich zu Gott als dem Schöpfer von Himmel und Erde bekennt, ist damit sein Platz in der Schöpfung zugewiesen. Wie Gott Adam in den Garten Eden setzt, so findet sich jeder Mensch in dieser Welt in Abhängigkeit von Gott dem Schöpfer vor als jemand, der zu einem bestimmten Zeitpunkt an einen bestimmten Ort gesetzt ist. Der Mensch setzt sich nicht selbst, er ist von vornherein und unbedingt vom Schöpfer abhängig.

4. Fazit

Das Bekenntnis zu Gott dem allmächtigen Vater unterscheidet nun aber auch den Menschen von der übrigen Schöpfung und setzt ihn in ein besonderes Verhältnis zu Gott. Der Mensch ist von Gott als Gegenüber geschaffen, als Wesen, das die Herrlichkeit Gottes im irdischen Bereich trägt und repräsentiert und das darum gerade in der Welt, in die es gesetzt ist, Anteil hat an der Herrschaft Gottes.

Die beiden Sätze von Gott als Schöpfer und Gott als Vater haben ihr Gegenstück in der Erschaffung des Menschen aus Erdboden und Gottesatem (1. Mose 2,7). Als Geschöpf ist der Mensch von Gott gebildet, so wie ein Tongefäß vom Töpfer gebildet ist. Er ist Werk der Hände Gottes. Doch er bleibt nicht einfach ein lebloses Tongebilde, sondern ihm wird der Lebensgeist Gottes eingehaucht. Er hat am Leben Gottes Anteil und steht damit in einem Kindschaftsverhältnis zu Gott als Vater.

Die christliche Lehre von Gott bestimmt darum auch die christliche Lehre vom Menschen. Mit dem Verlust des biblisch-christlichen Gottesglaubens geht eine Verschiebung einher in der Frage, wer der Mensch ist. Die Gefährdung kommt immer von beiden Seiten: Der Mensch macht sich zugleich zu Gott und zum bedeutungslosen Zellhaufen. Wo die Unterscheidung von Schöpfer und Geschöpf aufgegeben wird, da erhebt sich der Mensch selbst in die Stellung des Schöpfers, wie im Sündenfall (Unterscheidung von Gut und Böse), Kain und Abel (eigenmächtige Beendigung vom Leben) und beim Turmbau zu Babel (Verkehrung von Himmel und Erde). Wo immer der Mensch meint, sich nicht in einer gottgegebenen Wirklichkeit vorzufinden, sondern selbst erst die Wirklichkeit zu konstruieren, da erklärt er sich zum Schöpfer. Wenn aber jeder Mensch Schöpfer ist, erschafft sich jeder Mensch eine eigene Wirklichkeit und es kommt zur Sprachenverwirrung und zur Entfremdung der Menschen untereinander und letztlich zur Vereinsamung. Wo dagegen die Gottesebenbildlichkeit des Menschen aufgegeben wird, da gerät die Heiligkeit des menschlichen Lebens in Gefahr. Der Mensch wird zur biologisch komplizierten Maschine, zum komplexen Zellhaufen. Das führt nicht nur dazu, dass über das Leben des Menschen ohne Rücksicht auf die Menschenwürde entschieden werden kann – besonders am

Morgen und Abend des menschlichen Lebens –, sondern es führt auch dazu, dass das menschliche Bewusstsein und die menschliche Freiheit und Entscheidungsfähigkeit als Illusionen gedeutet werden, die früher oder später durch künstliche Intelligenz nachgebaut, ersetzt und verbessert werden können. Die ganze Idee der künstlichen Intelligenz beruht ja auf der philosophischen Vorannahme, dass Materie den Vorrang vor Geist hat und Geist darum aus Materie gebaut werden kann. Interessanterweise landet man in beiden Fällen – wenn man den Menschen zum Schöpfer erklärt und wenn man ihn zum bloßen Zellhaufen erklärt – an einem ähnlichen Punkt: dass der Mensch über menschliches Leben Herr sein und verfügen möchte und dass letztlich das menschlich Schwache dem Starken weichen muss.

Diese kurzen Andeutungen sollen veranschaulichen, dass das Bekenntnis zu Gott als Vater und Schöpfer auch in seiner zeitlosen Formulierung von größter Relevanz für unsere Zeit ist. Das Alte Testament legt die Grundlagen für die christliche Lehre von Gott und dem Menschen und wo wir das Alte Testament verlieren oder preisgeben – nicht nur als Gesellschaft, sondern auch als Kirchen –, da werden je länger, je mehr auch politische, gesellschaftliche und ethische Konsequenzen folgen.

„Ich glaube an Gott, den allmächtigen Vater, den Schöpfer des Himmels und der Erde", lautet der erste Artikel des Apostolischen Glaubensbekenntnisses. Wir haben gesehen, dass Gott sich in der Schöpfung von Himmel und Erde offenbart und sich als Vater erweist, indem er Menschen nach seinem Ebenbild schafft. Seine Herrlichkeit soll die ganze Welt erfüllen und dazu segnet er den Menschen als sein Ebenbild und stellt ihn als Priester in den Garten Eden, damit der Mensch die Herrlichkeit Gottes repräsentiert und auf die ganze Erde ausweitet und Gottes Herrschaft ausübt. Auch wenn der Sündenfall und die Entfremdung von Gott und Mensch dazwischengekommen sind, ist Gott der allmächtige Vater, der „Ich bin", und er führt die Menschen und die Schöpfung ihrer Bestimmung zu, sodass in einem neuen Himmel und einer neuen Erde der Mensch das sein wird, wozu er geschaffen ist: Kind und Erbe Gottes.

4. Fazit

Doch gerade in dem, was zwischen der ersten und der zweiten Schöpfung liegt, im Sündenfall und in der Erlösung des Menschen, offenbart Gott von sich etwas, was zuvor verborgen war: dass er selber, Gott, nicht nur Vater, sondern auch Sohn ist.

Kapitel 2

„Und an Jesus Christus, seinen eingeborenen Sohn, unsern Herrn"

Während die Rede von Gott dem Schöpfer uns ganz an den Anfang des Alten Testaments führt (1. Mose 1,1), kommt „Jesus Christus" im Alten Testament gar nicht vor. Zum ersten Mal wird er im ersten Vers des Neuen Testaments erwähnt, sodass der erste Artikel des Glaubensbekenntnisses uns zum ersten Vers des Alten Testaments, der zweite Artikel dagegen zum ersten Vers des Neuen Testaments führt:

Matthäus 1,1
Dies ist das Buch von der Geschichte Jesu Christi, des Sohnes Davids, des Sohnes Abrahams.

Zwar wird Jesus hier als Nachkomme zweier großer alttestamentlicher Gestalten, David und Abraham, eingeführt und doch scheint das Alte Testament ihn noch nicht zu kennen. Ein Grund dafür findet sich auch im Apostolischen Glaubensbekenntnis: „Geboren von der Jungfrau Maria". Jesus ist der Name eines Menschen, der in einer bestimmten Zeit geboren worden ist, und zwar in einer Zeit nach der Entstehung des Alten Testaments. Darum kommt er im Alten Testament noch nicht vor. Zugleich sieht das Apostolische Glaubensbekenntnis allein schon durch die Formulierung „Ich *glaube an* Jesus Christus" in Jesus nicht nur einen Menschen, der zu einer bestimmten Zeit geboren wurde, sondern auch eine göttliche Person, die von Ewigkeit her ist. Die beiden Seiten – seine Gottheit und seine Menschheit – kommen im Apostolischen Glaubensbekenntnis dadurch zum Ausdruck, dass Jesus Christus durch den Heiligen Geist empfangen, aber von der Jungfrau Maria geboren ist.

Zunächst werden über diesen Jesus drei Aussagen gemacht: Er ist

Christus, d. h. Gesalbter (Messias), er ist der eingeborene Sohn Gottes (siehe zu „eingeboren" Abschnitt 2.2) und er ist unser Herr. Auch wenn Jesus als Mensch uns erst im Neuen Testament begegnet, führen uns alle drei Aussagen über ihn ins Alte Testament.

1. „Und an Jesus Christus"

Christus ist nicht der Nachname von Jesus, sondern es ist die griechische Übersetzung von Messias, d. h. Gesalbter. Das Apostolische Glaubensbekenntnis sagt zunächst also: „Ich glaube an Jesus, den Gesalbten." Was bedeutet „Gesalbter"? Was ist eine Salbung?

Die Salbung und die drei alttestamentlichen Ämter: Prophet, Priester und König

Am besten lässt sich die Salbung ausgehend von Psalm 104,15 erklären, wo von Öl die Rede ist, welches das Angesicht des Menschen zum Glänzen bringt. Werden Menschen, die einen Auftritt im Fernsehen haben, vor ihrem Auftritt gepudert, damit ihr Gesicht nicht glänzt, so hat das Salböl die umgekehrte Funktion: Es verleiht dem Gesicht eines Menschen Glanz.

Innerhalb des Alten Testaments erinnert dies sofort an 2. Mose 34,29-35:

> *2. Mose 34,29-35*
> Als nun Mose vom Berge Sinai herabstieg, hatte er die zwei Tafeln des Gesetzes in seiner Hand und wusste nicht, dass die Haut seines Angesichts glänzte, weil er mit Gott geredet hatte.
>
> Als aber Aaron und ganz Israel sahen, dass die Haut seines Angesichts glänzte, fürchteten sie sich, ihm zu nahen. Da rief sie Mose, und sie wandten sich wieder zu ihm, Aaron und alle Obersten der Gemeinde, und er redete mit ihnen.

> Danach nahten sich ihm auch alle Israeliten. Und er gebot ihnen alles, was der Herr mit ihm geredet hatte auf dem Berge Sinai.
> Und als er dies alles mit ihnen geredet hatte, legte er eine Decke auf sein Angesicht. Und wenn er hineinging vor den Herrn, mit ihm zu reden, tat er die Decke ab, bis er wieder herausging. Und wenn er herauskam und zu den Israeliten redete, was ihm geboten war, sahen die Israeliten, wie die Haut seines Angesichts glänzte. Dann tat er die Decke auf sein Angesicht, bis er wieder hineinging, mit ihm zu reden.

Das Angesicht von Mose glänzt, weil er auf dem Berg Sinai Gott begegnet ist. Der Glanz Gottes reflektiert sich auf seinem Angesicht, er wird zu einem Träger der Lichtherrlichkeit Gottes. Das Volk fürchtet sich, er muss sein Angesicht bedecken, wenn er ihnen gegenübertritt, aber in der Gegenwart Gottes deckt er sein Angesicht auf.

Mose ist kein Priester, sondern ein Prophet. Als Prophet tritt er auf dem Sinai in die himmlische Gegenwart Gottes ein, er tritt vor den himmlischen Thron Gottes. Dies ist es, was nach Jeremia den wahren vom falschen Propheten unterscheidet:

> *Jeremia 23,16-18*
> So spricht der Herr Zebaoth: Hört nicht auf die Worte der Propheten, die euch weissagen! Sie betrügen euch; denn sie verkünden euch Gesichte aus ihrem Herzen und nicht aus dem Mund des Herrn. Sie sagen denen, die des Herrn Wort verachten: Es wird euch wohlgehen –, und allen, die nach ihrem verstockten Herzen wandeln, sagen sie: Es wird kein Unheil über euch kommen. *Aber wer hat im Rat des Herrn gestanden, dass er sein Wort gesehen und gehört hätte? Wer hat sein Wort vernommen und gehört?*

Der wahre Prophet ist derjenige, der in den Thronrat Gottes hineingenommen wird und das Wort Gottes hört und sieht. Genau dies trifft auf Mose zu, wenn er auf der Spitze des Berges Sinai in die Wolke eintritt, um Gott zu begegnen.

1. „Und an Jesus Christus"

Wird der Prophet durch den Geist in den himmlischen Thronrat Gottes hineingenommen, so betritt der Priester den irdischen Thronraum Gottes, wenn er ins Heiligtum hineingeht, denn das irdische Heiligtum ist ja ein Abbild des himmlischen. Es ist ein Ort, der vom Glanz Gottes erfüllt ist. Alles darin ist mit heiligem Salböl gesalbt:

2. Mose 30,25-30
Mache [...] ein heiliges Salböl nach der Kunst des Salbenbereiters. Und du sollst damit salben die Stiftshütte und die Lade mit dem Gesetz, den Tisch mit all seinem Gerät, den Räucheraltar, den Brandopferaltar mit all seinem Gerät und das Becken mit seinem Gestell. So sollst du sie weihen, dass sie hochheilig seien. Wer sie anrührt, der ist dem Heiligtum verfallen. Aaron und seine Söhne sollst du auch salben und sie mir zu Priestern weihen.

Salbung bedeutet Heiligung und was geheiligt ist, das gehört in die Gegenwart Gottes und ist Träger vom Lichtglanz Gottes. Aaron und seine Söhne, d. h. die Priester, werden auch gesalbt: Wenn sie das Heiligtum betreten, dann sollen sie dies mit glänzendem Angesicht tun, genau wie Mose, wenn er auf den Berg Sinai geht, um Gott zu begegnen.

Man kann die Geschichte des Sündenfalls so deuten (eine Deutung, die schon im Frühjudentum und in der Alten Kirche bezeugt ist), dass Adam und Eva vor dem Sündenfall auch den Glanz der Herrlichkeit Gottes an sich hatten. Weil sie durch den Sündenfall diesen Glanz verlieren, merken sie, dass sie nackt sind, und kleiden sich in Feigenblätter (1. Mose 3,7). Als Gott sie aus dem Garten verbannt, macht er ihnen Kleider aus Fellen (1. Mose 3,21). Paulus wird später mit Blick auf den Sündenfall schreiben:

Römer 3,22-23
Denn es ist hier kein Unterschied: Alle haben gesündigt und die Herrlichkeit verloren, die Gott ihnen zugedacht hatte.[39]

Auch den Priestern fehlt diese Herrlichkeit, deshalb müssen sie nicht nur ihr Angesicht salben, sondern auch prachtvolle Kleider anziehen, wenn sie ins Heiligtum gehen. Der Hohepriester, der an den Cherubim vorbei ins Allerheiligste vor den Thron Gottes tritt, muss von Kopf bis Fuß in weißes Leinen gekleidet sein:

3. Mose 16,4
Er soll das heilige leinene Gewand anlegen, und leinene Beinkleider sollen seine Nacktheit[40] bedecken, und er soll sich mit einem leinenen Gürtel gürten und den leinenen Kopfbund umbinden, denn das sind die heiligen Kleider; er soll seinen Leib mit Wasser abwaschen und sie dann anlegen.

Doch wie Mose nicht in seinem Glanz dem Volk gegenübertreten darf, so darf der Hohepriester in seinen weißen Leinenkleidern, die nur das Gesicht, das mit Öl gesalbt wird (3. Mose 16,32), frei lassen, zwar in die Gegenwart Gottes treten, aber nicht vor das Volk: Wenn er das Heiligtum verlässt, muss er das Salböl abwaschen und die heiligen Kleider ausziehen, um in normalen Kleidern ohne den Glanz der Herrlichkeit Gottes vor das Volk zu treten (3. Mose 16,23-24). Salbung bedeutet also Heiligung und Heiligung bedeutet Zutritt und Zugehörigkeit zum Heiligtum, zum Ort der Gegenwart Gottes.

Ein weiterer Schritt für das Verständnis, was es bedeutet, dass Jesus der Messias ist, besteht darin, sich bewusst zu machen, was die Gegenwart Gottes überhaupt bedeutet: Im Allerheiligsten steht der Thron Gottes und der Thron Gottes ist sein Richterstuhl. Als Mose mit glänzendem Angesicht vom Sinai herabsteigt, hält er die beiden Steintafeln mit den Zehn Geboten in der Hand (2. Mose 34,29). Diese Tafeln werden im Allerheiligsten der Stiftshütte in der Bundeslade aufbewahrt. Wenn Aaron also am Tag der Versöhnung gesalbt wird, um ins Allerheiligste zu treten, dann bildet er das Hinaufsteigen Moses auf die Spitze des Sinai kultisch ab (2. Mose 25,21-22; 3. Mose 16,2).

Mose bringt nicht nur dem Volk das Gesetz Gottes, weil er vor dem

Richterstuhl Gottes gestanden hat, sondern er wird auch selbst eingesetzt, um im Volk Recht zu sprechen, weil er als Prophet Mitglied im göttlichen Thronrat ist und darum den Ratschluss Gottes kennt. Um Recht zu sprechen, braucht er den Geist der Unterscheidung von Gut und Böse (siehe dazu unten 3.4). Als Mose sein Amt nicht mehr allein ausführen kann, stellt Gott ihm siebzig Älteste zur Seite, die schon in 2. Mose 24,9-10 in die Nähe Gottes auf dem Sinai getreten sind, und Gott rüstet sie mit seinem Geist aus:

4. Mose 11,25
Da kam der HERR hernieder in der Wolke und redete mit ihm und nahm von dem Geist, der auf ihm war, und legte ihn auf die siebzig Ältesten. Und als der Geist auf ihnen ruhte, gerieten sie in Verzückung wie Propheten und hörten nicht auf.

Im letzten Kapitel der Mosebücher lesen wir, wie Mose durch Handauflegung den Geist an Josua weitergibt:

5. Mose 34,9
Josua aber, der Sohn Nuns, wurde erfüllt mit dem Geist der Weisheit; denn Mose hatte seine Hände auf ihn gelegt. Und die Israeliten gehorchten ihm und taten, wie der HERR es Mose geboten hatte.

Josua führt das Richteramt von Mose weiter und später auch die Richter, die durch den Geist erweckt werden (Richter 3,10; 6,34; 11,29; 13,25; 14,6.19; 15,14). Der letzte Richter ist Samuel. Als das Volk einen König will, legt er sein Richteramt nieder und salbt Saul zum König. Bei dieser Salbung wird deutlich, dass das richterliche Amt, das auch Josua und die Richter ausübten, auf den König übergeht. Der König hat nun die Aufgabe, die Herrschaft Gottes dem Volk gegenüber auszuüben. Zudem wird bei der Salbung Sauls deutlich, dass Salbung und Geistempfang zusammengehören: Das Öl, welches das Angesicht zum Glänzen bringt, ist ein Symbol für den Geist Gottes, der die Menschen heiligt (darum wird er der „heilige" Geist genannt, z. B. in Psalm 51,13) und für die Gegenwart Gottes ausrüstet.

1. Samuel 10,1.6
Da nahm Samuel den Krug mit Öl und goss es auf sein Haupt und küsste ihn und sprach: Siehe, der HERR hat dich zum Fürsten über sein Erbteil gesalbt.
[...]
Und der Geist des HERRN wird über dich kommen, dass du mit ihnen in Verzückung gerätst; da wirst du umgewandelt und ein anderer Mensch werden.

Nachdem Saul verworfen und David gesalbt wird, verlässt der Geist Saul und kommt auf David:

1. Samuel 16,13-14
Da nahm Samuel sein Ölhorn und salbte ihn [David] mitten unter seinen Brüdern. Und der Geist des HERRN geriet über David von dem Tag an und weiterhin. Samuel aber machte sich auf und ging nach Rama.
Der Geist des HERRN aber wich von Saul, und ein böser Geist vom HERRN ängstigte ihn.

Mit den drei großen Ämtern des Alten Testaments – Prophet, Priester und König – ist also jeweils eine Salbung verbunden. Das prophetische Amt ist das mosaische Amt: Mose ist nicht mit Salböl gesalbt, sondern direkt mit dem Geist Gottes, der ihn in seine himmlische Gegenwart hineinnimmt, sodass Mose als Prophet den göttlichen Ratschluss kennt. Das priesterliche Amt ist das aaronitische: Es bildet das prophetische Amt ab. Der Glanz, der auf dem Angesicht von Mose ist, wird rituell durch die Salbung mit Öl erzeugt, sodass der Priester in das irdische Heiligtum eintreten kann, so wie der Prophet durch den Geist in das himmlische Heiligtum hineingenommen wird. Das königliche Amt ist das davidische: In gewissem Sinne verbindet es die beiden anderen Ämter, sodass sowohl Saul wie auch David mit Öl gesalbt werden wie die Priester, aber auch den Geist Gottes empfangen wie die Propheten. Interessanterweise wird bei den späteren Königen der Geistempfang nicht mehr erwähnt, dafür treten ihnen wieder geistbegabte Propheten gegenüber, die den himmlischen Ratschluss Gottes gegenüber den Königen verkündigen. Das kann durchaus dahin gehend gedeutet werden, dass die Könige in der Nachfolge Davids die messianische Erwartung eines Königs nicht zu erfüllen vermögen.

Alle Ämter erinnern an Adam: Die mit Öl und Geist Gesalbten sind diejenigen, denen etwas von der verloren gegangenen Herrlichkeit verliehen wird, die Gott dem ersten Menschen verliehen hatte, damit dieser in Gottes Gegenwart leben konnte. Ein Gesalbter kann Gott begegnen. Alle drei Ämter tragen damit die Verheißung Gottes und geben der Hoffnung Ausdruck, dass wieder eine Zeit kommen wird, in der alle Menschen den Glanz Gottes ausstrahlen, um wieder wie im Garten Eden in der Gegenwart Gottes leben zu können. Mose formuliert es so:

4. Mose 11,29
Wollte Gott, dass alle im Volk des HERRN Propheten wären und der HERR seinen Geist über sie kommen ließe!

Und das Danielbuch endet mit der Verheißung:

Daniel 12,3
Und die da lehren, werden leuchten wie des Himmels Glanz, und die viele zur Gerechtigkeit weisen, wie die Sterne immer und ewiglich.

Doch wie wird es dahin kommen? Wie wird es eine Zeitenwende geben, in welcher die Menschen ihren Glanz zurückerhalten? Dies führt uns ins Jesajabuch.

Kapitel 2

Der Gesalbte im Jesajabuch

Wir haben bereits gesehen (siehe 1.3, „Wie im Himmel, so auf Erden"), dass das Jesajabuch gerahmt ist vom Aufruf des Himmels und der Erde als Zeugen des Bundesbruchs Israels (Jesaja 1,2) und von der Verheißung eines neuen Himmels und einer neuen Erde (Jesaja 65,17; 66,22). Das Jesajabuch gibt die Antwort darauf, wie es dazu kommt, dass die alten Zeugen des Bundesbruchs vergehen und neue Zeugen kommen, die sich nicht mehr an das Alte erinnern werden. Ein Schlüsseltext dieser Wende, mit der das Neue anbricht, findet sich in Jesaja 60:

Jesaja 60,1-3
Mache dich auf, werde licht; denn dein Licht kommt, und die Herrlichkeit des HERRN geht auf über dir! Denn siehe, Finsternis bedeckt das Erdreich und Dunkel die Völker; aber über dir geht auf der HERR, und seine Herrlichkeit erscheint über dir. Und die Heiden werden zu deinem Lichte ziehen und die Könige zum Glanz, der über dir aufgeht.

Die Aufforderung an Zion, licht zu werden, geht einher mit der Verheißung, dass die Herrlichkeit des HERRN über Zion aufgeht. Zion wird wieder glänzen, weil die Lichtherrlichkeit Gottes wie bei der Schöpfung über Zion aufscheint. Es ist ein Kommen der Herrlichkeit Gottes verheißen, wie schon in Jesaja 40:

Jesaja 40,3-5
Es ruft eine Stimme: In der Wüste bereitet dem HERRN den Weg, macht in der Steppe eine ebene Bahn unserem Gott! Alle Täler sollen erhöht werden, und alle Berge und Hügel sollen erniedrigt werden, und was uneben ist, soll gerade, und was hügelig ist, soll eben werden; denn die Herrlichkeit des HERRN soll offenbart werden, und alles Fleisch miteinander wird es sehen; denn des HERRN Mund hat's geredet.

1. „Und an Jesus Christus"

Auch hier haben wir wieder das Bild von der Wüste und von der Steppe: Gott kommt nicht in einen blühenden Garten, sondern dahin, wo das Leben gewichen ist, wo das Gras verwelkt und die Blume verdorrt (Jesaja 40,6-8). Doch das Kommen Gottes bringt Leben zurück:

Jesaja 40,9-10
Zion, du Freudenbotin, steig auf einen hohen Berg; Jerusalem, du Freudenbotin, erhebe deine Stimme mit Macht; erhebe sie und fürchte dich nicht! Sage den Städten Judas: Siehe, da ist euer Gott; siehe, da ist Gott der HERR! Er kommt gewaltig, und sein Arm wird herrschen.

Was hat all dies nun mit einem Messias zu tun? Das Kommen der Herrlichkeit Gottes und das Aufscheinen des göttlichen Lichtes in der Finsternis ist im Jesajabuch verwoben mit dem Auftreten einer Messias-Gestalt:

Jesaja 9,1.5-6
Das Volk, das im Finstern wandelt, sieht ein großes Licht, und über denen, die da wohnen im finstern Lande, scheint es hell.
[...]
Denn uns ist ein Kind geboren, ein Sohn ist uns gegeben, und die Herrschaft ruht auf seiner Schulter; und er heißt Wunder-Rat, Gott-Held, Ewig-Vater, Friede-Fürst; auf dass seine Herrschaft groß werde und des Friedens kein Ende auf dem Thron Davids und in seinem Königreich, dass er es stärke und stütze durch Recht und Gerechtigkeit von nun an bis in Ewigkeit.

Das aufgehende Licht besteht hier darin, dass ein Kind – ein Sohn – geboren wird, der auf dem Thron Davids sitzen wird, der also eine königliche Gestalt ist. Zwei Kapitel später wird von diesem Sohn Davids, der aus dem Stamm Isais hervorgeht (Isai ist der Vater Davids, siehe 1. Samuel 16,1-13), gesagt, dass auf ihm der Geist des HERRN ruht:

Jesaja 11,1-2
Und es wird ein Reis hervorgehen aus dem Stamm Isais und ein Zweig aus seiner Wurzel Frucht bringen. Auf ihm wird ruhen der Geist des HERRN, der Geist der Weisheit und des Verstandes, der Geist des Rates und der Stärke, der Geist der Erkenntnis und der Furcht des HERRN.

Zwei Aussagen fallen hier auf: Erstens wächst aus einem abgehauenen Baumstumpf ein neuer Zweig hervor, der Frucht bringen wird. Hier haben wir also wieder das Garten-Motiv. Der Geist des HERRN bringt am Ort des Todes neues Leben hervor. Zweitens geht der Geist von Gottes Thron aus und ist damit ein Geist der Unterscheidung von Gut und Böse, ein Geist des Gerichts. Und so wird dieser Sohn Davids nicht nur zum Richter werden, sondern er wird auch Eden wiederherstellen:

Jesaja 11,3-9
Und Wohlgefallen wird er haben an der Furcht des HERRN. Er wird nicht richten nach dem, was seine Augen sehen, noch Urteil sprechen nach dem, was seine Ohren hören, sondern wird mit Gerechtigkeit richten die Armen und rechtes Urteil sprechen den Elenden im Lande, und er wird mit dem Stabe seines Mundes den Gewalttätigen schlagen und mit dem Odem seiner Lippen den Gottlosen töten.

Gerechtigkeit wird der Gurt seiner Lenden sein und die Treue der Gurt seiner Hüften. Da werden die Wölfe bei den Lämmern wohnen und die Panther bei den Böcken lagern. Ein kleiner Knabe wird Kälber und junge Löwen und Mastvieh miteinander treiben. Kühe und Bären werden zusammen weiden, dass ihre Jungen beieinander liegen, und Löwen werden Stroh fressen wie die Rinder. Und ein Säugling wird spielen am Loch der Otter, und ein entwöhntes Kind wird seine Hand stecken in die Höhle der Natter. Man wird nirgends Sünde tun noch freveln auf meinem ganzen heiligen Berge; denn das Land wird voll Erkenntnis des HERRN sein, wie Wasser das Meer bedeckt.

1. „Und an Jesus Christus"

Die Verheißung dieses Davidssohnes, auf dem der Geist des HERRN ruhen wird, wird später im Jesajabuch wieder aufgenommen, wenn Gott selber über ihn spricht:

Jesaja 42,1
Siehe, das ist mein Knecht – ich halte ihn – und mein Auserwählter, an dem meine Seele Wohlgefallen hat. Ich habe ihm meinen Geist gegeben; er wird das Recht unter die Heiden bringen.

Dieser Knecht, von dem hier die Rede ist, hat mit dem Davidssohn in Jesaja 11 nicht nur gemeinsam, dass ihm der Geist Gottes gegeben ist, sondern auch, dass er dadurch ein richterliches Amt empfängt. Mehr noch: Gott verheißt in der gleichen Rede ein neues Schöpfungshandeln und dieser Gottesknecht ist dabei das Schöpfungslicht, das in die Finsternis der Erde kommt:

Jesaja 42,5-7
So spricht Gott, der HERR, der die Himmel schafft und ausbreitet, der die Erde macht und ihr Gewächs, der dem Volk auf ihr den Odem gibt und den Geist denen, die auf ihr gehen: Ich, der HERR, habe dich gerufen in Gerechtigkeit und halte dich bei der Hand und behüte dich und mache dich zum Bund für das Volk, zum Licht der Heiden, dass du die Augen der Blinden öffnen sollst und die Gefangenen aus dem Gefängnis führen und, die da sitzen in der Finsternis, aus dem Kerker.

Etwas später kommt dieser Gottesknecht im Jesajabuch schließlich auch noch selbst zu Wort. Er spricht:

Jesaja 61,1-3
Der Geist des HERRN ist auf mir, weil der HERR mich gesalbt hat. Er hat mich gesandt, den Elenden gute Botschaft zu bringen, die zerbrochenen Herzen zu verbinden, zu verkündigen den Gefange-

nen die Freiheit, den Gebundenen, dass sie frei und ledig sein sollen: zu verkündigen ein gnädiges Jahr des HERRN und einen Tag der Vergeltung unseres Gottes, zu trösten alle Trauernden, zu schaffen den Trauernden zu Zion, dass ihnen Schmuck statt Asche, Freudenöl statt Trauerkleid, Lobgesang statt eines betrübten Geistes gegeben werden, dass sie genannt werden „Bäume der Gerechtigkeit", „Pflanzung des HERRN", ihm zum Preise.

Der Geistträger bezeichnet sich hier nun selbst als Gesalbten. Seine Sendung besteht darin, Leben zu bringen, was in die Namen mündet, die den Trauernden gegeben werden: „Bäume der Gerechtigkeit" und „Pflanzung des HERRN", auch dies wieder Gartenmotive.

Zusammenfassend kann man sagen, dass das Jesajabuch darauf hinausläuft, dass Gott einen neuen Himmel und eine neue Erde schaffen wird, dass dies in den Bildern des ersten Schöpfungstages (Licht in der Finsternis) verheißen wird und dass dieses kommende Ereignis mit der Verheißung verbunden wird, dass ein Nachkomme Davids geboren wird, der mit dem Geist Gottes gesalbt sein wird. Durch diesen Messias wird das Heil Gottes in Gestalt einer neuen Schöpfung geschehen.

Die Salbung Jesu im Lukasevangelium

Das Apostolische Glaubensbekenntnis bekennt Jesus als Messias, den eingeborenen Sohn Gottes, des Vaters, der durch den Heiligen Geist empfangen und von der Jungfrau Maria geboren wurde. Damit verweist es uns auf die Weihnachtsgeschichte. Schon als der Engel Gabriel Maria erscheint, sind in seinen Worten die verschiedenen Aspekte zusammengeführt:

Lukas 1,31-33
Siehe, du wirst schwanger werden und einen Sohn gebären, und du sollst ihm den Namen Jesus geben. Der wird groß sein und Sohn des Höchsten genannt werden; und Gott, der Herr, wird ihm den Thron

seines Vaters David geben, und er wird König sein über das Haus Jakob in Ewigkeit, und sein Reich wird kein Ende haben.

Als Maria fragt, wie das geschehen soll, da sie noch mit keinem Mann geschlafen hat, antwortet Gabriel:

Lukas 1,35
Der Heilige Geist wird über dich kommen, und die Kraft des Höchsten wird dich überschatten; darum wird auch das Heilige, das geboren wird, Gottes Sohn genannt werden.

Die davidische Nachkommenschaft und Herrschaft in Form eines ewigen Königtums und endlosen Reiches werden für den von Maria geborenen Sohn ebenso verheißen wie seine Nennung als „Gottes Sohn", die damit begründet wird, dass Maria nicht durch natürliche Zeugung zur Mutter wird, sondern dadurch, dass der Heilige Geist über sie kommt und die Kraft des Höchsten sie überschattet.

Das Kommen des Geistes und die Gottessohnschaft Jesu verbinden sich nicht nur bei seiner Menschwerdung, sondern auch bei seiner Taufe, die am Anfang seiner öffentlichen Wirksamkeit steht:

Lukas 3,21-22
Und es begab sich, als alles Volk sich taufen ließ und Jesus auch getauft worden war und betete, da tat sich der Himmel auf, und der Heilige Geist fuhr hernieder auf ihn in leiblicher Gestalt wie eine Taube, und eine Stimme kam aus dem Himmel: Du bist mein lieber Sohn, an dir habe ich Wohlgefallen.

Die Szenerie des geöffneten Himmels und des Geistes, der in Taubengestalt auf das Taufwasser herabkommt, ruft die Schöpfung in Erinnerung, welche dadurch ihren Anfang nimmt, dass der Geist Gottes über dem Wasser schwebt (1. Mose 1,2). Vor diesem Hintergrund wird deutlich, dass mit dem Herabschweben des Geistes auf das Taufwasser und dem aus dem Wasser heraussteigenden Jesus die neue Schöpfung beginnt: Jesus ist der Erste einer neuen Menschheit, ein neuer Adam. Die Stimme aus dem Himmel zitiert Jesaja 42,1 („Siehe, das ist mein Knecht – ich halte ihn – und mein Auserwählter, an dem meine Seele Wohlgefallen hat."), sie ersetzt aber „Knecht" durch „Sohn" und identifiziert damit den Gottesknecht aus Jesaja mit dem Sohn Gottes aus Psalm 2 (dazu unten mehr unter 2.2 und 2.3).

Dass wir es mit einer neuen Schöpfung zu tun haben, macht Lukas gerade dadurch deutlich, dass unmittelbar auf die Stimme Gottes, die Jesus als Gottes lieben Sohn benennt, der Stammbaum Jesu folgt, der via Adam auf Gott selber zurückgeführt wird: „Jesus war [...] ein Sohn Adams, der war Gottes" (Lukas 3,23-38). Nachdem Jesus als neuer Adam erwiesen ist, der gerade nicht aus einem menschlichen Stammbaum hervorgeht („und wurde gehalten für einen Sohn Josefs", Lukas 3,23), sondern direkt „Gottes" ist, wird er „voll Heiligen Geistes [...] vom Geist in die Wüste geführt" (Lukas 4,1). Dort, am Ort des Todes und des Fluches, wird er als der Heilige Gottes, als mit Heiligem Geist Gesalbter, auf die Probe gestellt: Wurde Adam einmal im Garten versucht und ist gefallen, so wird der neue Adam gleich dreimal versucht, und zwar in der Wüste, und er hält der Versuchung unter diesen weitaus schwierigeren Bedingungen stand.

So kehrt er „in der Kraft des Geistes" (Lukas 4,14) wieder nach Galiläa zurück und beginnt seine öffentliche Wirksamkeit mit seiner ersten Predigt in der Synagoge von Nazareth. Es wird ihm die Jesajarolle gereicht und er beginnt mit der Schriftlesung in Jesaja 61:

Lukas 4,18-19
Der Geist des Herrn ist auf mir, weil er mich gesalbt hat, zu verkündigen das Evangelium den Armen; er hat mich gesandt, zu predigen den Gefangenen, dass sie frei sein sollen, und den Blinden, dass sie sehen sollen, und den Zerschlagenen, dass sie frei und ledig sein sollen, zu verkündigen das Gnadenjahr des Herrn.

Daraufhin schließt er die Rolle und legt den Text aus: „Heute ist dieses Wort der Schrift erfüllt vor euren Ohren" (Lukas 4,21). Jesus selbst deutet hier seine Taufe, bei der der Heilige Geist auf ihn herabkommt, als seine Salbung zum Messias, der im Jesajabuch verheißen ist. Durch ihn kommt Gott selber, um einen neuen Himmel und eine neue Erde zu schaffen.

Während aber im Jesajabuch der Geistträger ein Nachkomme Davids, ein „Zweig aus dem Stamm Isais" ist (Jesaja 11,1-2), betont Lukas an drei der genannten Schlüsselstellen, dass Jesus nicht nur Sohn Davids, sondern Sohn Gottes ist: Zuerst in der Rede des Engels Gabriel gegenüber Maria, wo Jesus sich zwar auf den „Thron seines Vaters David" setzt, aber als „Sohn des Höchsten" und „Sohn Gottes" bezeichnet wird, weil er eben nicht von Josef, sondern vom Heiligen Geist gezeugt ist (Lukas 1,31-35); dann bei seiner Taufe, als der Geist auf ihn herabkommt und Gottes Stimme aus dem geöffneten Himmel sich zu ihm als seinem lieben Sohn bekennt (Lukas 3,22), und schließlich im Stammbaum Jesu, wo betont wird, dass er zwar für einen Sohn Josefs gehalten wurde, in Wirklichkeit aber Gottes war (Lukas 3,23.38).

Diese Verbindung von Jesus als Messias („Ich glaube an Jesus Christus") und Sohn Gottes („seinen eingeborenen Sohn") finden wir im Apostolischen Glaubensbekenntnis wieder und es ist jetzt an der Zeit, danach zu fragen, was damit ausgesagt ist.

2. „Seinen eingeborenen Sohn"

Zunächst einmal ist die Formulierung „eingeboren" auf Deutsch erklärungsbedürftig. Unter „Eingeborene" verstehen wir in der Regel die indigene Bevölkerung einer Region. Hinter dem deutschen „eingeboren" steht das griechische Wort *monogenes*, das sich aus *mono* („einzig") und *genes* („geboren") zusammensetzt. Eine Übersetzung mit „einzig" (der einzige Sohn) wäre aber irreführend, weil Gott eben nicht nur einen, sondern viele Söhne hat, einerseits in der himmlischen Welt, wo das Alte Testament Engelwesen wiederholt als „Gottessöhne" bezeichnet (z. B.

1. Mose 6,2; Hiob 1,6; Psalm 82,6), andererseits aber auch in der irdischen Welt (2. Mose 14,4; Johannes 1,12; Römer 8,14; Galater 3,26). Doch das Wort „eingeboren" betont, dass Jesus sich von all diesen himmlischen und irdischen Gotteskindern dadurch unterscheidet, dass er als einziger von allen Söhnen Gottes nicht von Gott geschaffen, sondern gezeugt ist. So heißt es im Glaubensbekenntnis von Nizäa-Konstantinopel (325 und 381 n.Chr.) über Jesus:

> Ich glaube an den Herrn Jesus Christus,
> Gottes eingeborenen Sohn,
> aus dem Vater geboren vor aller Zeit;
> Gott von Gott, Licht von Licht,
> wahrer Gott vom wahren Gott,
> gezeugt, nicht geschaffen, eines Wesens mit dem Vater;
> durch ihn ist alles geschaffen.

Während die Gotteskinder der himmlischen und der irdischen Welt geschaffen sind, ist Jesus Christus gezeugt, nicht geschaffen, er gehört auf die Seite des Schöpfers, nicht der Schöpfung. Auch die Formulierung „Gott von Gott, Licht von Licht" zielt darauf ab: Was ein Mensch zeugt, ist Mensch, was ein Mensch erschafft, ist nicht Mensch, selbst wenn es das Bild oder die Statue eines Menschen ist. Jesus ist von Gott gezeugt und darum Gott von Gott, der Mensch ist von Gott geschaffen wie eine Statue, der Gott dann Lebensatem eingehaucht hat. Darum ist der Mensch nicht Gott, sondern Geschöpf.

Die neutestamentliche Rede von der Gottessohnschaft Jesu knüpft vor allem an zwei alttestamentliche Schlüsseltexte an: An den Davidsbund in 2. Samuel 7 und an den sich darauf beziehenden Psalm 2.

Die Ausgangslage in 2. Samuel 7 besteht darin, dass David für Gott ein Haus, d. h. einen Tempel, bauen will. Doch Gott kehrt die Sache um und sagt: Nicht du sollst mir ein Haus bauen, sondern ich werde dir ein Haus bauen. Dieses „Haus Davids" ist die Königsdynastie, die aus David hervorgehen soll:

2. „Seinen eingeborenen Sohn"

2. Samuel 7,11b–14a
Und der HERR verkündigt dir, dass der HERR dir ein Haus bauen will. Wenn nun deine Zeit um ist und du dich zu deinen Vätern schlafen legst, will ich dir einen Nachkommen erwecken, der von deinem Leibe kommen wird; dem will ich sein Königtum bestätigen. Der soll meinem Namen ein Haus bauen, und ich will seinen Königsthron bestätigen ewiglich. Ich will sein Vater sein, und er soll mein Sohn sein.

Die Verheißung zielt zunächst auf Davids Sohn Salomo, der dann in Jerusalem den Tempel baut, den David nicht bauen durfte. Zugleich weist diese Verheißung aber auch über Salomo hinaus, da der Königsthron Davids „für immer" bestätigt wird. Tatsächlich berichtet das Königebuch, wie Salomo aufgrund seines Harems und seines Reichtums sich von Gott entfernt und Gott schließlich ankündigt, dass nach Salomos Tod das Königtum seiner Nachkommenschaft entrissen werden wird und dem Haus Davids nur ein Stamm übrigbleibt „um meines Knechts Davids willen und um der Stadt Jerusalem willen, die ich erwählt habe aus allen Stämmen Israels" (1. Könige 11,31-32). Gott sagt:

1. Könige 11,39
Ich will das Geschlecht Davids deswegen demütigen, doch nicht für alle Zeit.

Als Babylon unter Nebukadnezar dann 587 v. Chr. Jerusalem erobert, den Tempel zerstört und der letzte davidische König, Zedekia, abgesetzt wird und alle seine Söhne vor seinen Augen getötet werden, scheint das davidische Königtum endgültig am Ende zu sein. Doch Jeremia und Hesekiel, die beiden großen Propheten des Untergangs des davidischen Königreichs, verheißen, dass der Bund, den Gott mit David geschlossen hat, nicht aufgelöst ist:

Jeremia 31,14-17
Siehe, es kommt die Zeit, spricht der HERR, dass ich das gnädige Wort erfüllen will, das ich zum Hause Israel und zum Hause Juda geredet habe. In jenen Tagen und zu jener Zeit will ich dem David einen gerechten Spross aufgehen lassen; der soll Recht und Gerechtigkeit schaffen im Lande.
  Zu derselben Zeit soll Juda geholfen werden und Jerusalem sicher wohnen, und man wird es nennen: „Der HERR unsere Gerechtigkeit". Denn so spricht der HERR: Es soll David niemals fehlen an einem, der auf dem Thron des Hauses Israel sitzt.

Hesekiel 34,23-24
Und ich will ihnen einen einzigen Hirten erwecken, der sie weiden soll, nämlich meinen Knecht David. Der wird sie weiden und soll ihr Hirte sein, und ich, der HERR, will ihr Gott sein, aber mein Knecht David soll der Fürst unter ihnen sein; das sage ich, der HERR.

Wir sind hier also wieder bei der Verheißung eines Nachkommens Davids und damit bei der Verheißung eines Gesalbten. Sie nimmt ihren Ausgangspunkt beim Davidsbund in 2. Samuel 7, wo dieser Nachkomme von Gott als „Sohn" bezeichnet wird, und es wird deutlich, dass diese Verheißung schon innerhalb des Alten Testaments nicht als in Salomo erfüllt verstanden wird. Deutlich macht dies auch Psalm 2, wo explizit von einem Gesalbten die Rede ist, in dem sich die Davidsverheißung erfüllt:

Psalm 2,2-8
Die Könige der Erde lehnen sich auf,
und die Herren halten Rat miteinander
wider den HERRN und seinen Gesalbten:
„Lasset uns zerreißen ihre Bande
und von uns werfen ihre Stricke!"
Aber der im Himmel wohnt, lacht ihrer,
und der Herr spottet ihrer.

2. „Seinen eingeborenen Sohn"

Einst wird er mit ihnen reden in seinem Zorn,
und mit seinem Grimm wird er sie schrecken:
„Ich aber habe meinen König eingesetzt
auf meinem heiligen Berg Zion."
Kundtun will ich den Ratschluss des HERRN.
Er hat zu mir gesagt: „Du bist mein Sohn,
heute habe ich dich gezeugt.
Bitte mich, so will ich dir Völker zum Erbe geben
und der Welt Enden zum Eigentum."

Dass die Einsetzung des Gesalbten etwas damit zu tun hat, dass die Könige der Erde sich gegen Gott und den Gesalbten auflehnen und dass diesem die Völker zum Erbe gegeben werden, wird uns später nochmals beschäftigen. Es wird hier auf jeden Fall deutlich, dass es der Gesalbte ist, zu dem Gott sagt: „Du bist mein Sohn." Als Gottes Stimme aus dem Himmel bei der Taufe Jesu zu Jesus sagt: „Du bist mein lieber Sohn, an dir habe ich Wohlgefallen" (Lukas 3,22), kombiniert sie Psalm 2,7 („Du bist mein Sohn") mit Jesaja 42,1 („Siehe, das ist mein Knecht […], an dem meine Seele Wohlgefallen hat").

Wie wir bei der kurzen Durchsicht der ersten vier Kapitel des Lukasevangeliums gesehen haben, verbindet sich das Motiv des davidischen Messias mit dem Motiv eines neuen Adam: Während der erste Adam die Menschheit aus dem Garten in die Wüste geführt hat, führt der neue Adam die Menschheit wieder aus der Wüste in den Garten zurück. Dies ist übrigens auch Teil der Verkündigung von Johannes dem Täufer, der in der Wüste tauft, um dem kommenden Gesalbten den Weg zu bereiten: Wer von der Richtung, die der erste Adam eingeschlagen hat, umkehrt und Buße tut, der wird zu einem fruchtbaren Baum, der „rechtschaffene Früchte der Buße" bringt (Lukas 3,8).

Sowohl Lukas 1,35 („Der Heilige Geist wird über dich kommen, und die Kraft des Höchsten wird dich überschatten; darum wird auch das Heilige, das geboren wird, Gottes Sohn genannt werden") wie auch Lukas 3,22 („Der Heilige Geist fuhr hernieder auf ihn in leiblicher Gestalt wie eine Taube, und eine Stimme kam aus dem Himmel: Du bist mein lieber Sohn, an dir habe ich Wohlgefallen") verbinden die Gottessohnschaft von Jesus mit dem Geistempfang (vgl. Römer 8,14: „Denn welche der Geist Gottes treibt, die sind Gottes Kinder"). Eine alttestamentliche Parallele dazu findet sich bei der Berufung Hesekiels zum Propheten: Nachdem dieser die Herrlichkeit Gottes gesehen hat, fällt er nieder, doch Gott haucht ihm seinen Geist ein und richtet ihn wieder auf (Hesekiel 2,1-2). An dieser Stelle spricht Gott Hesekiel zum ersten Mal als „Adamssohn" an und Hesekiel wird anschließend von Gott das ganze Hesekielbuch hindurch immer so genannt. Durch die Geisteinhauchung ist Hesekiel ein neuer Adam.

Ein Gesalbter ist ein Geistträger und als solcher immer ein Abbild Adams im Garten Eden vor dem Sündenfall. Gott selbst hat ja Adam nicht nur in seinem Ebenbild geformt, sondern ihm auch seinen Atem eingehaucht (1. Mose 2,7). Wir haben gesehen, dass Ebenbildlichkeit auch Kindschaft bedeutet, wie in 1. Mose 5,3 deutlich wird, wo Adam einen Sohn zeugt, „ihm gleich und nach seinem Bilde".

Versuchen wir nochmals, die Linien zusammenzuführen: Adam ist im Bilde Gottes geschaffen, durch den Atem Gottes zum Leben erweckt und damit Repräsentant der Königsherrschaft und Herrlichkeit Gottes. Diese Herrlichkeit geht aber mit dem Sündenfall verloren und Adam muss den Garten verlassen und in die Wüste gehen. Die drei Ämter – Prophet, Priester und König –, mit denen sich eine Öl- bzw. Geistsalbung verbindet, symbolisieren den ursprünglichen Status von Adam, wie er in der Gegenwart Gottes lebte und die Königsherrschaft Gottes ausübte. Im Alten Testament verdichtet sich die Verheißung und Erwartung eines Gesalbten, der all diese Ämter in sich vereint und den Garten Eden wiederherstellt. Da dieser Gesalbte aber nicht einfach aus der auf Adam zurückgehenden menschlichen Abstammungslinie hervorgeht, sondern direkt von Gott gezeugt ist, indem der Heilige Geist über Maria kommt, ist er wieder im sündlosen Zustand Adams vor dem Sündenfall und darum ein neuer Adam. Der Kolosserbrief nimmt dies auf, wenn über Jesus gesagt wird:

Kolosser 1,15-16
Er ist das Ebenbild des unsichtbaren Gottes,
der Erstgeborene vor aller Schöpfung.
Denn in ihm ist alles geschaffen,
was im Himmel und auf Erden ist,
das Sichtbare und das Unsichtbare,
es seien Throne oder Herrschaften
oder Mächte oder Gewalten;
es ist alles durch ihn und zu ihm hin geschaffen.

Wie Adam wird Jesus hier als Ebenbild Gottes bezeichnet (vgl. 2. Korinther 4,4; Kolosser 3,10; Hebräer 1,3), allerdings wird auch der Unterschied von Jesus zu Adam deutlich benannt: Adam ist der Erste der Schöpfung, er ist nicht von Gott geboren, sondern von Gott geschaffen; Jesus dagegen ist *der Erstgeborene vor aller Schöpfung*, gehört also nicht auf die Seite der Schöpfung, sondern auf die Seite des Schöpfers.

Aus 2. Samuel 7 und Psalm 2 allein kann man allerdings nicht eindeutig schließen, dass mit der Gottessohnschaft Jesu auch seine Göttlichkeit ausgesagt ist. Das führt uns zur dritten Aussage des Apostolischen Glaubensbekenntnisses über Jesus: Jesus ist nicht nur Christus, d. h. Gesalbter, sowie Gottes Sohn, sondern auch „unser Herr".

3. „Unsern Herrn"

Als der Auferstandene dem zweifelnden Apostel Thomas seine Wundmale zeigt, bekennt Thomas: „Mein Herr und mein Gott!" (Johannes 20,28). Das einzige Mal, dass Jesus im Markusevangelium als „Herr Jesus" bezeichnet wird, ist ganz am Ende des Evangeliums:

Markus 16,19
Nachdem der Herr Jesus mit ihnen geredet hatte, wurde er aufgehoben gen Himmel und setzte sich zur Rechten Gottes.

Im Neuen Testament wird immer wieder deutlich, dass das Herrsein Jesu mit seiner Auferstehung zu tun hat:

Römer 10,9
Denn wenn du mit deinem Munde bekennst, dass Jesus der Herr ist, und in deinem Herzen glaubst, dass ihn Gott von den Toten auferweckt hat, so wirst du gerettet.

Philipper 2,8-11
Er erniedrigte sich selbst und ward gehorsam bis zum Tode, ja zum Tode am Kreuz. Darum hat ihn auch Gott erhöht und hat ihm den Namen gegeben, der über alle Namen ist, dass in dem Namen Jesu sich beugen sollen aller derer Knie, die im Himmel und auf Erden und unter der Erde sind, und alle Zungen bekennen sollen, dass Jesus Christus der Herr ist, zur Ehre Gottes, des Vaters.

„Kyrios Jesus" – Jesus ist der Herr! – ist das kürzeste christliche Glaubensbekenntnis: „Niemand kann sagen: Jesus ist der Herr, außer durch den Heiligen Geist" (1. Korinther 12,3; vgl. Römer 10,9). In der griechischen Übersetzung des Alten Testaments, der Septuaginta, die schon zur Zeit Jesu existierte, wurde der Gottesname „Jahwe" als *Kyrios* – „Herr" – übersetzt (in vielen deutschen Übersetzungen mit Kapitälchen „Herr" wiedergegeben). Mehrfach werden im Neuen Testament alttestamentliche Texte, die von Jahwe sprechen, auf Jesus bezogen. Das Bekenntnis zu Jesus als Herr impliziert als solches schon seine Gottheit. Aus Philipper 2,8-11 wird zudem deutlich, dass das Herrsein Jesu seine Herrschaft im Himmel bedeutet und ebenso auf Erden über alle Geschöpfe der himmlischen und irdischen Welt. Damit wird auch der Missionsbefehl am Ende des Matthäusevangeliums in Erinnerung gerufen:

Matthäus 28,18-20
Und Jesus trat herzu und sprach zu ihnen: Mir ist gegeben alle Gewalt im Himmel und auf Erden. Darum gehet hin und machet zu

Jüngern alle Völker: Taufet sie auf den Namen des Vaters, des Sohnes und des Heiligen Geistes und lehret sie halten alles, was ich euch befohlen habe. Und siehe, ich bin bei euch alle Tage bis an der Welt Ende.

Die Herrschaft Jesu im Himmel und auf Erden ist hier die Voraussetzung dafür, dass er die Apostel zu den Völkern sendet. Das führt uns wieder zurück zu den Texten, die schon bei der Taufe Jesu eine wichtige Rolle spielen, nämlich Psalm 2 und Jesaja 42:

Psalm 2,7-8
Kundtun will ich den Ratschluss des HERRN.
Er hat zu mir gesagt: „Du bist mein Sohn,
heute habe ich dich gezeugt.
Bitte mich, so will ich dir Völker zum Erbe geben
und der Welt Enden zum Eigentum."

Jesaja 42,1
Siehe, das ist mein Knecht – ich halte ihn – und mein Auserwählter, an dem meine Seele Wohlgefallen hat. Ich habe ihm meinen Geist gegeben; *er wird das Recht unter die Völker bringen.*

In beiden Texten wird über den Gesalbten ausgesagt, dass ihm die Völker unterworfen werden: Sie sind sein Erbe, sein Eigentum, er bringt ihnen das Recht, tritt also als ihr Richter und König auf. Die Taufe Jesu, bei der der Geist auf ihn kommt, ist seine Salbung und sie kündigt an, dass er König sein wird, so wie die Salbung Davids in 1. Samuel 16 bedeutet hat, dass Saul verworfen war und das Königtum auf David übergehen würde, was aber nicht sofort geschah.

In seiner ersten Predigt in Nazareth liest Jesus aus Jesaja 61 vor („Der Geist des Herrn ist auf mir, weil er mich gesalbt hat [...]", Lukas 4,18). In der Auslegung bezieht er das auf sich („Heute ist dies Wort der Schrift erfüllt vor euren Ohren", Lukas 4,21) und sagt anschließend:

Lukas 4,25-27
Aber wahrhaftig, ich sage euch: Es waren viele Witwen in Israel zur Zeit des Elia, als der Himmel verschlossen war drei Jahre und sechs Monate und eine große Hungersnot herrschte im ganzen Lande, und zu keiner von ihnen wurde Elia gesandt als allein zu einer Witwe nach Sarepta im Gebiet von Sidon.
Und viele Aussätzige waren in Israel zur Zeit des Propheten Elia, und keiner von ihnen wurde rein als allein Naaman aus Syrien.

Jesus macht also schon zu Beginn seiner öffentlichen Wirksamkeit deutlich, dass seine Salbung beinhaltet, dass er nicht nur der Hirte und König Israels sein würde, sondern aller Völker. Dasselbe messianische Programm kann man noch einmal bei der Tempelreinigung finden, wo Jesus aus Jesaja 56,7 zitiert: „Mein Haus soll ein Bethaus sein" (Lukas 19,46). Es ist aufschlussreich, Jesaja 56,7 im Zusammenhang zu lesen:

Jesaja 56,3-8
Und der Fremde, der sich dem HERRN zugewandt hat, soll nicht sagen: Der HERR wird mich getrennt halten von seinem Volk. [...] Und die Fremden, die sich dem HERRN zugewandt haben, ihm zu dienen und seinen Namen zu lieben, damit sie seine Knechte seien, alle, die den Sabbat halten, dass sie ihn nicht entheiligen, und die an meinem Bund festhalten, die will ich zu meinem heiligen Berge bringen und will sie erfreuen in meinem Bethaus, und ihre Brandopfer und Schlachtopfer sollen mir wohlgefällig sein auf meinem Altar; denn *mein Haus wird ein Bethaus heißen für alle Völker*. Gott der HERR, der die Versprengten Israels sammelt, spricht: Ich will noch mehr zu der Zahl derer, die versammelt sind, sammeln.

In der Handlung der Tempelreinigung beansprucht Jesus, Herr des Tempels zu sein, der für alle Völker ein Bethaus sein soll. Im Hintergrund dieser Handlung steht besonders Maleachi 3, wo es allerdings nicht der Messias ist, sondern Gott selbst, der zu seinem Tempel kommt, um ihn zu reinigen:

3. „Unsern Herrn"

Maleachi 3,1-3
Siehe, ich will meinen Boten senden, der vor mir her den Weg bereiten soll. Und bald wird kommen zu seinem Tempel der Herr, den ihr sucht; und der Bote des Bundes, den ihr begehrt, siehe er kommt! spricht der HERR Zebaoth.
Wer aber wird den Tag seines Kommens ertragen können, und wer wird bestehen, wenn er erscheint? Denn er ist wie die Lauge der Wäscher. Er wird sitzen und schmelzen und das Silber reinigen, er wird die Söhne Levi reinigen und läutern wie Gold und Silber.

Der ganze Bogen von der Taufe Jesu über seine erste Predigt bis hin zur Tempelreinigung nach seinem königlichen Einzug in Jerusalem macht deutlich: Jesus versteht sich als der Gesalbte, der nach Jerusalem kommt, um seinen Anspruch als Herr und König über den Tempel und schließlich über die Völker durchzusetzen. Der Gesalbte kommt nach Jerusalem, um zum König gekrönt zu werden.

Was dann geschieht, ist bekannt: Die Sache scheint sich in ihr Gegenteil zu verkehren. Die Aktion mit der Tempelreinigung stößt die Jerusalemer Elite vor den Kopf, sodass sie ihn umbringen wollen (Lukas 19,47) und ihn in Diskussionen über seinen Autoritätsanspruch verwickeln (Lukas 20,1-8). Die Stimmung kippt, das Apostolische Glaubensbekenntnis fasst es kurz und knapp zusammen:

Gelitten unter Pontius Pilatus,
gekreuzigt, gestorben und begraben,
hinabgestiegen in das Reich des Todes.

Dieses Leiden und Sterben wird anschließend noch zu bedenken sein, für den Moment genügt es, den weiteren Verlauf zu benennen:

Am dritten Tage auferstanden von den Toten,
aufgefahren in den Himmel;

er sitzt zur Rechten Gottes, des allmächtigen Vaters;
von dort wird er kommen, zu richten die Lebenden und die Toten.

Das einstimmige Zeugnis des Neuen Testaments sieht im Leiden und Sterben Jesu nicht seine Niederlage und das Scheitern seiner Sendung, sondern den entscheidenden Wendepunkt, an welchem er den Sieg über den Tod erringt, von den Toten aufersteht und in den Himmel auffährt, um zur Rechten Gottes, des allmächtigen Vaters, den Thron zu besteigen. Dies führt uns in den Psalm, der im Neuen Testament am häufigsten zitiert wird:

Psalm 110,1-2
Der HERR sprach zu meinem Herrn: „Setze dich zu meiner Rechten, bis ich deine Feinde zum Schemel deiner Füße mache."
Der HERR wird das Zepter deiner Macht ausstrecken aus Zion.
Herrsche mitten unter deinen Feinden.

Es fällt auf, dass hier, wie auch in Psalm 2 und Jesaja 42, von einer Herrschaft der messianischen Gestalt über die Völker die Rede ist. Diese Völker treten zunächst als feindlich gesinnte Mächte auf und müssen besiegt werden. Es lohnt sich, kurz darüber nachzudenken, wie Jesus seine Autorität nach der Tempelreinigung mit diesem Psalm begründet:

Lukas 20,41-44
Er sprach aber zu ihnen: Wieso sagen sie, der Gesalbte sei Davids Sohn?
   Denn David selbst sagt im Psalmenbuch: „Der Herr sprach zu meinem Herrn: Setze dich zu meiner Rechten, bis ich deine Feinde zum Schemel deiner Füße mache."
   David nennt ihn also einen Herrn; wie ist er dann sein Sohn?

Jesus geht hier davon aus (und kann voraussetzen, dass seine Zuhörer damit übereinstimmen), dass in Psalm 110 König David spricht. Das Ich des Psalms ist also dasjenige Davids und es ist somit David, der sagt, dass

3. „Unsern Herrn"

Jahwe (der HERR) seinen Herrn aufgefordert hat, sich zu seiner Rechten zu setzen. David nennt damit seinen Nachkommen, der die messianische Verheißung erfüllt, zugleich seinen Herrn. Damit ist deutlich, dass der Messias höher steht als David.

Ein zweiter Punkt kommt dazu, den Jesus gar nicht explizit macht: Dieser Messias setzt sich ja nicht auf den Thron Davids im Königspalast in Jerusalem, sondern er setzt sich zur Rechten Gottes, d. h. auf den Thron im himmlischen Heiligtum! Es ist gut möglich, dass dabei nicht an einen zweiten Thron neben dem Thron Gottes zu denken ist, sondern dass der Thron Gottes auch Platz für den Messias bietet: Solche Doppelthrone, die so breit waren, dass zwei Personen nebeneinander auf demselben Thron sitzen konnten und damit eine gemeinsame Herrschaft ausüben konnten, sind beispielsweise aus dem alten Ägypten belegt, wo der Sohn des Pharao neben dem Pharao auf dem Thron Platz nehmen kann zur Co-Regentschaft, oder auch ikonografisch als Doppelthron, wo der Pharao als Sohn des Horus neben dem Gott Horus auf dem gleichen Thron sitzt. Der Messias würde dann also nicht auf einem zweiten Thron neben Gott, dem Vater, Platz nehmen, sondern mit ihm zusammen auf dem einen Thron Gottes. Dies ist auch die Darstellung in Offenbarung 4-5, wo zunächst der Thron des dreimalheiligen Gottes (analog zu Jesaja 6) geschildert wird, bevor plötzlich in der Mitte des Thrones Gottes das Lamm, wie geschlachtet, erscheint (Offenbarung 5,6): Christus hat nicht einen eigenen Thron, sondern sein Platz ist mitten auf dem Thron Gottes.[41]

Mit Psalm 110 verbindet sich im Neuen Testament schließlich die bekannte Vision aus Daniel 7:

Daniel 7,13-14
Ich sah in diesem Gesicht in der Nacht, und siehe, es kam einer mit den Wolken des Himmels wie eines Menschen Sohn und gelangte zu dem, der uralt war, und wurde vor ihn gebracht. Der gab ihm Macht, Ehre und Reich, dass ihm alle Völker und Leute aus so vielen verschiedenen Sprachen dienen sollten. Seine Macht ist ewig und vergeht nicht, und sein Reich hat kein Ende.

Auch hier finden wir zwei wesentliche Elemente der messianischen Verheißung: die ewig währende Herrschaft wie in der Verheißung der Davidsdynastie in 2. Samuel 7 und der Empfang von Macht über alle Völker wie in Psalm 2. Wie in Psalm 110 ist die Szenerie aber nicht der irdische Königspalast, sondern Gottes himmlischer Thronraum, in den dieser Menschensohn durch eine Wolke emporfährt.

Mehrere Ausleger haben darauf hingewiesen, dass das Kommen mit den Wolken den Menschensohn als göttliche Gestalt ausweist. Es gibt etwa siebzig alttestamentliche Stellen, in denen Gott als derjenige, der auf den Wolken kommt, beschrieben wird. Weder von einem Menschen noch von Engeln wird so etwas jemals gesagt. Als Beispiel kann Psalm 104 dienen, der oben schon im Zusammenhang mit der Schöpfung zitiert wurde:

Psalm 104,1-5
Lobe den HERRN, meine Seele!
HERR, mein Gott, du bist sehr herrlich;
Licht ist dein Kleid, das du anhast.
Du breitest den Himmel aus wie einen Teppich;
Du baust deine Gemächer über den Wassern.
Du fährst auf den Wolken wie auf einem Wagen
und kommst daher auf den Fittichen des Geistwindes,
der du machst Geistwinde[42] zu deinen Boten
und Feuerflammen zu deinen Dienern;
der du das Erdreich gegründet hast auf festen Boden,
dass es bleibt immer und ewiglich.

Auch Hesekiel sieht in seiner Berufung den Thronwagen Gottes auf einer mächtigen Wolke daherkommen (Hesekiel 1,4) und auf dem Thron einen, „der aussah wie ein Mensch" (Hesekiel 1,26).

Der jüdische Religionsphilosoph Daniel Boyarin kommentiert zu Daniel 7:

3. „Unsern Herrn"

Der Messias-Christus existiert als eine jüdische Idee, lange bevor das Jesuskind in Nazareth geboren wurde. D. h.: Die Idee eines zweiten Gottes als Vizekönig gegenüber Gott dem Vater ist eine der ältesten theologischen Ideen in Israel. Daniel 7 bringt ein Fragment von dem, was möglicherweise die ältesten religiösen Visionen Israels darstellt, die wir finden können, in die Gegenwart.[43]

Es ist klar, dass die Himmelfahrt Jesu neutestamentlich als Erfüllung der Vision von Daniel 7 verstanden wird: Jesus wird von der Wolke aufgenommen und gelangt zu dem, der uralt war, und empfängt von ihm alle Gewalt im Himmel und auf Erden (Apostelgeschichte 1,9; Matthäus 28,18). Wo die Apostel wie Hesekiel einen geöffneten Himmel mit dem Thron Gottes sehen, da erscheint der erhöhte Christus auf dem Thron Gottes (Apostelgeschichte 7,56; 9,3-5).

Die neutestamentliche Formulierung des Apostolischen Glaubensbekenntnisses, dass Jesus Herr ist, ist also die Fortsetzung des Bekenntnisses, dass Jesus der Christus ist: Als Christus ist er zum König gesalbt bei seiner Taufe, als Herr ist er als König inthronisiert bei seiner Himmelfahrt.

Das christliche Bekenntnis zu Jesus als dem Herrn hat immer auch eine politische Dimension. Diese findet sich in der Apostelgeschichte zugespitzt im Satz „Man muss Gott mehr gehorchen als den Menschen" (Apostelgeschichte 5,29, vgl. 4,19). Das Christentum ist nicht grundsätzlich staatsfeindlich eingestellt, aber doch immer staatskritisch in dem Sinne, dass den staatlichen Institutionen und Regierungen nicht das Herrsein über das Gewissen und das Leben des Menschen zugestanden wird. Tom Wright schreibt mit Blick auf den Philipperbrief:

> Paulus forderte das Heidentum ganz klar auf der Ebene der Macht heraus, besonders im Blick auf das Imperium [...] Die meisten Heiden innerhalb der römischen Welt hatten keine Probleme damit, den Kaiser als Herrn anzuerkennen; sie taten es als politische Handlung, und es als religiöse Handlung zu tun gehörte schlicht zum

selben Gesamtpaket. Doch Paulus sagte: Nein, *Kyrios Iesous Christos*: Jesus ist Herr. Insbesondere sagte er das, als er sich an eine Gemeinschaft wandte, für die das Herrsein des Kaisers eine wichtige Rolle spielte, da sich diese Gemeinschaft in einer römischen Kolonie befand. Er muss gewusst haben, was er tat. Zusätzlich zum Reichtum jüdischer Theologie, die hinter der Christologie des Philipperbriefes steht, insbesondere hinter Kapitel 2, spüren wir deutlich die Konfrontation mit einem der Kerngebiete des Heidentums, das von diesen in hohen Ehren gehalten wurde, nämlich mit der imperialen Ideologie. Wir wissen, dass hundert Jahre nach Paulus der betagte Bischof Polykarp auf dem Scheiterhaufen verbrannt wurde, weil er sich geweigert hatte, den Kaiser pro forma anzubeten. Er steht damit in direkter Linie von Philipper 2.[44]

Es hat sich in der Kirchengeschichte immer als folgenschwerer Fehler erwiesen, wenn die Kirche sich zu stark an den Staat gebunden hat, und es gehört auch heute zu den großen Herausforderungen für Christen, zu unterscheiden zwischen den legitimen Ansprüchen staatlicher Gewalt, denen Folge zu leisten ist, und staatlichen Grenzüberschreitungen, denen Christen von der Schrift und dem Gewissen her widerstehen müssen.[45] Jesus selber hat dafür eine Faustregel formuliert, wenn er mit Blick auf die Frage, ob man dem Kaiser Steuern zahlen muss, um eine Silbermünze gebeten hat und fragte: „Wessen Bild und Aufschrift hat die Münze?" Auf die Antwort: „Des Kaisers", antwortete Jesus wiederum: „So gebt dem Kaiser, was des Kaisers ist, und Gott, was Gottes ist" (Lukas 20,22-25). Die Pointe dieser kurzen Geschichte besteht darin, dass man sich fragen muss: Wenn die Münze das Bild des Kaisers trägt und darum dem Kaiser gehört, was trägt dann das Bild Gottes und gehört darum Gott? Die Antwort darauf kann vom Alten Testament her nur lauten: Der Mensch selber ist das Ebenbild Gottes. Darum mag zwar die Münze dem Kaiser gehören, den sie abbildet. Der Mensch gehört aber Gott, nicht dem Kaiser, denn er ist im Bilde Gottes geschaffen. Kein Kaiser und keine weltliche Regierung hat Anspruch auf den Menschen an sich. Schon die

Kreuzigung Jesu hat letztlich eine politische Dimension, weil für das Römische Reich jeder Königsanspruch eine potenzielle Revolte beinhaltet und darum eine Bedrohung ist – und ein solcher Anspruch war das Bekenntnis, dass Jesus, nicht der Kaiser, der Herr ist. Christenverfolgungen hatten und haben oft weniger damit zu tun, dass die Christenverfolger etwas gegen die christliche Religion an sich haben (sofern sie sich konform verhält), sondern dass die Christen für einen Staat, der nicht nur auf die Silbermünze, sondern auf das Leben und Gewissen seiner Bürger Anspruch erhebt, aufgrund der subversiven Botschaft des Herrseins Jesu ein politischer Störfaktor sind. Der höchste Thron ist immer umkämpft.

Im Leben Jesu findet dieser Kampf zwischen seiner Salbung zum Messias bei der Taufe und seiner Thronbesteigung bei der Himmelfahrt statt. Nach Apostelgeschichte 1,21-22 kann nur Apostel sein, wer Augenzeuge sowohl von der Taufe wie von der Himmelfahrt Jesu und somit auch Zeuge des Leidensweges Jesu ist:

Apostelgeschichte 1,21-22
So muss nun einer von diesen Männern, die bei uns gewesen sind die ganze Zeit über, als der *Herr Jesus* unter uns ein- und ausgegangen ist – von der Taufe des Johannes an bis zu dem Tag, an dem er von uns genommen wurde –, mit uns Zeuge seiner Auferstehung werden.

Nun stellt sich nochmals die Frage nach dem Leiden und Sterben Jesu, das sich zwischen seine Salbung und seine Inthronisation einfügt: Warum folgt auf den königlichen Einzug Jesu in Jerusalem am Palmsonntag nicht direkt seine Inthronisation, sondern zuerst seine Verwerfung und sein Tod?

4. Die Erniedrigung und Erhöhung Jesu

Die bisherigen Aussagen über den Glauben an Jesus bezogen sich darauf, auf wen sich der christliche Glaube richtet: auf Jesus als den Gesalbten, den Sohn Gottes und unseren Herrn.

Nun folgt im Apostolischen Glaubensbekenntnis ein Schnelldurchgang durch die Menschwerdung Jesu, welcher die Etappen seiner Geburt, seines Lebens (das ganz unter dem Gesichtspunkt des Leidens steht), seines Todes, seiner Auferstehung, Himmelfahrt und schließlich der erwarteten Wiederkunft umfasst. Diese Etappen stehen im Zusammenhang mit den Titeln, die Jesus im Apostolikum zugeschrieben werden (Gesalbter, Sohn Gottes und Herr). So ist beispielsweise schon deutlich geworden, was die Salbung und Gottessohnschaft Jesu damit zu tun hat, dass er von Maria durch den Heiligen Geist empfangen wurde. Auch der Zusammenhang vom Herrsein Jesu und seiner Auferstehung wurde schon bedacht.

„Empfangen durch den Heiligen Geist, geboren von der Jungfrau Maria"

Schon die Reihenfolge dieser beiden Bekenntnisaussagen ist wichtig: Der Empfang durch den Heiligen Geist geht der Geburt durch die Jungfrau Maria voraus. Jesus ist Gott von Ewigkeit her, wird aber erst in der Mitte der Zeit auch Mensch. Die beiden Aussagen hängen eng zusammen. Die Alternative zu „empfangen durch den Heiligen Geist" wäre „empfangen durch Josef". Die Jungfrauengeburt beinhaltet also den Empfang durch den Heiligen Geist, ohne das eine fällt das andere dahin.

Was es mit dem Empfang durch den Heiligen Geist auf sich hat, habe ich schon ausführlich dargelegt (v. a. oben 2.1, „Die Salbung Jesu […]", und 1.3, „Der Mensch als Gottes Ebenbild"). Wer der Heilige Geist eigentlich ist, werden wir zudem beim Glaubensartikel zum Heiligen Geist noch ausführlicher betrachten.

Das Apostolische Glaubensbekenntnis formuliert hier das Weihnachtsereignis vom Matthäusevangelium her:

Matthäus 1,18-23
Die Geburt Jesu Christi geschah aber so: Als Maria, seine Mutter, dem Josef vertraut war, fand es sich, ehe er sie heimholte, *dass sie schwanger war von dem Heiligen Geist.*

Josef aber, ihr Mann, war fromm und wollte sie nicht in Schande bringen, gedachte aber, sie heimlich zu verlassen. Als er das noch bedachte, siehe, da erschien ihm der Engel des Herrn im Traum und sprach: Josef, du Sohn Davids, fürchte dich nicht, Maria, deine Frau, zu dir zu nehmen; *denn was sie empfangen hat, das ist von dem Heiligen Geist.* Und sie wird einen Sohn gebären, dem sollst du den Namen Jesus geben, denn er wird sein Volk retten von ihren Sünden.

Das ist aber alles geschehen, damit erfüllt würde, was der Herr durch den Propheten gesagt hat, der da spricht: „Siehe, *eine Jungfrau wird schwanger sein und einen Sohn gebären,* und sie werden ihm den Namen Immanuel geben, das heißt übersetzt: Gott mit uns.

Der Prophet, der erwähnt wird, ist Jesaja, das Zitat stammt aus Jesaja 7,14. Zwar wird heute oft argumentiert, das mit „Jungfrau" übersetzte Wort in Jesaja 7,14 bezeichne allgemein eine junge Frau (im heiratsfähigen Alter) und die Prophezeiung ziele darum nicht auf eine Jungfrauengeburt, doch es gibt gute Gründe zur Annahme, dass der Bezug des Matthäusevangeliums auf diesen Text durchaus sachgemäß ist.[46]

Ungeachtet der verschiedenen Auslegungsschwierigkeiten rund um Jesaja 7,14 wird in der Logik des Matthäusevangeliums auf jeden Fall der Sohn, dessen Geburt in Jesaja 7,14 angekündigt wird, mit dem verheißenen Nachkommen Davids aus Jesaja 11,1-2, auf dem der Geist des HERRN ruhen wird, identifiziert. Nicht nur ist Jesus als der, der von der Jungfrau Maria geboren wird, zugleich durch den Heiligen Geist empfangen, sondern der Geist kommt dann auch bei der Taufe Jesu auf ihn herab (Matthäus 3,16-17).

Wie auch oben unter 2.1, „Die Salbung Jesu [...]", bereits deutlich wurde, verbindet sich eben mit der Zeugung Jesu durch den Heiligen Geist, dass Jesus nicht einfach Menschensohn, sondern Gottessohn ist (Lukas 1,35). Durch die Geburt von der Jungfrau Maria steht Jesus aber doch im genealogischen Zusammenhang mit Adam (Lukas 3,23-38), Abraham und David (Matthäus 1,1-17).

Da die menschliche Abstammung aufgrund der Jungfrauengeburt ausschließlich über die Frau, nicht über den Mann geht, wird zudem schon innerhalb des Neuen Testaments eine Verbindung von Maria zu Eva gezogen. Nach dem Sündenfall sagt Gott zu der Schlange:

1. Mose 3,15
Ich will Feindschaft setzen zwischen dir und der Frau und zwischen deinem Nachkommen und ihrem Nachkommen; der soll dir den Kopf zertreten und du wirst ihn in die Ferse stechen.

In Offenbarung 12 wird dieser Vers aufgenommen: Es kommt zu einem Kampf zwischen dem Drachen, der auch als Schlange bezeichnet wird, und einer Frau, die ein Kind gebiert. Der Drache will das Kind fressen, doch es wird zu Gott und seinem Thron entrückt. Da flieht die Frau in die Wüste. Weil der Drache aber das Kind nicht fressen konnte, beginnt er, die Frau zu verfolgen. Die Anspielungen auf die Weihnachtsgeschichte, wo Herodes versucht, das Jesuskind zu töten, Gott aber im Traum Maria und Josef warnt, sodass diese nach Ägypten fliehen, sind offensichtlich. Der Nachkomme der Frau ist da und die Schlange versucht, ihn zu töten. Doch dann wird er in der Himmelfahrt zum Thron Gottes entrückt. Maria wird schließlich auch zum Vorbild für die Kirche, denn nach der Entrückung des Nachkommens der Frau verfolgt der Drache die Frau, womit nicht Maria persönlich gemeint ist, sondern das Gottesvolk, aus dem der Nachkomme hervorgekommen ist, das aber zurückbleibt, als er in den Himmel entrückt wird.

Das Motiv des Kampfes zwischen der Schlange und ihren Nachkommen auf der einen sowie der Frau und ihren Nachkommen auf der anderen Seite findet sich aber im Neuen Testament nicht erst in der Offenbarung.

Auf die Weihnachtsgeschichte mit der Flucht von Maria und Josef nach Ägypten und der anschließenden Rückkehr folgt im Matthäusevangelium das Wirken von Johannes dem Täufer. Als dieser zu taufen beginnt und ruft, das Himmelreich sei nahe herbeigekommen, spricht er die Pharisäer und Sadduzäer folgendermaßen an:

4. Die Erniedrigung und Erhöhung Jesu

Matthäus 3,7-9
Ihr *Schlangenbrut*, wer hat denn euch gewiss gemacht, dass ihr dem künftigen Zorn entrinnen werdet? Seht zu, bringt rechtschaffene Früchte der Buße! Denkt nur nicht, dass ihr bei euch sagen könntet: Wir haben Abraham zum Vater. Denn ich sage euch: Gott vermag dem Abraham aus diesen Steinen Kinder zu erwecken.

Während Jesus im Matthäusevangelium als Nachkomme Abrahams eingeführt wurde (Matthäus 1,1), stellt Johannes der Täufer infrage, ob dies auch für die Pharisäer und Sadduzäer zutrifft, und er nennt sie stattdessen „Schlangenbrut", d. h. Nachkommen der Schlange (vgl. Johannes 8,37-45). Damit spricht er natürlich nicht eine biologische Abstammungslinie an, sondern es geht – wie schon bei Adam und Eva im Garten Eden – um die Frucht. Im Garten Eden wachsen gute Früchte. Wer aber selbst in seinem Leben keine guten Früchte bringt, gehört nicht in den Garten Eden, nicht in das kommende Himmelreich, sondern gleicht einem Baum, der keine gute Frucht bringt und ins Feuer geworfen wird.

Wie im Lukasevangelium folgt auch im Matthäusevangelium auf die Taufe Jesu die Versuchungsgeschichte (bei Lukas dazwischen noch der Adamsstammbaum), die eine Parallele hat zur Versuchung von Adam und Eva im Garten Eden. Als der Teufel Jesus auffordert, von der Zinne des Tempels zu springen, argumentiert er mit Psalm 91,11-12:

Psalm 91,11-12
Denn er hat seinen Engeln befohlen,
dass sie dich behüten auf allen deinen Wegen,
dass sie dich auf den Händen tragen
und du deinen Fuß nicht an einen Stein stoßest.

Mit Sicherheit kannte Jesus diesen Psalm auswendig und auch viele Leser des Matthäusevangeliums dürften gewusst haben, wie dieser Psalm weitergeht:

Psalm 91,13
Über Löwen und Ottern wirst du gehen
und junge Löwen und *Schlangen zertreten.*

Der Teufel hat also mit seiner aus dem Zusammenhang gerissenen Bibelstelle sein Urteil selbst gesprochen, da Jesus natürlich die vom Teufel verwendete Bibelstelle im Kontext kennt: Jesus ist der Nachkomme der Frau und er wird der Schlange den Kopf zertreten. Tatsächlich spielt Jesus auf Psalm 91,13 in Hinblick auf den Sturz des Teufels an:

Lukas 10,18-19
Er sprach aber zu ihnen: Ich sah den Satan vom Himmel fallen wie einen Blitz. Seht, ich habe euch Macht gegeben, *zu treten auf Schlangen* und Skorpione, und Macht über alle Gewalt des Feindes; und nichts wird euch schaden.

Die Verbindung von Empfang durch den Heiligen Geist und Jungfrauengeburt zielt im Matthäus- wie im Lukasevangelium darauf hin, dass Jesus als neuer Adam (aufgrund der Jungfrauengeburt nicht als alter Adam) und als Nachkomme der Frau in den Kampf mit der Schlange und den Nachkommen der Schlange verstrickt wird. Das Apostolische Glaubensbekenntnis bekennt, dass dieser Kampf Jesus ins Leiden, ans Kreuz, in den Tod und ins Grab führt.

„Gelitten [...], gekreuzigt, gestorben und begraben"

Das Apostolische Glaubensbekenntnis setzt, wie wir gesehen haben, in Übereinstimmung mit dem neutestamentlichen Zeugnis voraus, dass Jesus nicht einfach ein Mensch ist, der zur Göttlichkeit erhoben worden ist, sondern dass er von Ewigkeit her Gott ist, seine Menschwerdung aber eine Erniedrigung Gottes bedeutet, ein Verlassen der Herrlichkeit, die durch das Leiden und Sterben erst wieder zur Erhöhung führt. Ein klassischer Text dazu findet sich in Philipper 2:

4. Die Erniedrigung und Erhöhung Jesu

Philipper 2,6-11
Er, der in göttlicher Gestalt war, hielt es nicht für einen Raub, Gott gleich zu sein,
sondern entäußerte sich selbst und nahm Knechtsgestalt an, ward den Menschen gleich und der Erscheinung nach als Mensch erkannt.
Er erniedrigte sich selbst und ward gehorsam bis zum Tode, ja zum Tode am Kreuz.
Darum hat ihn auch Gott erhöht und hat ihm den Namen gegeben, der über alle Namen ist,
dass in dem Namen Jesu sich beugen sollen aller derer Knie, die im Himmel und auf Erden und unter der Erde sind,
und alle Zungen bekennen sollen, dass Jesus Christus der Herr ist, zur Ehre Gottes, des Vaters.

Für die Erniedrigung Gottes kann man bei dem anknüpfen, was oben zur Heiligung des Profanen gesagt wurde (1.3, „Die Heiligung des Profanen"): Der Mensch lebt nach dem Sündenfall auf verfluchtem Erdboden, der Disteln und Dornen trägt (1. Mose 3,17b-18). Der menschliche Versuch, durch den Turmbau zu Babel Eden wiederherzustellen und sich einen Gottesberg zu bauen, scheitert (1. Mose 11). Nicht der Mensch muss seinen Weg zurück in den Garten Gottes finden, sondern Gott sucht den Menschen am Ort des Fluches auf. Diese Suchbewegung Gottes wird schon in seinen beiden ersten Fragen an die Menschheit deutlich: Mensch, wo bist du? (1. Mose 3,9), und: Wo ist dein Bruder? (1. Mose 4,9).

Als Gott beschließt, das Volk Israel aus der Knechtschaft in Ägypten zu befreien, erscheint er Mose an verfluchtem Ort, nämlich in der Wüste, und er wählt sich zum Ort seiner Gegenwart einen Dornstrauch aus. Aber mehr noch als das: Er fordert Mose auf, seine Schuhe auszuziehen, weil der Ort, auf dem er steht – der Boden, auf dem der Dornstrauch wächst –, heiliger Erdboden ist (2. Mose 3,1-6). Gott kommt in den Fluch hinein und heiligt den verfluchten Erdboden durch seine Gegenwart. Die Dornen des Sündenfluches werden schließlich zur Krone, mit der Jesus gekrönt wird (Johannes 19,2-3). Gott selbst nimmt den Fluch auf sich, um den Menschen von der Wüste zurück in den Garten zu bringen, um den verfluchten Boden zu heiligen. Derselbe Jesus, der die Dornenkrone trägt, sagt am Kreuz zum Verbrecher, der neben ihm gekreuzigt ist: „Wahrlich, ich sage dir: Heute wirst du mit mir im Paradies sein" (Lukas 23,43).

Philipper 2,6 formuliert, dass Jesus Knechtsgestalt annahm, und verweist damit auf die Figur des Gottesknechts im Jesajabuch. In einem sehr grundlegenden Aufsatz hat der Neutestamentler Richard Bauckham argumentiert, dass der Gottesknecht im Jesajabuch eine göttliche Gestalt ist.[47] Wesentlich für seine Argumentation ist, dass Eigenschaften, die allein für Gott gebraucht werden, im Jesajabuch auf den Gottesknecht übertragen werden.

Wie Hesekiel wird auch Jesaja vor dem Thron Gottes zum Propheten berufen:

Jesaja 6,1
In dem Jahr, als der König Usija starb, sah ich den Herrn sitzen auf einem *hohen* und *erhabenen* Thron, und sein Saum füllte den Tempel.

Der Thron Gottes ist „hoch" und „erhaben". Die Eigenschaften des Gottesthrones werden später im Jesajabuch in Bezug auf den Gottesknecht verwendet:

Jesaja 52,13
Siehe, meinem Knecht wird es gelingen, er wird *hoch* und sehr *erhaben* sein.

Ein drittes Mal werden diese beiden Eigenschaften in Jesaja 57,15 genannt:

Jesaja 57,15
Denn so spricht der *Hohe* und *Erhabene*, der ewig wohnt, dessen Name heilig ist: Ich wohne in der Höhe und im Heiligtum und bei

denen, die zerschlagenen und demütigen Geistes sind, auf dass ich erquicke den Geist der Gedemütigten und das Herz der Zerschlagenen.

Aber wer ist denn der Hohe und Erhabene, der in Jesaja 57,15 spricht? Ist es der Herr aus Jesaja 6,1, der auf dem hohen und erhabenen Thron sitzt, oder ist es der Gottesknecht, dem verheißen ist, dass er hoch und erhaben sein wird? Bauckham betont, dass die Kombination der Wörter „hoch" und „erhaben" im Alten Testament selten ist und der Bezug zwischen diesen Texten darum offensichtlich. Als der Hohe und Erhabene ist der Gottesknecht letztlich nicht zu unterscheiden von dem Herrn auf dem Thron bei Jesajas Berufung. So wird später Johannes schreiben, dass Jesaja bei seiner Berufung in Jesaja 6 die Herrlichkeit Jesu gesehen habe (Johannes 12,41). Dies impliziert nicht nur, dass er den Gottesknecht aus Jesaja 52,13 auf Jesus hindeutet, sondern auch, dass er ihn mit dem Herrn auf dem hohen und erhabenen Thron in Jesaja 6 identifiziert.

Wenn Jesaja 52,13 in Verbindung mit Jesaja 6,1 bedeutet, dass der Gottesknecht auf den himmlischen Thron Gottes erhöht wird, so ist wichtig zu beachten, dass Jesaja 52,13 den Abschnitt Jesaja 52,13–53,12 einleitet. Der in diesem Abschnitt beschriebene Gottesknecht wird also hoch und erhaben sein, d. h. auf den hohen und erhabenen Thron Gottes erhöht werden. Diese Deutung verbindet den ganzen Abschnitt Jesaja 52,13–53,12 mit Psalm 110 und Daniel 7, wo ebenfalls die Rede von jemandem ist, der auf den Thron Gottes erhöht wird. Der himmlischen Inthronisation des Messias muss dann aber Leiden und Sterben vorausgehen, denn in Jesaja 52,13–53,12 heißt es:

Jesaja 53,4–6
Fürwahr, er trug unsere Krankheit und lud auf sich unsere Schmerzen. Wir aber hielten ihn für den, der geplagt und von Gott geschlagen und gemartert wäre. Aber er ist um unserer Missetat willen verwundet und um unsrer Sünde willen zerschlagen. Die Strafe liegt auf ihm, auf dass wir Frieden hätten, und durch seine Wunden sind

wir geheilt. Wir gingen alle in die Irre wie Schafe, ein jeder sah auf seinen Weg. Aber der HERR warf unser aller Sünde auf ihn.

Der Gottesknecht geht einen Weg des Leidens und trägt in diesem Leiden die Sünde des Volkes. Das Leiden führt ihn in den Tod und ins Grab:

Jesaja 53,8-9
Er ist aus Angst und Gericht hinweggenommen. Wer aber kann sein Geschick ermessen? Denn er ist aus dem Lande der Lebendigen weggerissen, da er für die Missetat meines Volks geplagt war. Und man gab ihm sein Grab bei Frevlern und bei Reichen, als er starb, wiewohl er niemandem Unrecht getan und kein Betrug in seinem Munde gewesen ist.

Doch dann, „wenn er sein Leben zum Schuldopfer gegeben hat, wird er Nachkommen haben und in die Länge leben, und des HERRN Plan wird durch seine Hand gelingen" und er wird „das Licht schauen" (Jesaja 53,10-11). Durch Leiden, Sterben und Grab hindurch wird dieser Gottesknecht also zum Leben durchdringen.

Wenn man nun bedenkt, dass der Gottesknecht durch die Verbindung von Jesaja 42,1 und 11,1-2 (vgl. auch die Formulierung in Jesaja 53,2) als Davidsnachkomme zu identifizieren ist (siehe oben 2.1, „Der Gesalbte im Jesajabuch"), so kommt auch David als Vorbild des leidenden Gottesknechts in den Blick. David wird zum ersten Mal in 2. Samuel 7,5.8 von Gott als Knecht angesprochen, d. h. in der Dynastieverheißung. Zwischen Davids Salbung (1. Samuel 16) und seiner Thronbesteigung (2. Samuel 5) liegt eine Zeit, in der David verfolgt wird und vor seinen Feinden auf der Flucht ist. Mehrere Psalmen innerhalb von Psalm 3–41 beziehen sich auf diese Situation. Auch bei Jesus fällt das Leiden in die Zeit zwischen seiner Salbung (der Taufe) und seiner Thronbesteigung (der Himmelfahrt). Am Kreuz betet Jesus mit zwei Davidspsalmen, die aus der Leidenszeit Davids stammen:

4. Die Erniedrigung und Erhöhung Jesu

Psalm 22,2a (vgl. Matthäus 27,46)
Mein Gott, mein Gott, warum hast du mich verlassen?

Psalm 31,6a (vgl. Lukas 23,46)
In deine Hände befehle ich meinen Geist!

Die Zeit, in der David verfolgt wird, nachdem Samuel ihn zum König gesalbt hat und bevor er als König den Thron besteigt, wird damit zum Vorbild des leidenden Gesalbten. Viele der davidischen Klagepsalmen beschreiben das Leiden des Gesalbten auf seinem Weg zur Thronbesteigung.

Schließlich ruft Jesus auch das Sacharjabuch in Erinnerung, wenn er königlich auf einem Esel nach Jerusalem einzieht. Matthäus 21,4-5 stellt den Bezug zu Sacharja 9,9 explizit her:

Matthäus 21,4-5
Das geschah aber, damit erfüllt würde, was gesagt ist durch den Propheten, der da spricht: „Sagt der Tochter Zion: Siehe, dein König kommt zu dir sanftmütig und reitet auf einem Esel und auf einem Füllen, dem Jungen eines Lasttiers."

Auch hier geht es um das Kommen des messianischen Königs nach Jerusalem. Wenige Kapitel später, in Sacharja 12, ist die Rede davon, wie sich die Völker gegen Jerusalem zusammenschließen:

Sacharja 12,8-10
Zu der Zeit wird der HERR die Bürger Jerusalems beschirmen, und es wird zu dieser Zeit geschehen, dass der Schwache unter ihnen sein wird wie David und das Haus Davids wie Gott, wie der Engel des HERRN vor ihnen her.

Und zu der Zeit werde ich darauf bedacht sein, alle Heiden zu vertilgen, die gegen Jerusalem gezogen sind. Aber über das Haus David und über die Bürger Jerusalems will ich ausgießen den Geist der Gnade und des Gebets. Und sie werden mich ansehen, den sie durchbohrt haben, und sie werden um ihn klagen, wie man klagt um ein einziges Kind, und werden sich um ihn betrüben, wie man sich betrübt um den Erstgeborenen.

Die Rede ist hier nicht nur davon, dass das Haus Davids wie Gott sein wird, sondern es verbindet sich damit die Klage um den Durchbohrten. Da der Prophet formuliert: „Sie werden *mich* ansehen, den sie durchbohrt haben", und das prophetische Ich oft mit dem Ich Gottes verschmilzt, ist es durchaus möglich, diesen Text dahingehend zu deuten, dass Gott selbst durchbohrt wird. Entsprechend deutet Johannes 19,37 diesen Vers auf den Tod Jesu.

Das Leiden gehört also zwischen die Salbung des Messias und seine Inthronisation, was schon in der Gestalt von David vorgezeichnet ist und was letztlich wiederum damit zu tun hat, dass der Gesalbte ein zweiter Adam ist: Adam ist vom Garten mit seinen Fruchtbäumen in die Wüste mit ihren Dornen vertrieben worden. Und so muss der zweite Adam in die Wüste hinausgehen, um den Weg zurück in den Garten zu bahnen. Die Geschichte von Gottes Gegenwart im Dornbusch weist darauf hin, dass Gott selbst den Weg in die Wüste antritt.

„Hinabgestiegen in das Reich des Todes"

Das Glaubensbekenntnis betont nun, dass Jesus bei seiner Grablegung nicht einfach tot im Grab liegt, sondern dass er zwischen seiner Grablegung und seiner Auferstehung in das Totenreich hinabsteigt.

Das hebräische Wort für das Totenreich ist *Scheol*. Wir finden im Alten Testament keine ausformulierte Vorstellung des Totenreiches, aber es ist klar, dass es ein Ort ist, an dem die Toten aufgehoben sind und in gewissem Sinne weiterexistieren. In 1. Samuel 28 ruft Saul durch die Totenbeschwörerin von En-Dor den Geist Samuels aus dem Totenreich herauf. Doch verschiedene Psalmen stellen das Totenreich dar als einen Ort, an dem die Verstorbenen von Gott getrennt sind.

4. Die Erniedrigung und Erhöhung Jesu

Psalm 88, der einzige Psalm, der nur aus Klage und Leid besteht, ohne jedes Wort der Hoffnung, der Errettung oder des Dankes, formuliert eindrücklich:

Psalm 88,6-7.11-13
Ich liege unter den Toten verlassen,
wie die Erschlagenen, die im Grabe liegen,
derer du nicht mehr gedenkst
und die von deiner Hand geschieden sind.
Du hast mich hinunter in die Grube gelegt,
in die Finsternis und in die Tiefe.
[...]
Wirst du an den Toten Wunder tun,
oder werden die Verstorbenen aufstehen und dir danken?
Wird man im Grabe erzählen deine Güte
und deine Treue bei den Toten?
Werden denn deine Wunder in der Finsternis erkannt
oder deine Gerechtigkeit im Lande des Vergessens?

Die vordergründige Antwort auf alle Fragen lautet: Nein. Wer im Totenreich ist, ist abgeschnitten von Gott, erzählt nicht von seiner Güte und Treue, erkennt nicht seine Wunder und seine Gerechtigkeit. Die Verstorbenen werden nicht aufstehen und Gott danken. Ähnlich heißt es in Psalm 115,17-18:

Psalm 115,17-18
Die Toten werden dich, HERR, nicht loben,
keiner, der hinunterfährt in die Stille;
aber wir loben den HERRN,
von nun an bis in Ewigkeit. Halleluja!

Und Jesaja 26,14 formuliert:

Jesaja 26,14
Tote werden nicht lebendig,
Schatten stehen nicht auf;
darum hast du sie heimgesucht und vertilgt
und hast jedes Gedenken an sie zunichtegemacht.

Doch das ist nur die eine Hälfte, die über den Tod und das Totenreich ausgesagt ist. So heißt es in Jesaja 26 wenige Verse später:

Jesaja 26,19
Aber deine Toten werden leben,
deine Leichname werden auferstehen.
Wachet auf und rühmet, die ihr liegt unter der Erde!
Denn ein Tau der Lichter ist dein Tau,
und die Erde wird die Toten herausgeben.

Ein Kapitel zuvor ist davon die Rede, dass Gott „den Tod verschlingen wird auf ewig" (Jesaja 25,8). Laut dem Lobgesang Hannas führt Gott „hinab zu den Toten und wieder herauf" (1. Samuel 2,6). Am Ende desselben Liedes heißt es, dass Gott seinem König Macht geben wird und das Haupt seines Gesalbten erhöhen wird (1. Samuel 2,10; vgl. Psalm 30,2; 71,20). Das Totenreich ist vor Gott aufgedeckt und der Abgrund hat keine Decke (Hiob 26,6). Auch bei den Toten ist Gott nicht abwesend (Psalm 139,8). Gott wird die Verstorbenen aus dem Totenreich erlösen und dem Tod ein Gift und dem Totenreich eine Pest sein (Hosea 13,14).

Trotz der Endgültigkeit und Gottesferne des Totenreiches im Alten Testament kommt an verschiedenen Stellen zum Ausdruck, dass der Tod nicht das letzte Wort haben kann, sondern dass Gottes Hand auch ins Totenreich hineinreichen kann und wird. Er führt nicht nur in den *Scheol* hinein, sondern kann auch aus ihm hinausführen.

Das Wort „verschlingen", mit dem Jesaja 25,8 beschreibt, dass Gott den Tod verschlingen wird, ist dasselbe Wort, das in Jona 2,1 gebraucht

4. Die Erniedrigung und Erhöhung Jesu

wird für den großen Fisch, der Jona verschlingt und zu Jonas Grab wird (der Jonapsalm in Jona 2,3-10 ist gleichsam ein Psalm aus dem Totenreich heraus), bevor der Fisch ihn auf das Wort Gottes hin wieder ausspeien muss (Jona 2,11). Jesus selber deutet das Zeichen des Jona auf seinen Abstieg in das Totenreich:

Matthäus 12,40
Denn wie Jona drei Tage und drei Nächte im Bauch des Fisches war, so wird der Menschensohn drei Tage und drei Nächte im Herzen der Erde sein.

Wenn nun das Apostolische Glaubensbekenntnis formuliert, dass Jesus in das Totenreich hinabgestiegen ist, dann ist damit zunächst einmal ausgesagt, dass die Grablegung Jesu, wie die Grablegung aller Verstorbenen im Alten Testament, beinhaltet, dass Jesus in den *Scheol* gelangt. Er ist nicht scheintot, sondern wirklich tot und steigt somit ins Totenreich hinab. Diese Tatsache ist im Grunde allerdings in „gestorben und begraben" impliziert, sodass man sich fragen kann, warum sie zusätzlich im Glaubensbekenntnis durch „hinabgestiegen in das Reich des Todes" benannt ist.

Dahinter steht das schon in der Alten Kirche breit bezeugte Verständnis, dass Jesus im Totenreich nicht einfach untätig war, sondern dass er den Tod besiegt (vgl. Jesaja 25,8 und 1. Korinther 15,54-57), seinen Sieg verkündigt und letztendlich die Tore des Totenreichs geöffnet hat für die, die seiner Verkündigung Glauben schenken. Dieses Verständnis kann vor allem an drei neutestamentlichen Texten festgemacht werden, deren Deutung aber nicht unumstritten ist.

Ein erster Text ist Epheser 4,8-10, der seinerseits Psalm 68,19 zitiert:[48]

Epheser 4,8-10
Darum heißt es: „Er ist aufgefahren zur Höhe und hat Gefangene mit sich geführt und hat den Menschen Gaben gegeben." Dass er aber aufgefahren ist, was heißt das anderes, als dass er auch hinab-

gefahren ist in die Tiefen der Erde? Der hinabgefahren ist, das ist derselbe, der aufgefahren ist über alle Himmel, damit er alles erfülle.

Die wichtigsten Auslegungsschwierigkeiten, die hier aber nicht gelöst werden können, sind zum einen die Frage, ob hier die Rede davon ist, dass Jesus Gefangene befreit hat (und zwar eben aus dem Totenreich), oder ob die Rede davon ist, dass er Gefangene gemacht hat (dann würde es sich auf die satanischen Mächte und Dämonen beziehen, von denen Jesus in Matthäus 12,29 sagt, dass er sie fesselt; vgl. Kolosser 2,15). Zum andern ist die Frage, ob hier davon die Rede ist, dass Jesus ins Totenreich hinabgestiegen ist, oder ob das „Hinabfahren in die Tiefen der Erde" seine Menschwerdung meint.

Ein zweiter Text findet sich in 1. Petrus 3,18-19. Hier ist eindeutig vom Totenreich die Rede, in das Jesus hineingegangen ist (die Bezeichnung des Totenreiches als Gefängnis ist auch im außerbiblischen Frühjudentum belegt), allerdings ist die Frage, wer die „Geister im Gefängnis" sind:

1. Petrus 3,18-19
Denn auch Christus hat einmal für die Sünden gelitten, der Gerechte für die Ungerechten, damit er euch zu Gott führte, und ist getötet nach dem Fleisch, aber lebendig gemacht nach dem Geist. In ihm ist er auch hingegangen und hat gepredigt den Geistern im Gefängnis.

Aufgrund der darauffolgenden Verse, in denen die Geister genauer beschrieben werden als diejenigen, die ungehorsam waren zur Zeit Noahs, ist die heute gängigste Auslegung, dass es sich nicht um eine Predigt zu Menschen im Totenreich handelt (in diesem Sinne könnte man dagegen 1. Petrus 4,6 verstehen), sondern zu gefallenen Engeln, die in 1. Mose 6,2-4 als Gottessöhne bezeichnet werden (vgl. 2. Petrus 2,4; Judas 6).

Vielleicht lassen sich Epheser 4,8-10 und 1. Petrus 3,18-19 so miteinander verbinden, dass die in 1. Petrus 3,18-19 genannte Predigt sich tatsächlich nicht an verstorbene Menschen richtet, sondern an die laut 2.

4. Die Erniedrigung und Erhöhung Jesu

Petrus 2,4 und Judas 6 gebundenen gefallenen Engel, dass seine Predigt aber nicht darauf abzielt, dass sie sich bekehren, sondern dass ihr Gericht durch seinen Sieg über den Tod endgültig besiegelt ist. Der in Kolosser 2,15 genannte Triumphzug mit den ihrer Macht entkleideten Mächten und Gewalten würde dann dem „mit sich Führen von Gefangenen" aus Epheser 4,8 entsprechen. Oder aber die Predigt in 1. Petrus 3,19 richtet sich doch an die Toten und verkündigt ihnen den Triumph über den Tod und die Mächte der Finsternis.

Der dritte Text nun geht in eine etwas andere Richtung. Am Ende des 11. Kapitels des Hebräerbriefes, dem Kapitel über die alttestamentlichen Glaubenshelden, heißt es:

Hebräer 11,39-40
Diese alle haben durch den Glauben Gottes Zeugnis empfangen und doch nicht erlangt, was verheißen war, weil Gott etwas Besseres für uns vorgesehen hat; denn sie sollten nicht ohne uns vollendet werden.

Der Hebräerbrief fährt dann in Kapitel 12 folgendermaßen weiter:

Hebräer 12,1-2
Darum auch wir: Weil wir eine solche Wolke von Zeugen um uns haben, lasst uns ablegen alles, was uns beschwert, und die Sünde, die uns ständig umstrickt, und lasst uns laufen mit Geduld in dem Kampf, der uns bestimmt ist, und aufsehen zu Jesus, dem Anfänger und Vollender des Glaubens, der, obwohl er hätte Freude haben können, das Kreuz erduldete und die Schande gering achtete und sich gesetzt hat zur Rechten des Thrones Gottes.

Man kann diesen Text möglicherweise so verstehen, dass die verstorbenen Gläubigen des Alten Testaments im Totenreich warten mussten, bis durch Jesus der Sieg über den Tod errungen wurde, dass aber jetzt, da dieser Sieg errungen ist, sie das Totenreich verlassen konnten und nun vor Gottes Thron sind und uns darum umgeben wie eine Wolke. Das würde dazu passen, dass Hebräer 12,2 das Leiden und die Erhöhung Jesu betont. Eine Entsprechung dazu wäre dann Offenbarung 4,4, wo vierundzwanzig Älteste um den Thron Gottes versammelt sind. Vierundzwanzig mag für das Zwölfstämmeisrael und die zwölf Apostel stehen, sodass die Ältesten das alt- und neutestamentliche Gottesvolk repräsentieren. Auch die Seelen der Märtyrer befinden sich in Offenbarung 6,9-10 nicht im Totenreich, sondern am Fuß des Altars des himmlischen Heiligtums.

Wie immer man diese neutestamentlichen Texte im Einzelnen verstehen mag, beinhaltet wohl die Formulierung des Glaubensbekenntnisses, dass Jesus nach seiner Grablegung in das Totenreich hinabgestiegen ist, dass er das Totenreich geöffnet hat, sodass alle, die im Glauben verstorben sind, von nun an nicht dort, wo Gott nicht gelobt wird (Psalm 115,17), auf die Auferstehung warten, sondern in der Nähe Gottes (Lukas 16,22: im Schoß Abrahams), wo der himmlische Lobpreis erklingt, was in der Offenbarung immer wieder betont wird (Offenbarung 4,10; 5,12-14; 15,3-4). Die „Gemeinschaft der Heiligen" (siehe unten 4.1) findet nicht nur im Diesseits statt.

Schließlich kann man das Bekenntnis, dass Jesus in das Reich des Todes hinabgestiegen ist, aber am dritten Tage von den Toten auferstanden ist, auch vor dem Hintergrund des Triumphliedes über den Sturz des Weltherrschers in Jesaja 14 lesen. Dieses Lied wurde immer wieder auf den Fall Satans bezogen. Es heißt darin:

Jesaja 14,9-15
Das Totenreich drunten erzittert vor dir, wenn du nun kommst.
Es schreckt auf vor dir die Toten, alle Gewaltigen der Welt,
und lässt alle Könige der Völker von ihren Thronen aufstehen,
dass sie alle anheben und zu dir sagen:
„Auch du bist schwach geworden wie wir, und es geht dir wie uns.
Deine Pracht ist herunter zu den Toten gefahren samt dem Klang deiner Harfen.

4. Die Erniedrigung und Erhöhung Jesu

Gewürm wird dein Bett sein und Würmer deine Decke."
Wie bist du vom Himmel gefallen, du schöner Morgenstern!
Wie wurdest du zu Boden geschlagen, der du alle Völker niederschlugst!
Du aber gedachtest in deinem Herzen:
„Ich will in den Himmel steigen und meinen Thron über die Sterne Gottes erhöhen,
ich will mich setzen auf den Berg der Versammlung im fernsten Norden.
Ich will auffahren über die hohen Wolken und gleich sein dem Allerhöchsten."
Ja, hinunter zu den Toten fuhrst du, zur tiefsten Grube!

Dieser Weltenherrscher wollte den Himmel erklimmen, über die hohen Wolken aufsteigen und Gott gleich sein. Doch am Schluss fährt er ins Totenreich hinab, wo er für immer bleibt. Er ist ein aus dem Himmel gefallener Morgenstern. Während dieser Weltenherrscher sagt: „Ich will [...] gleich sein dem Allerhöchsten" (Jesaja 14,14), schreibt Paulus über Jesus, dass er in göttlicher Gestalt war, aber sich nicht daran festklammerte, Gott gleich zu sein. Er hielt an seiner Stellung nicht fest wie an einem Raub. Stattdessen nahm er Knechtsgestalt an und erniedrigte sich bis zum Tod am Kreuz. Gerade darum hat Gott ihn erhöht und ihm den Namen über alle Namen gegeben (Philipper 2,6-11). Jesus ist also das genaue Gegenstück zu diesem Weltenherrscher aus Jesaja 14: Der Weltenherrscher wollte in den Himmel, um Gott gleich zu sein, und er endet im Totenreich. Jesus dagegen war bereits im Himmel und ließ seine Gottgleichheit freiwillig zurück, um ins Totenreich hinabzusteigen. Dies wurde zum Grund für seine Auferstehung, wie Jesus selbst einmal sagte: „Wer sein Leben erhalten will, der wird es verlieren; wer aber sein Leben verliert um meinetwillen, der wird es finden" (Matthäus 16,25).

Kapitel 2

„Am dritten Tage auferstanden von den Toten"

Der Glaube an die Auferstehung der Toten war im Judentum zur Zeit Jesu ziemlich weit verbreitet. Die explizitesten Texte über die Auferstehung finden sich im Alten Testament in Daniel 12,2; Jesaja 26,19 und Hesekiel 37,12-14 (siehe dazu unten 4.3). Gemeinsam ist diesen Texten, dass die Auferstehung am Jüngsten Tag geschehen wird, wenn Gott kommt, um alles neu zu machen. Das Unerwartete und Überraschende an der Auferstehung Jesu ist, dass sie als singuläres Ereignis nicht am Ende, sondern in der Mitte der Zeit geschah.

Aus dem Alten Testament lässt sich dies allerdings nicht unmittelbar ableiten, wie an folgender Begebenheit deutlich wird: Als Jesus seine Jünger fragt, für wen sie ihn halten, antwortet Petrus: „Du bist der Gesalbte[49], des lebendigen Gottes Sohn!" (Matthäus 16,16). Er bekennt also Jesus als den im Alten Testament verheißenen Messias. Doch wenig später kündigt Jesus sein Leiden und Sterben an und auch, dass er am dritten Tag auferstehen wird (Matthäus 16,21). Da nimmt Petrus ihn beiseite und sagt ihm nicht etwa: „Ich weiß, die Schriften sagen über den Messias, dass er leiden, sterben und auferstehen wird", sondern: „Gott bewahre dich, Herr! Das widerfahre dir nur nicht!" (Matthäus 16,22). Für Petrus, der das Alte Testament gut kennt, ergibt sich also aus seinem Bekenntnis zu Jesus als dem Messias und Sohn Gottes nicht die Schlussfolgerung, dass Jesus demzufolge leiden, sterben und auferstehen wird.

Jesaja ruft Gott in Jesaja 63,16 als „unser Vater" und „unser Erlöser" an und bittet ihn:

Jesaja 63,19b-64,3
Ach dass du den Himmel zerrissest
und führest herab, dass die Berge vor dir zerflössen,
wie Feuer Reisig entzündet
und wie Feuer Wasser sieden macht,
dass dein Name kundwürde unter deinen Feinden

4. Die Erniedrigung und Erhöhung Jesu

und die Völker vor dir zittern müssten,
wenn du Furchtbares tust, das wir nicht erwarten
[...]
und das man von alters her nicht vernommen hat.
Kein Ohr hat gehört, kein Auge hat gesehen einen Gott außer dir,
der so wohltut denen, die auf ihn harren.

Jesaja erbittet das Herabkommen Gottes vom Himmel und ein Handeln Gottes, das niemand erwartet, das man von Anbeginn der Schöpfung an nicht vernommen, das kein Ohr gehört und kein Auge gesehen hat. Paulus zitiert dieses Jesajawort in 1. Korinther 2,7-9:

1. Korinther 2,7-9
Wir reden von der Weisheit Gottes, die im Geheimnis verborgen ist, die Gott vorherbestimmt hat vor aller Zeit zu unserer Herrlichkeit, die keiner von den Herrschern dieses Zeitalters[50] erkannt hat; denn wenn sie die erkannt hätten, so hätten sie den Herrn der Herrlichkeit nicht gekreuzigt. Sondern es ist gekommen, wie geschrieben steht: „Was kein Auge gesehen hat und kein Ohr gehört hat und in keines Menschen Herz gekommen ist, was Gott bereitet hat denen, die ihn lieben."

Paulus sagt hier nichts weniger, als dass es zum Plan Gottes gehört hat, geheim zu halten, dass der Messias leiden, sterben und auferstehen wird, dass also der Weg des Messias in den Tod hinein seinen eigentlichen Sieg über den Tod bedeuten würde. Denn wenn dieser Weg klar und deutlich im Alten Testament vorgezeichnet wäre, dann hätten sich die Mächte der Finsternis nicht zusammengerottet, um Jesus zu kreuzigen. Mit anderen Worten: Damit der Messias in seiner Hinrichtung seinen Sieg erringen konnte, mussten seine Feinde meinen, seine Hinrichtung sei für ihn die endgültige Niederlage. Das Neue Testament betont immer wieder: Selbst die Apostel haben erst verstanden, dass das alles schon im Alten Testament vorausgesagt war, nachdem Jesus auferstanden war (Lukas 24,25-27.45-47; Johannes 2,22; 7,39; 12,16). Ja, es ist vorausgesagt, oder zumindest angedeutet, aber eben in einer Weise, die nicht offensichtlich ist, es ist „im Geheimnis verborgen", wie Paulus formuliert. Jesus selbst sagt in Matthäus 12,39-40 als Antwort auf die Bitte einiger Schriftgelehrten um ein Zeichen:

Matthäus 12,39-40
Ein böses und abtrünniges Geschlecht fordert ein Zeichen, aber es wird ihm kein Zeichen gegeben werden, es sei denn das Zeichen des Propheten Jona. Denn wie Jona drei Tage und drei Nächte im Bauch des Fisches war, so wird der Menschensohn drei Tage und drei Nächte im Herzen der Erde sein.

Liest man das Jonabuch, so heißt es nirgendwo, dass der Messias am dritten Tag auferstehen werde, so wie Jona am dritten Tag aus dem Bauch des Fisches ausgespuckt wird. Sondern Jona als Prophet wird zum Vorbild für den Tod und die Auferstehung Jesu. In seinem Gebet im Bauch des Fisches deutet er selber den Bauch des Fisches als sein Grab: Er schreit aus dem Rachen des Todes (Jona 2,3) und ist zu den Gründen der Berge hinuntergesunken, sodass die Riegel der Erde sich hinter ihm ewig verschlossen (Jona 2,7). Aber Gott hat durch sein Wort (Jona 2,11) sein Leben aus dem Verderben wieder herausgeführt.

Auch die Texte, die oben schon zum Leiden und Sterben des Messias genannt wurden, deuten die Auferstehung dieses leidenden Messias an. Dem Gottesknecht gibt man in Jesaja 53,9 sein Grab bei Gottlosen und Übeltätern, doch „wenn er sein Leben zum Schuldopfer gegeben hat, wird er Nachkommen haben und in die Länge leben" (Jesaja 53,10).

Die beiden Psalmen, die Jesus am Kreuz betet und die vom Leiden Davids zwischen seiner Salbung und seiner Inthronisation handeln, zeigen eine Wende nach dem Leiden. In Psalm 22, der mit dem Ausruf „Mein Gott, mein Gott, warum hast du mich verlassen!" beginnt und verschiedene Elemente der Kreuzigung Jesu enthält (z. B. die Zunge, die am Gaumen klebt, oder die Kleider, um die das Los geworfen wird), spricht der Beter davon, dass Gott ihn in des Todes Staub legt (22,16), doch dann kommt die Wende: Sogar diejenigen, die unter der Erde schlafen, werden Gott anbeten (22,30).

In Psalm 31 findet sich das Kreuzeswort Jesu und die Erlösung sogar in demselben Vers:

Psalm 31,6
In deine Hände befehle ich meinen Geist;
du hast mich erlöst, HERR, du treuer Gott.

Psalm 31 spricht auch davon, dass der Beter vergessen ist „wie ein Toter", dass er geworden ist „wie ein zerbrochenes Gefäß" (31,13). Nur die Gottlosen sollen hinabfahren zu den Toten und schweigen (31,18); der Gerechte dagegen lobt die Güte Gottes (31,22).

Auch ein Wort aus Psalm 16, einem weiteren Davidspsalm, wird in Apostelgeschichte 2,27 und 13,35 auf die Auferstehung Jesu bezogen:

Psalm 16,10
Denn du wirst mich nicht dem Tode überlassen
und nicht zulassen, dass dein Heiliger die Grube sehe.[51]

Diese Beispiele zeigen, dass der Tod und die Auferstehung des Messias im Alten Testament nicht klar und deutlich vorhergesagt sind, dass sie aber in der Logik des leidenden Gerechten – sei es der König David, sei es der Gottesknecht – liegen, über den eben nicht der Tod, sondern die Leben schaffende Macht Gottes, der mächtige Arm Gottes, der auch ins Totenreich hineinreicht, das letzte Wort behalten.

Ein alttestamentliches Wort, das im Neuen Testament nie direkt zitiert wird, das aber hinter den Formulierungen in Lukas 24,46 und 1. Korinther 15,4 („auferstanden am dritten Tag") stehen könnte, ist Hosea 6,2:

Hosea 6,2
Er macht uns lebendig nach zwei Tagen, er wird uns am dritten Tage aufrichten, dass wir vor ihm leben werden.

Dieses Wort wird im Zusammenhang des Bruderkrieges zwischen Ephraim (Nordreich) und Juda (Südreich) von den Ephraimitern gesprochen als flüchtige Buße – nur wenn es Ephraim übel geht, suchen sie den Herrn (Hosea 5,15) –, während im Hoseabuch der Untergang des Nordreiches besiegelt ist. Doch das Wort bewahrheitet sich im Tod des Gerechten, der dann zu neuem Leben erweckt wird.

„Aufgefahren in den Himmel"

Wie bereits gesehen, ist die Himmelfahrt Jesu das Gegenstück zu seinem Hinabsteigen in das Reich des Todes. In den Evangelien wird die Himmelfahrt nur sehr knapp mit einem Satz erwähnt (Markus 16,19 und Lukas 24,51; die anderen beiden Evangelien erwähnen die Himmelfahrt nicht), ausführlicher ist die Apostelgeschichte, die berichtet, dass Jesus aufgehoben und durch eine Wolke vor ihren Augen weggenommen wurde (Apostelgeschichte 1,9).

Der Mensch Jesus, der mit einer Wolke in den Himmel gelangt, verweist sofort auf Daniel 7,13-14, wo Daniel in einer Vision sieht, wie einer, wie eines Menschen Sohn, mit den Wolken des Himmels vor den Uralten gebracht wird, wo er Macht, Ehre und Herrschaft empfängt, sodass ihm alle Völker dienen. Auf die Bedeutung dieser Vision für das Herrsein Jesu und auch darauf, dass der, der auf den Wolken fährt, im Alten Testament sonst immer Jahwe selber ist, bin ich schon oben unter 2.3 ausführlicher eingegangen.

Während bei der Menschwerdung Jesu, bei der Bewegung vom Himmel auf die Erde herab, betont wird, dass Jesus Gottes Sohn ist (Lukas 1,32.35), wird bei der Aufwärtsbewegung von der Erde in den Himmel mit Bezug auf Daniel 7 die Betonung darauf gelegt, dass er Menschensohn ist. In Jesus kommt Gott selber in den Fluch und in die Niedrigkeit, während die Menschheit erhöht wird.

An der Himmelfahrt als Aufwärtsbewegung sind darum theologisch insbesondere diese beiden Aspekte bedeutsam: Erstens geht ihr die Erniedrigung Gottes, das freiwillige Hinabsteigen des Sohnes Gottes ins

Totenreich, voraus. Zweitens fährt Jesus als Menschensohn, als Erster einer neuen Menschheit – „Erstgeborener von den Toten" (Kolosser 1,18) – in den Himmel auf.

In dem Sinne könnte man auch noch auf zwei Begebenheiten aus dem 1. Mosebuch hinweisen: Beim Turmbau zu Babel wollen sich die Menschen einen Turm bauen, „dessen Spitze bis in den Himmel reiche, damit wir uns einen Namen machen" (1. Mose 11,4), doch Gott „fuhr hernieder" (11,5), um das Vorhaben zu zerstreuen. Das Gegenbild zu diesem Turm findet sich in Jakobs Traum von der Himmelsleiter, „deren Spitze bis in den Himmel reichte, und siehe, die Engel Gottes stiegen daran auf und nieder" (1. Mose 28,12). Schon im ersten Buch der Bibel ist die Bewegung zwischen Himmel und Erde ein zentrales Thema: Der Versuch, eigenmächtig von der Erde in den Himmel zu gelangen, steht unter dem Gericht Gottes. Doch Gott selbst schafft die Leiter, die die Verbindung herstellt, und schließlich kommt Gottes Sohn herunter, um die Menschheit hinaufzuführen. Und während es den Menschen beim Turm von Babel nicht gelingt, sich einen Namen zu machen, ist Jesus in seiner Himmelfahrt der „Name über alle Namen" gegeben:

Philipper 2,8-11
Er erniedrigte sich selbst und ward gehorsam bis zum Tode, ja zum Tode am Kreuz. Darum hat ihn auch Gott erhöht und hat ihm den Namen gegeben, der über alle Namen ist, dass in dem Namen Jesu sich beugen sollen aller derer Knie, die im Himmel und auf Erden und unter der Erde sind, und alle Zungen bekennen sollen, dass Jesus Christus der Herr ist, zur Ehre Gottes des Vaters.

„Er sitzt zur Rechten Gottes, des allmächtigen Vaters"

Auch das Sitzen zur Rechten Gottes wird bereits oben im Zusammenhang mit dem Herrsein Jesu ausführlicher behandelt (2.3). Es gehört eng zur Himmelfahrt. Zwar wird in Daniel 7 selber nicht gesagt, dass der Menschensohn sich zur Rechten des Uralten setzt, aber er empfängt von ihm ewige Macht und Herrschaft und der Ort, von dem aus Macht und Herrschaft ausgeübt wird, ist immer der Thron. So ist auch in Daniel 7,9 davon die Rede, dass Throne aufgestellt werden und sich der Uralte auf den Thron setzt, bevor dann der Menschensohn mit den Wolken des Himmels vor den Uralten gelangt.

Darum wird in neutestamentlicher Perspektive die Szene in Daniel 7,13-14 mit derjenigen in Psalm 110 verbunden, wo David sagt: „Der HERR sprach zu meinem Herrn: ‚Setze dich zu meiner Rechten […]'". David spricht also von zwei Herren, wobei letzterer sich zur Rechten Jahwes setzt und von ihm das Zepter der Macht empfängt, um unter den Völkern zu richten. Der HERR ist in dieser Deutung derjenige, der uralt ist, während der Herr, der sich zur Rechten des HERRN setzt und das Zepter empfängt, der Menschensohn ist.

Beides zusammen wird im Neuen Testament auf die Himmelfahrt und Inthronisation des Gesalbten, Jesus von Nazareth, bezogen, der damit vom Gesalbten zum König wird. Die Zeit des Leidens ist durchgestanden und nun ist er verherrlicht zur Rechten Gottes.

Es gibt eine ganze Reihe von alttestamentlichen Texten, in denen eine Gestalt von Gott Macht empfängt, um unter den Völkern zu richten und zu herrschen. Diejenigen, die im Neuen Testament am stärksten aufgenommen und auf Jesus bezogen werden, sind folgende:

- *Gesalbter:* Psalm 2 – Der Gesalbte Gottes wird von Gott als „mein Sohn" angesprochen und empfängt die Völker zum Erbe und der Welt Enden zum Eigentum, um an ihnen das Gericht Gottes zu vollziehen.
- *Der Herr Davids:* Psalm 110 – Der Herr Davids wird von Gott aufgefordert, sich zu seiner Rechten zu setzen, wo er das Zepter empfängt, um unter den Völkern zu richten.
- *Gottesknecht:* Jesaja 42,1-9 – Der Gottesknecht empfängt den Geist Gottes und wird dadurch ermächtigt, das Recht Gottes unter die Völker zu bringen.
- *Menschensohn:* Daniel 7,13-14 – Der Menschensohn empfängt von

Gott, dem Uralten, Macht, Ehre und Herrschaft über alle Völker, die ewig sind und nicht vergehen.

Die Szenen gleichen sich alle, was in einer Rückschau aus der Perspektive des Neuen Testaments Grund ist, sie miteinander zu identifizieren. Dies beinhaltet, dass Gottesknecht, Menschensohn und Gesalbter die gleiche Person meinen, was entscheidend ist, um die neutestamentliche Christologie zu verstehen. Während „Gesalbter" vor allem auf die davidische Nachkommenschaft abzielt, betont Gottesknecht (ein Titel, der auch für David verwendet wird, z. B. 2. Samuel 7,8) im Zusammenhang mit Jesaja 52,13–53,12 besonders den Leidensweg, den der Knecht zu gehen hat, bis er „hoch und erhaben" ist, während schließlich „Menschensohn" den Fokus darauf legt, dass es ein Vertreter der Menschheit ist, ein neuer Adam, der die himmlische Herrschaft antritt.

„Von dort wird er kommen, zu richten die Lebenden und die Toten"

Dass Jesus richten wird, ist Bestandteil seiner himmlischen Thronbesteigung. Der Thron ist zugleich der Richterstuhl (der König ist im Altertum immer zugleich der oberste Richter), sodass schon der erhöhte Jesus als Richter über die Völker eingesetzt ist.

Im Apostolischen Glaubensbekenntnis wird über dieses allgemeine Richteramt Jesu hinaus aber ausgesagt, dass er nicht nur vom himmlischen Thron aus richtet, sondern dass es ein erneutes Kommen dieses himmlischen Richters geben wird, mit dem sich ein Gericht über die Lebenden und die Toten verbinden wird.

Das Gericht über die Lebenden und die Toten setzt die Auferstehung der Toten voraus. Der alttestamentliche Hintergrund dieses Gerichts ist in Daniel 12,2 zu finden, der einzigen Stelle im Alten Testament, die nicht nur von einer Auferstehung derjenigen, die zum Gottesvolk gehören, spricht (wie z. B. Jesaja 26,19: „deine Toten werden leben", oder Hesekiel 37,12: „ich will eure Gräber auftun und hole euch, mein Volk, aus euren Gräbern herauf"), sondern auch von einer Auferstehung „zu ewiger Schmach und Schande".

Jesus selbst kündigt dieses Ereignis folgendermaßen an:

Matthäus 25,31-33
Wenn aber der Menschensohn kommen wird in seiner Herrlichkeit, und alle Engel mit ihm, dann wird er sitzen auf dem Thron seiner Herrlichkeit, und alle Völker werden vor ihm versammelt werden. Und er wird sie voneinander scheiden, wie ein Hirte die Schafe von den Böcken scheidet, und wird die Schafe zu seiner Rechten stellen und die Böcke zu seiner Linken.

Der Vergleich mit dem Hirten, der Schafe und Böcke unterscheidet, stammt aus Hesekiel 34,17:

Hesekiel 34,17
Aber zu euch, meine Herde, spricht Gott der HERR: Siehe, ich will richten zwischen Schaf und Schaf und Widdern und Böcken.

In diesem Kapitel über die schlechten Hirten und den guten Hirten finden sich verschiedene Motive, die für die Sendung Jesu bedeutend sind. So sagt Gott im Vers unmittelbar davor:

Hesekiel 34,16
Ich will das Verlorene wieder suchen und das Verirrte zurückbringen und das Verwundete verbinden und das Schwache stärken und, was fett und stark ist, behüten; ich will sie weiden, wie es recht ist.

Jesus spielt darauf mit seinem Gleichnis vom verlorenen Schaf an (Lukas 15,1-7) und identifiziert sich selbst mit dem göttlichen Ich aus Hesekiel 34,18. Aber auch das Kommen des Gottesknechtes David (Hesekiel 34,23) wird in diesem Kapitel verheißen.

Entscheidend ist, dass das Kommen Gottes im Alten Testament

immer ein Kommen zum Gericht ist – angefangen schon im Garten Eden in 1. Mose 3, wo Gott das Urteil über Schlange, Frau und Mann spricht –, letztlich aber die Wiederherstellung zum Ziel hat. Gericht bedeutet nicht einfach Verurteilung der Sünder, sondern es bedeutet Wiederherstellung von Gerechtigkeit. Das Gericht hat immer auch die Opfer im Blick, nicht nur die Täter. Denn das Blut der unschuldig Getöteten schreit zum Himmel (vgl. 1. Mose 4,10 mit Offenbarung 6,10).

Mehrere Beispiele aus den Psalmen zeigen, dass das Kommen Gottes zum Gericht nicht nur eine Drohung ist (für die Feinde Gottes), sondern auch eine Hoffnung für die Unterdrückten:

Psalm 50,2-6
Aus Zion bricht an der schöne Glanz Gottes.
Unser Gott kommt und schweigt nicht.
Fressendes Feuer geht vor ihm her
und um ihn her ein mächtiges Wetter.
Er ruft Himmel und Erde zu,
dass er sein Volk richten wolle:
„Versammelt mir meine Heiligen,
die den Bund mit mir schlossen beim Opfer."
Und die Himmel werden seine Gerechtigkeit verkünden;
denn Gott selbst ist Richter.

Psalm 76,9-10
Wenn du das Urteil lässest hören vom Himmel,
erschrickt das Erdreich und wird still,
wenn Gott sich aufmacht zu richten,
dass er helfe allen Elenden auf Erden.

Psalm 103,6
Der HERR schafft Gerechtigkeit
und Recht allen, die Unrecht leiden.

Entscheidend im Bekenntnissatz des Apostolikums zum Kommen Jesu Christi, um die Lebenden und die Toten zu richten, ist, dass das richterliche Handeln Gottes im Kommen von Jesus einen Endpunkt findet, wenn auch die Toten auferstehen, um gerichtet zu werden. Es ist das letzte Gericht. Von einem solchen Gericht am Ende der Zeit spricht auch Jesaja 2:

Jesaja 2,2-4
Es wird zur letzten Zeit der Berg, da des HERRN Haus ist, fest stehen, höher als alle Berge und über alle Hügel erhaben, und alle Heiden werden herzulaufen, und viele Völker werden hingehen und sagen: Kommt, lasst uns auf den Berg des HERRN gehen, zum Hause des Gottes Jakobs, dass er uns lehre seine Wege und wir wandeln auf seinen Steigen! Denn von Zion wird Weisung ausgehen und des HERRN Wort von Jerusalem.

Und er wird richten unter den Heiden und zurechtweisen viele Völker. Da werden sie ihre Schwerter zu Pflugscharen und ihre Spieße zu Sicheln machen. Denn es wird kein Volk wider das andere das Schwert erheben, und sie werden hinfort nicht mehr lernen, Krieg zu führen.

Innerhalb des Jesajabuchs wird deutlich, dass dieses Gericht durch den Gesalbten, den Nachkommen Davids, ausgeübt wird, denn er wird gesalbt mit dem Geist Gottes, der ein Geist der richterlichen Unterscheidung ist:

Jesaja 11,1-4
Und es wird ein Reis hervorgehen aus dem Stamm Isais
und ein Zweig aus seiner Wurzel Frucht bringen.
Auf ihm wird ruhen der Geist des HERRN,
der Geist der Weisheit und des Verstandes,
der Geist des Rates und der Stärke,
der Geist der Erkenntnis und der Furcht des HERRN.

Und Wohlgefallen wird er haben an der Furcht des HERRN.
Er wird nicht richten nach dem, was seine Augen sehen,
noch Urteil sprechen nach dem, was seine Ohren hören,
sondern wird mit Gerechtigkeit richten die Armen
und rechtes Urteil sprechen den Elenden im Lande,
und er wird mit dem Stab seines Mundes den Gewalttätigen schlagen
und mit dem Odem seiner Lippen den Gottlosen töten.

Es folgt in 11,6-9 der Tierfrieden (Wölfe wohnen bei den Lämmern, Säuglinge spielen am Loch der Otter usw.), was auch die endzeitliche Dimension dieses Gerichts zeigt: Das Gericht des Messias schafft nicht nur Gerechtigkeit zwischen Mensch und Mensch, sondern befriedet die ganze Schöpfung.

Mit dem Bekenntnis zum Kommen Jesu Christi von der Rechten Gottes her, um die Lebenden und die Toten zu richten, endet der Teil des Apostolischen Glaubensbekenntnisses, der sich auf die zweite Person der Dreieinigkeit bezieht. Am Ende des Apostolikums wird mit dem Glauben an die Auferstehung der Toten und das ewige Leben aber nochmals hier angeknüpft.

5. Fazit: Was bedeutet der Glaube an Jesus Christus, den eingeborenen Sohn Gottes, unsern Herrn?

Wenn das Bekenntnis zu Gott dem Vater und Schöpfer die Nähe (Kindschaft) und Differenz (Geschöpflichkeit) des Menschen zu Gott deutlich macht, so hat auch das Bekenntnis zu Jesus Christus Implikationen für die Frage, wer der Mensch ist und in welchem Verhältnis er zu Gott steht.

In Jesus Christus erniedrigt sich Gott bis ins Totenreich hinab. Nicht der Mensch muss sich zu Gott emporklimmen, sondern Gott neigt sich zum Menschen herab. Er tut dies, indem der eingeborene Sohn Gottes Mensch wird. Die Menschen, die in ihrer Geschöpflichkeit als Kinder Gottes und Gottes Ebenbilder geschaffen sind, sehen in Jesus Christus das wahre Ebenbild Gottes (2. Korinther 4,4; Kolosser 1,15; Hebräer 1,3), in dessen Bild sie durch den Geist Gottes verändert werden (Kolosser 3,10). In Jesus Christus sieht der Mensch, was wahres Menschsein bedeutet. Ich möchte hier zwei Aspekte hervorheben: die Bedeutung des Herrseins Jesu Christi und die Bedeutung seines Leidens.

Martin Luther hat in seiner bekannten Schrift „Von der Freiheit eines Christenmenschen" folgendes Paradox formuliert:

> Ein Christenmensch ist ein freier Herr über alle Dinge und niemand untertan. Ein Christenmensch ist ein dienstbarer Knecht aller Dinge und jedermann untertan.[52]

Er kommentiert zu diesen beiden Sätzen:

> Diese zwei Sätze sind klar der Standpunkt von S. Paulus: 1 Kor 9,19: „Ich bin frei von allen Dingen und habe mich zu jedermanns Knecht gemacht." Ferner Röm 13,8: „Ihr sollt niemandem gegenüber zu etwas verpflichtet sein, als dazu, dass ihr euch untereinander liebet." Liebe aber – die ist dem dienstbar und untertan, was sie lieb hat; so heißt es auch von Christus Gal 4,4: „Gott hat seinen Sohn ausgesandt, von einem Weibe geboren und dem Gesetze untertan gemacht."

Luther verankert hier die Freiheit des Christenmenschen in der Freiheit von Jesus Christus selbst. Er ist der Herr, der Kyrios, und damit niemandem untertan. Doch in der Liebe zu den Menschen, in der er sich selbst erniedrigt und hingibt und auf seine Herrlichkeit vorübergehend verzichtet (Philipper 2,6-11), macht er sich jedermann untertan. Er ist der Knecht Gottes und wird so auch zum Knecht der Menschen. Diese Knechtschaft geschieht aber aus der Freiheit seiner Herrlichkeit und aus der Freiheit der Liebe heraus. Diese Verbindung von Freiheit und Knechtschaft, d. h. von einer Freiheit, die sich aus freien Stücken in den Dienst der Liebe zu den Menschen stellt, führt gerade dazu, dass Jesus den Mächtigen seiner Zeit erhobenen Hauptes gegenübertreten und auch widerstehen kann, seien es Herodes und Pilatus, sei es die priesterliche Führerschaft im Tempel. Unter dem Bekenntnis, dass Jesus der Herr ist, haben Christen der menschenverachtenden Tyrannei des Römischen Reiches und anderer Reiche widerstanden, wo sich Herrscher und Staatsgewalten selber zu Gott gemacht haben. So formuliert beispielsweise die Barmer Theologische Erklärung von 1934, die sich (unter der Initiative von Karl Barth) gegen die völkisch-rassischen Irrlehren der Deutschen Christen wandte:

> Wie Jesus Christus Gottes Zuspruch der Vergebung aller unserer Sünden ist, so und mit gleichem Ernst ist er auch Gottes kräftiger Anspruch auf unser ganzes Leben; durch ihn widerfährt uns frohe Befreiung aus den gottlosen Bindungen dieser Welt zu freiem, dankbarem Dienst an seinen Geschöpfen.
> Wir verwerfen die falsche Lehre, als gebe es Bereiche unseres Lebens, in denen wir nicht Jesus Christus, sondern anderen Herren zu eigen wären, Bereiche, in denen wir nicht der Rechtfertigung und Heiligung durch ihn bedürften.[53]

Dass gerade die Freiheit, in der die Christen in allem Freimut sich zu Jesus als dem Herrn bekannt haben, sie auch ins Leiden geführt hat und immer wieder neu ins Leiden führt, zeigt, dass das Herrsein Jesu Christi und das Leiden zusammengehören, so wie beides auch bei Jesus selber zusammengehört.

Paulus macht die Verbindung zwischen Jesus Christus und der christlichen Gemeinde am Heiligen Geist fest, der kein Geist der Knechtschaft, sondern ein Geist der Kindschaft ist (Römer 8,15). Wie Jesus Gottes Sohn ist, so sind die, die vom Geist Gottes getrieben werden, Kinder Gottes und damit auch Miterben Christi (Römer 8,17a). Doch gerade an dieser Stelle, wo Paulus schreibt, dass wir durch den Geist Gottes Kinder Gottes und darum auch Erben Gottes und Miterben Christi sind, fügt er sofort hinzu: „Wenn wir denn mit ihm leiden, damit wir auch mit zur Herrlichkeit erhoben werden."

Das Bekenntnis zu Jesus Christus, dem eingeborenen Sohn Gottes, unserem Herrn, führt die Gemeinde Jesu Christi sowohl ins Leiden als auch in die Herrlichkeit, sowohl in die Gefangenschaft als auch in die Freiheit hinein. Es ruft die Gemeinde in eine dienende Gottes- und Menschenliebe hinein, die in Freiheit handelt und dient und sich auch nicht einschüchtern lässt von Mächten, die für sich in Anspruch nehmen wollen, was nur Gott gebührt.

Fassen wir noch einmal die wichtigsten Punkte aus dem Glaubensbekenntnis in Bezug auf Jesus Christus zusammen: Das Apostolische Glaubensbekenntnis bekennt Jesus von Nazareth zunächst als Gesalbten („Christus"), als Sohn Gottes und als Herr. Die alttestamentlichen Hintergründe machen deutlich, dass die Salbung Jesu durch den Heiligen Geist bei seiner Taufe geschieht, während er in der Auferstehung und Himmelfahrt als König inthronisiert wird.

Dass Jesus durch den Heiligen Geist empfangen und von der Jungfrau Maria geboren wird, weist ihn als Sohn Gottes aus, der nicht aus den Zusammenhängen menschlicher Stammbäume hervorgeht und damit von Anfang an unter dem Fluch Adams steht, sondern der als zweiter Adam aus der Herrlichkeit Gottes kommt, im Unterschied zum ersten Adam aber nicht als Geschöpf Gottes, sondern als „eingeborener" Sohn Gottes, gezeugt, nicht geschaffen.

In Jesus Christus erniedrigt sich Gott selbst und kommt in den Sündenfluch: „gelitten unter Pontius Pilatus, gekreuzigt, gestorben und begraben, hinabgestiegen in das Reich des Todes". Auch dies gehört zur alttestamentlichen Gestalt des davidischen Messias, wie sie im Gottesknecht des Jesajabuchs verheißen ist, von David selber aber vorgezeichnet.

Der Tod dieses Gottesknechtes ist aber zugleich der Wendepunkt zu seiner Erhöhung auf den göttlichen Thron, wie sie in Jesaja 52,13 angedeutet und in Psalm 110 und Daniel 7 beschrieben ist: „am dritten Tage auferstanden von den Toten, aufgefahren in den Himmel; er sitzt zur Rechten Gottes, des allmächtigen Vaters; von dort wird er kommen, zu richten die Lebenden und die Toten."

Dieser Schluss, dass Jesus wiederkommen wird, um die Lebenden und die Toten zu richten, weist darauf hin, dass im christlichen Bekenntnis mit der himmlischen Herrschaft und der Himmelfahrt Jesu Christi noch nicht das letzte Wort gesprochen ist. In der Offenbarung wird als Folge der Himmelfahrt (Offenbarung 12,5) der Satan vom Himmel auf die Erde geworfen und eine laute Stimme aus dem Himmel sagt:

Offenbarung 12,12
Darum freut euch, ihr Himmel und die darin wohnen! Weh aber der Erde und dem Meer! Denn der Teufel kommt zu euch hinab und hat einen großen Zorn und weiß, dass er wenig Zeit hat.

Auf die Himmelfahrt Jesu folgt zwar Freude im Himmel, aber eben auch Weh auf der Erde. Das Ziel, dass der Wille Gottes „wie im Himmel, so auf Erden" geschehe, ist noch nicht vollendet. Erst, wenn der himmlische Herr Jesus vom Himmel auf die Erde kommt, um auch auf der Erde zwischen Gut und Böse zu unterscheiden und die Lebenden und Toten zu richten, schließt sich der Bogen.

Kapitel 3

„Ich glaube an den Heiligen Geist"

Der Glaube an den Geist wird durch die Eigenschaft „heilig" ergänzt, das allerdings so stark mit dem Geist verbunden ist (schon in vielen biblischen Texten), dass es in der Regel großgeschrieben und damit als Teil seines Namens betrachtet wird: „Ich glaube an den Heiligen Geist." Was aber bedeutet es, dass der Geist diese Eigenschaft hat? Und was ist überhaupt mit „Geist" gemeint?

Sowohl das hebräische Wort *Ruach* wie auch das griechische Wort *Pneuma* haben ein Bedeutungsspektrum, das nicht nur Geist, sondern auch Wind und Atem umfassen kann. Am deutlichsten kommt dieses Bedeutungsspektrum in Johannes 3,8 zum Ausdruck, wo viele Bibelübersetzungen innerhalb eines Verses *Pneuma* einmal mit „Wind" und einmal mit „Geist" übersetzen:

> *Johannes 3,8*
> Der *Wind* weht, wo er will, und du hörst sein Sausen wohl; aber du weißt nicht, woher er kommt und wohin er fährt. So ist es bei jedem, der aus dem *Geist* geboren ist.

In dieser Aussage Jesu wird deutlich, dass das Wort nicht einfach zufällig verschiedene Bedeutungen hat und man jedes Mal überlegen muss, welche Bedeutung gerade gemeint ist. Vielmehr besteht zwischen Geist und Wind eine Analogie. Wenn wir in der schon mehrfach formulierten Logik „wie im Himmel, so auf Erden" bleiben, so könnte man sagen, dass der Wind und der Atem irdische Abbilder – manchmal sogar Erscheinungsformen – des himmlischen Geistes sind, so wie das Licht der Sonne ein Abbild der Lichtherrlichkeit Gottes ist. Auch im Alten Testament wird schnell deutlich, dass zwischen Geist, Wind und Atem nicht immer klar unterschieden werden kann, weil Wind und Atem Wirkungsweisen des Geistes sein können.[54]

Die Verbindung von Atem und Wind ist leicht nachzuvollziehen: Der Atem ist ein Wind, der seinen Ursprung im Mund oder der Nase einer Person hat. Zugleich ist der Atem ein Zeichen des Lebens: Was tot ist, atmet nicht. Adam als der erste Mensch wird durch den Atem Gottes belebt (1. Mose 2,7). Auch Johannes 3,8 geht ja unmittelbar das Wort Jesu von einer neuen Geburt voraus (Johannes 3,7). Psalm 104 bringt den Geist-Atem Gottes mit dem Angesicht Gottes in Verbindung:

Psalm 104,29-31
Verbirgst du dein *Angesicht*, so erschrecken sie;
nimmst du weg ihren *Geist-Atem*, so vergehen sie und werden wieder Staub.
Du sendest aus deinen *Geist-Atem*[55], so werden sie geschaffen, und du machst neu das *Angesicht* der Erde.
Die Herrlichkeit des HERRN bleibe ewiglich,
der HERR freue sich seiner Werke.

Abgesehen davon, dass hier der Geist mit dem Angesicht Gottes in Zusammenhang gebracht wird, wird das Schöpfungshandeln Gottes, das durch das Aussenden seines Geistes geschieht, auch als Offenbarung der Herrlichkeit des HERRN besungen. Dass der Geist, der von Gott ausgeht, Leben schenkt und die Herrlichkeit Gottes offenbart, ist der Grund, warum der Geist Gottes auch als der „Heilige Geist" bezeichnet wird: Der Geist Gottes ist heilig und er verleiht Heiligkeit.

Gott ist der Dreimalheilige (Jesaja 63; Offenbarung 4,8). Das Allerheiligste, der Raum seines Thrones, ist ein würfelförmiger Raum (1. Könige 6,20). Er ist heilig mal heilig mal heilig, also heilig im Kubik. Heiligkeit ist die lebensschaffende Kraft Gottes: Gott ist die Quelle des Lebens, er ist die Quelle des Lichts, er ist die Quelle des Wassers. Von ihm geht Lebenskraft – Heiligkeit – aus und schafft Leben (siehe dazu ausführlicher unter 1.3, „Der profane Bereich"). Das Leben kommt aus dem Mund Gottes, aus seinem Wort und aus seinem Geist-Atem, der das Wort trägt:

Psalm 33,6
Der Himmel ist durch das *Wort* des HERRN gemacht
und all sein Heer durch den *Geist-Atem*[56] seines Mundes.

Vom dreimalheiligen Gott geht der Heilige Geist aus als lebensschaffende Kraft. Da Gott der Richter ist und sein Thron der Richterstuhl Gottes, kann sich der Geist-Hauch seines Mundes aber auch in ein Todesurteil verkehren, wo er auf das Böse trifft (Hiob 15,30; 2. Thessalonicher 2,8). In Psalm 51, der überschrieben ist als „Psalm Davids, vorzusingen, als der Prophet Nathan zu ihm kam, nachdem er zu Batseba eingegangen war", bittet David um Begnadigung vor dem Todesurteil. Es ist eine von nur zwei Stellen im Alten Testament, in denen der Geist als „Heiliger Geist" bezeichnet wird. Auch dort verbindet sich der Geist mit dem Angesicht Gottes:

Psalm 51,13
Verwirf mich nicht von deinem Angesicht,
und nimm deinen heiligen Geist nicht von mir.

Auch die zweite Stelle im Alten Testament, die vom „heiligen Geist" spricht, stammt aus einem Bußgebet und dreht sich um Leben und Tod und Gericht. Sie ruft den Abfall des Gottesvolkes auf der Wüstenwanderung in Erinnerung. Und wieder verbindet sich der Geist mit dem Angesicht Gottes:

Jesaja 63,9-11
Nicht ein Bote, sondern sein Angesicht half ihnen. Er erlöste sie, weil er sie liebte und Erbarmen mit ihnen hatte. Er nahm sie auf und trug sie allezeit von alters her. Aber sie waren widerspenstig und betrübten seinen heiligen Geist; darum ward er ihr Feind und stritt

wider sie. Da gedachte sein Volk wieder an die vorigen Zeiten, an Mose: Wo ist denn nun, der aus dem Wasser zog den Hirten seiner Herde? Wo ist, der seinen heiligen Geist in ihn gab?

Der Geist ist ein richterlicher Geist der Unterscheidung von Gut und Böse, Leben und Tod, Licht und Finsternis. Im Folgenden sollen einige der Aspekte, wie der Geist Gottes sich als der Heilige erweist – indem er heiligt, d. h. Menschen mit der Lebenskraft Gottes ausrüstet und neues Leben schafft –, beleuchtet werden.[57]

1. Licht und Finsternis

Der Geist wird schon im zweiten Vers der Bibel zum ersten Mal erwähnt:

1. Mose 1,2-3
Und die Erde war wüst und leer, und es war finster auf der Tiefe; und der Geist Gottes schwebte auf dem Wasser.
Und Gott sprach: Es werde Licht! Und es ward Licht.

Die Erwähnung des Geistes Gottes fällt hier zwischen die Beschreibung der Erde als wüst, leer und finster und das durch das Wort Gottes ins Dasein gerufene Licht. Wie in Psalm 33,6 gehören Wort und Geist zusammen, denn das Wort ist der Geisthauch, der aus dem Mund Gottes hervorgeht.

Wenn 1. Mose 1,2 formuliert, dass der Geist Gottes auf dem Wasser schwebte, so geht der Schöpfungspsalm 104 selbstverständlich davon aus, dass der Geist nicht getrennt von Gott ist, sondern dass Gott selbst vom Geist getragen wird und darum mit dem Geist über das Wasser kommt:

Psalm 104,1-3
Lobe den HERRN, meine Seele!
HERR, mein Gott, du bist sehr herrlich;

du bist schön und prächtig geschmückt.
Licht ist dein Kleid, das du anhast.
Du breitest den Himmel aus wie einen Teppich;
du baust deine Gemächer über den Wassern.
Du fährst auf den Wolken wie auf einem Wagen
und kommst daher auf den Fittichen des *Geist-Windes*[58].

Der Geist trägt hier den Wolkenwagen Gottes über das Wasser, das Kommen Gottes in seinem Herrlichkeitsgewand bringt Licht in die Finsternis und die Wasser müssen weichen, damit Gott seine Gemächer darüber errichten kann.

Es ist derselbe Geist, der dann in Psalm 104,30 als Atem Gottes den Menschen eingehaucht wird und sie zum Leben erweckt. Gleich anschließend besingt der Psalm die Herrlichkeit des HERRN (Psalm 104,31).

Derselbe Zusammenhang findet sich auch in den ersten beiden Kapiteln des Hesekielbuchs, wo der Geist Gottes den Thronwagen Gottes nach Babylon zu Hesekiel trägt (Hesekiel 1,12.20). Vor der Herrlichkeit Gottes fällt Hesekiel zu Boden, doch er wird wieder auf die Füße gestellt durch den Geist, der ihm eingehaucht wird (Hesekiel 2,2).

Sowohl in Psalm 104 wie auch in Hesekiel 1-2 gehören der Geist Gottes und die Herrlichkeit Gottes zusammen: Der Thron, auf dem die Herrlichkeit Gottes thront, ist ein Thronwagen und dieser Thronwagen wird durch den Geist angetrieben und gelenkt. Dieser Geist, der die Herrlichkeit Gottes begleitet, wird anschließend in die Menschen bzw. in Hesekiel eingehaucht. Gottes Herrlichkeit nimmt damit Wohnung im Menschen und der Mensch selbst wird zum Träger der Herrlichkeit Gottes.

Das Kommen des Geistes auf dem Wasser verbindet sich ja auch in der Schöpfungsgeschichte mit der „Beatmung" des Menschen: Adam wird der Atem Gottes eingehaucht (allerdings gebraucht 1. Mose 2,7 nicht das Wort *Ruach*, sondern das bedeutungsähnliche Wort *Neschamah*, siehe 3.3). Wie in Hesekiel 2 befähigt erst diese göttliche Beatmung den Menschen dazu, seinen von Gott erhaltenen Auftrag wahrzunehmen.

1. Licht und Finsternis

Man könnte es so formulieren: Das Kommen des Geistes verleiht der Welt Licht und dem Menschen Herrlichkeit. Dieser Zusammenhang wird auch im Jesajabuch formuliert, was allerdings nur sichtbar wird, wenn man den folgenden Textzusammenhang über die Kapitelgrenze hinweg beachtet:

Jesaja 59,19–60,3
Dann wird der Name des HERRN gefürchtet vom Sonnenuntergang und vom Sonnenaufgang seine *Herrlichkeit*.
Denn er wird kommen wie ein reißender Strom, den der *Geist des HERRN* treibt.
Aber für Zion wird er als Erlöser kommen
und für die in Jakob, die sich von der Sünde abwenden, spricht der HERR.
Und dies ist mein Bund mit ihnen, spricht der HERR:
Mein Geist, der auf dir ruht, und meine Worte, die ich in deinen Mund gelegt habe,
sollen von deinem Mund nicht weichen noch von dem Mund deiner Kinder und Kindeskinder, spricht der HERR, von nun an bis in Ewigkeit.
Mache dich auf, werde licht; denn dein Licht kommt, und die Herrlichkeit des HERRN geht auf über dir!
Denn siehe, Finsternis bedeckt das Erdreich und Dunkel die Völker;
aber über dir geht auf der HERR, und *seine Herrlichkeit* erscheint über dir.
Und die Heiden werden zu *deinem Lichte* ziehen
und die Könige zum *Glanz*, der über dir aufgeht.

Das Kommen des Geistes bedeutet hier das Kommen der Herrlichkeit und des Lichtes Gottes in das Dunkel der Völkerwelt hinein. Zugleich ist der Geist aber dem Propheten gegeben und durch seine Wortverkündigung wird das Licht Gottes über Zion erstrahlen, sodass Zion selbst zu leuchten beginnt. In Jesaja 60 mündet die Verheißung dieses kommenden Lichtes Gottes in die Verheißung einer neuen Schöpfung, in der Gott selber die Welt erleuchten wird und es keine Lichtquellen am Himmel mehr braucht, wie einst am ersten Schöpfungstag:

Jesaja 60,19
Die Sonne soll nicht mehr dein Licht sein am Tage,
und der Glanz des Mondes soll dir nicht mehr leuchten,
sondern der HERR wird dein ewiges Licht
und dein Gott wird dein Glanz sein.

Und dann beginnt der Gottesknecht zu sprechen:

Jesaja 61,1a
Der Geist Gottes des HERRN ist auf mir,
weil der HERR mich gesalbt hat.

Dass der Geist das Licht Gottes bringt, ist letztlich die Kernbedeutung der Salbung: Gesalbte sind solche, denen der Geist Gottes gegeben ist und die darum den Glanz der Herrlichkeit Gottes reflektieren. Im israelitischen Alltag nutzte man, wenn man kein Sonnenlicht hatte, Öllämpchen als Lichtquellen. Der Zusammenhang ist hier deutlich: Öl ist Voraussetzung für Licht, Heiliger Geist Voraussetzung für Herrlichkeit. In der sakralen Kunst bringt dies der sogenannte Nimbus (Heiligenschein) zum Ausdruck: Die Heiligen sind heilig, weil sie den Heiligen Geist empfangen haben, und darum ist ihr Gesicht umgeben von einem Abglanz der Herrlichkeit Gottes, wie es bei Mose der Fall war und auch bei der Verklärung Jesu:

2. Mose 34,29
Als nun Mose vom Berg Sinai herabstieg, hatte er die zwei Tafeln des Gesetzes in seiner Hand und wusste nicht, dass die Haut seines Angesichts glänzte, weil er mit Gott geredet hatte.

1. Licht und Finsternis

Matthäus 17,2
Und er wurde verklärt vor ihnen, und sein Angesicht leuchtete wie die Sonne, und seine Kleider wurden weiß wie das Licht.

In 2. Korinther 3 legt Paulus die Bedeutung dieses leuchtenden Angesichts aus und es ist für ihn klar, dass dieser Glanz vom Geist verliehen ist. So endet das Kapitel mit den Worten:

2. Korinther 3,17-18
Der Herr ist der Geist; wo aber der Geist des Herrn ist, da ist Freiheit. Nun aber schauen wir alle mit aufgedecktem Angesicht die Herrlichkeit des Herrn wie in einem Spiegel, und wir werden verklärt in sein Bild von einer Herrlichkeit zur andern von dem Herrn, der der Geist ist.

Ist Jesus der Gesalbte, so ist der Geist das Salböl, das den Glanz der Herrlichkeit Gottes verleiht. Der Geist verleiht diesen Glanz, indem er uns heiligt, damit wir in das Bild Gottes verklärt werden und der Herrlichkeit Gottes ähnlicher werden: Geist, Herrlichkeit und Gottesebenbildlichkeit gehören untrennbar zusammen.

Das Vorbild für dieses Geschehen ist das Pfingstereignis: In einem gewaltigen Wind kommt der Geist an Pfingsten über die Gemeinde und setzt sich auf jeden Einzelnen von ihnen in Gestalt von Feuerzungen: Der Lichtglanz Gottes kommt auf die Gläubigen. Weil dieser Geist der Geist des Messias ist, befähigt er die Gemeinde, den Weg Jesu auch durch das Leiden zu gehen. So schreibt Petrus:

1. Petrus 4,14
Selig seid ihr, wenn ihr geschmäht werdet um des Namens Christi willen, denn der Geist, der ein Geist der Herrlichkeit und Gottes ist, ruht auf euch.

2. Land und Wasser

Das Schweben des Geistes Gottes über dem Wasser bei der Schöpfung verbindet sich nicht nur damit, dass Gottes Licht in die Finsternis hineinleuchtet, sondern auch damit, dass das Wasser zurückgedrängt wird und Land zum Vorschein kommt.

> *Psalm 104,3-7*
> Du baust deine Gemächer über den Wassern.
> Du fährst auf den Wolken wie auf einem Wagen
> und kommst daher auf den Fittichen des Geistwindes,
> der du machst Geistwinde[59] zu deinen Boten
> und Feuerflammen zu deinen Dienern;
> der du das Erdreich gegründet hast auf festen Boden,
> dass es bleibt für immer und ewiglich.
> Mit Fluten decktest du es wie mit einem Kleide,
> und die Wasser standen über den Bergen.
> Aber vor deinem Schelten flohen sie,
> vor deinem Donner fuhren sie dahin.

Das Zurückdrängen der Wasser steht hier zuerst einmal im Zusammenhang damit, dass Gott über den Wassern seine Gemächer errichtet. Das Schöpfungshandeln Gottes wird so verstanden, dass Gott Wasser und Land trennt, um sich auf dem Land selbst eine Wohnstätte zu errichten. Gott möchte mitten in seiner Schöpfung Wohnung nehmen. Im Schöpfungszusammenhang ist natürlich von Eden die Rede. Doch ist das Land nicht nur Ort für die Wohnung Gottes, sondern auch Lebensraum für die Landtiere und den Menschen:

> *Psalm 104,14-16*
> Du lässest Gras wachsen für das Vieh
> und Saat zu Nutz der Menschen,
> dass du Brot aus der Erde hervorbringst,

2. Land und Wasser

dass der Wein erfreue des Menschen Herz
und sein Antlitz glänze vom Öl
und das Brot des Menschen Herz stärke.
Die Bäume des HERRN stehen voll Saft,
die Zedern des Libanon, die er gepflanzt hat.

Der Geist Gottes schafft Raum zum Leben. Es werden hier Grundelemente des menschlichen Lebens genannt, Brot, Wein, Öl und Bäume mit ihren Früchten. Diese Lebenssymbole, die im Garten wachsen, sind auch im Tempel abgebildet, und zwar im heiligen Vorraum: Schaubrottisch, Menora (mit Baumsymbolik), Salböl. Das Heilige ist der Raum des Heiligen Geistes, der vom Geist hervorgebrachte Lebensraum.

Bringt Gott in der Schöpfung durch seinen Geist aus dem Wasser das Land und das Leben hervor (1. Mose 1), so ist die Sintflut (1. Mose 6–7) die Umkehrbewegung der Schöpfung. Der Lebensraum von Mensch und Tier versinkt wieder in den Wasserfluten, Gott wendet sich ab im Gericht. In der Mitte der Sintflutgeschichte lesen wir dann aber:

1. Mose 8,1
Da gedachte Gott an Noah und an alles wilde Getier und an alles Vieh, das mit ihm in der Arche war, und Gott ließ *Geistwind* über die Erde ziehen,[60] und die Wasser fielen.

Wie bei der Schöpfung sendet Gott seinen Geist aus, der über das Wasser schwebt und das Land zum Vorschein bringt. Der Berg Ararat wird zum Berg des Gottesdienstes, zum Berg, an dem Gott mit Noah und mit der Menschheit einen Bund schließt und den Schöpfungssegen erneuert. In diesem neuen Lebensraum wird Noah zum ersten Winzer (1. Mose 9,20). Während in der Schöpfungsgeschichte das Wasser, das die ganze Welt bedeckt, das Leben für die Landtiere und die Menschen lediglich verunmöglicht und erst durch die Unterscheidung von Wasser und Land Lebensraum entsteht, kommt in der Sintflut noch stärker der Gerichtsaspekt des Wassers zum Vorschein: Noah wird inmitten einer von Bosheit geprägten Menschheit (1. Mose 6,5-6) als makelloser und gerechter Mann eingeführt (1. Mose 6,9). Das Wasser wird damit zum Mittel des Gottesgerichts: Wasser bedeutet Tod, Land bedeutet Leben.

Noch deutlicher wird dies beim Durchzug durch das Schilfmeer, wo ebenfalls der von Gott ausgesandte Geistwind die Wasser des Schilfmeeres zurückdrängt:

> *2. Mose 14,21*
> Als nun Mose seine Hand über das Meer reckte, ließ es der HERR zurückweichen durch einen starken *Geistwind*[61] von Osten die ganze Nacht und machte das Meer trocken und die Wasser teilten sich.

Der Geist kommt aus dem Osten über das Wasser des Schilfmeeres. Im Westen liegt Ägypten, im Osten der Sinai, d. h., im Westen thront der Pharao, im Osten thront Jahwe. Der Geist kommt vom Berg Jahwes her. Die Situation, in der die Teilung des Schilfmeeres stattfindet, ist ja diejenige, dass Israel vom ägyptischen Militär verfolgt wird und vor dem Schilfmeer steht. Das Schilfmeer wird zum Ort des Gerichts, in dem die ägyptische Streitmacht ertrinkt, während Israel trockenen Fußes hindurchgehen kann. Der Geist, der das Wasser vor den Füßen der Israeliten zurückweichen lässt, zieht sich zurück, und die Wasser brechen über dem ägyptischen Heer zusammen. Der Geist ist ein Geist der Unterscheidung und des Gerichts.

Die Parallele der Schilfmeergeschichte zur Schöpfung und Sintflut ist nicht zufällig. Schon bevor Gott seinen Geist aussendet, um die Wasser zurückweichen zu lassen, lesen wir:

> *2. Mose 14,18-20*
> Und die Ägypter sollen innewerden, dass ich der HERR bin, wenn ich meine Herrlichkeit erweise an dem Pharao und an seinen Wagen und Männern.
>
> Da erhob sich der Engel Gottes, der vor dem Heer Israels herzog, und stellte sich hinter sie. Und die Wolkensäule vor ihnen erhob sich

und trat hinter sie und kam zwischen das Heer der Ägypter und das Heer Israels. Und dort war die Wolke finster, und hier erleuchtete sie die Nacht, und so kamen die Heere die ganze Nacht einander nicht näher.

Im ganzen Geschehen soll sich die Herrlichkeit des HERRN gegenüber dem Pharao erweisen. Bevor Gott seinen Geist aussendet, um das Wasser und das Land zu trennen, tritt der Engel Gottes in Gestalt der Wolkensäule zwischen das Heer Ägyptens und das Heer Israels und die Folge davon ist, dass Ägypten in Finsternis gehüllt wird, während mitten in der Nacht das Licht Gottes leuchtet. Der Unterscheidung von Wasser und Land geht also die Unterscheidung von Finsternis und Licht voran: Ägypten gehört in die Finsternis und ins Wasser, Israel ins Licht und ans Land.

Im darauffolgenden Schilfmeerlied wird dieses Ereignis besungen und der Geistwind wird als Atem Gottes identifiziert, er kommt aus Gottes Nase, d. h., es ist der von Gottes Angesicht ausgehende Geisthauch, der das Schilfmeer teilt:

2. Mose 15,7-11
Und mit deiner großen Herrlichkeit hast du deine Widersacher gestürzt;
denn als du deinen Grimm ausließest, verzehrte er sie wie Stoppeln.
Durch den *Geisthauch*[62] deiner Nase türmten die Wasser sich auf, die Fluten standen wie ein Wall; die Tiefen erstarrten mitten im Meer.
Der Feind gedachte: Ich will nachjagen und ergreifen
und den Raub austeilen und meinen Mut an ihnen kühlen.
Ich will mein Schwert ausziehen und meine Hand soll sie verderben.
Da ließest du deinen *Geisthauch*[63] blasen, und das Meer bedeckte sie, und sie sanken unter wie Blei im mächtigen Wasser.
HERR, wer ist dir gleich unter den Göttern?
Wer ist dir gleich, der so mächtig, heilig, schrecklich, löblich und wundertätig ist?

Auch hier verbindet sich das Ausgehen des Geistes von Gott mit der Offenbarung seiner Herrlichkeit. Wo der Geist ausgesandt wird, da erweist sich Gott als der Allmächtige, der über den irdischen Königen, aber auch über den Göttern thront. Aus diesem Grund werden auch dem Messias, der ja mit dem Geist Gottes gesalbt ist, die Völker unterworfen. So heißt es im Schilfmeerlied weiter:

2. Mose 15,14-18
Als das die Völker hörten, erbebten sie;
Angst kam die Philister an.
Da erschraken die Fürsten Edoms,
Zittern kam die Gewaltigen Moabs an,
alle Bewohner Kanaans wurden feige.
Es fiel auf sie Erschrecken und Furcht;
vor deinem mächtigen Arm erstarrten sie wie die Steine,
bis dein Volk, HERR, hindurchzog,
bis das Volk hindurchzog, das du erworben hast.
Du brachtest sie hinein und pflanztest sie ein auf dem Berg deines Erbteils,
den du, HERR, dir zur Wohnung gemacht hast,
zu deinem Heiligtum, Herr, das deine Hand bereitet hat.
Der HERR wird König sein immer und ewig!

Hier wird nicht nur die Königsherrschaft Gottes über die Völker besungen – sie verbindet sich in anderen Texten mit der messianischen Herrschaft über die Völker –, sondern auch formuliert, dass der Weg, den der Geist Gottes durch das Schilfmeer dem Volk Israel bahnt, an den Gottesberg führt, wo Gott seine Wohnung und sein Heiligtum aufgerichtet hat. Die Nähe zu Psalm 104,3, wo es heißt, dass Gott seine Gemächer über den Wassern errichtet, ist hier besonders deutlich.

Eine weitere Wasserteilungsgeschichte erzählt das Josuabuch mit dem Durchzug Israels durch den Jordan zum Einzug in das Verheißene Land (Josua 3). Zwar wird dort der Geist nicht explizit erwähnt, doch gehen die Priester mit der Bundeslade voran. Die Bundeslade ist der mobile Thron Gottes, die Wasser weichen davor zurück:

Josua 3,17
Und die Priester, die die Lade des Bundes des HERRN trugen, standen still im Trockenen mitten im Jordan. Und ganz Israel ging auf trockenem Boden hindurch, bis das ganze Volk über den Jordan gekommen war.

Josua 5,1 berichtet davon, wie die Könige der Amoriter und der Kanaaniter hören, dass Gott das Wasser des Jordans ausgetrocknet hatte: „Da verzagte ihr Herz und es war in ihnen kein Geist mehr vor den Söhnen Israels."[64] Der Geist weicht von den Völkern, als Israel durch die Wasser des Jordans zieht.[65]

Am Ort des Durchzugs durch den Jordan, nämlich bei Jericho, findet später noch einmal eine Wasserteilung statt. In 2. Könige 2 wird deutlich, dass es jeweils nicht einfach nur ein von Gott gesandter Wind ist, der die Wasser zurücktreibt, sondern der Geist Gottes: Gott will den Propheten Elia zu sich in den Himmel holen. Auch hier führt der Weg zu Gottes Heiligtum durch das Wasser. Nachdem Elia sich von den Prophetenjüngern in Jericho verabschiedet, zieht er an derselben Stelle, an der Israel unter Josua ins verheißene Land gezogen war, wieder durch den Jordan, aber in die umgekehrte Richtung. Elisa begleitet ihn.

2. Könige 2,8-9
Da nahm Elia seinen Mantel und wickelte ihn zusammen und schlug ins Wasser; das teilte sich nach beiden Seiten, sodass die beiden auf trockenem Boden hinübergingen. Und als sie hinüberkamen, sprach Elia zu Elisa: Bitte, was ich dir tun soll, ehe ich von dir genommen werde. Elisa sprach: Dass mir zwei Anteile von deinem Geiste zufallen.

Als nun Elia im Feuerwagen in den Himmel aufgenommen wird, hebt Elisa den Mantel auf, der Elia entfallen ist, und kehrt zurück nach Jericho, wo die Prophetenjünger warten. Dafür muss er wieder durch den Jordan und er schlägt mit Elias Mantel auf das Wasser, das sich wieder teilt.

2. Könige 2,15
Und als das die Prophetenjünger sahen, die gegenüber bei Jericho waren, sprachen sie: Der Geist Elias ruht auf Elisa, und sie gingen ihm entgegen und fielen vor ihm nieder zur Erde.

Besonders bei der Sintflut und beim Durchzug durch das Schilfmeer wird deutlich, dass das Wasser ein Ort der Unterscheidung ist: Was böse ist, stirbt darin, was gut ist, wird vom Geist hindurchgeführt zu neuem Leben. So ist das Wasser ein Reinigungswasser, das alles abwäscht, was unter dem Zeichen des Todes steht. Diese Verbindung von Wasser und Geist wird in Hesekiels Verheißungsworten für die Zeit der Wiederherstellung Israels zum zentralen Motiv:

Hesekiel 36,24-30
Denn ich will euch aus den Heiden herausholen und euch aus allen Ländern sammeln und wieder in euer Land bringen, und *will reines Wasser auf euch sprengen, dass ihr rein werdet*; von all eurer Unreinheit und von allen euren Götzen will ich euch reinigen.

Und ich will euch ein neues Herz und *einen neuen Geist in euch geben* und will das steinerne Herz aus eurem Fleisch wegnehmen und euch ein fleischernes Herz geben. Ich will *meinen Geist in euch geben* und will solche Leute aus euch machen, die in meinen Geboten wandeln und meine Rechte halten und danach tun.

Und *ihr sollt wohnen im Lande*, das ich euren Vätern gegeben habe, und sollt mein Volk sein, und ich will euer Gott sein.

Ich will euch von all eurer Unreinheit erlösen und will *das Korn rufen und will es mehren* und will keine Hungersnot über euch kommen lassen. Ich will *die Früchte auf den Bäumen und den Ertrag auf*

2. Land und Wasser

dem Felde mehren, dass euch die Heiden nicht mehr verspotten, weil ihr hungern müsst.

Die Rede ist hier wieder von einer Landnahme, bei der die Zerstreuten Israels aus allen Ländern gesammelt und ins Verheißene Land zurückgebracht werden. Wie unter Josua führt der Weg in das Verheißene Land durch das Wasser, und zwar durch ein Wasser, das reinigt: Unreinheit und Götzendienst werden damit abgewaschen, wie auch in der Sintflut und im Schilfmeer Bosheit, Unreinheit und Götzendienst untergehen. Dann aber kommt zum Reinigungswasser der Geist hinzu, der Leben schenkt, der Israel im Land wohnen lässt und der dafür sorgt, dass dieses Land voll an Korn und Früchten und Ernte ist. Wenige Verse später wird das darin anklingende Gartenmotiv explizit formuliert:

Hesekiel 36,35
Und man wird sagen: Dies Land war verheert, und jetzt ist es *wie der Garten Eden*, und diese Städte waren zerstört, öde und niedergerissen und stehen nun fest gebaut und sind bewohnt.

Am Jordan in Jericho, wo Israel unter Josua in das Verheißene Land zog und wo auch Elia und Elisa das Wasser teilten, findet auch im Neuen Testament ein wichtiges Ereignis statt: Dort hält sich nämlich Johannes der Täufer auf. Markus 1,4-5 berichtet davon, dass er in der Wüste war, die Taufe der Umkehr zur Vergebung der Sünden predigte und dass zu ihm hinaus das ganze jüdische Land und alle Leute von Jerusalem gingen und sich im Jordan taufen ließen. Gleich zwei Hinweise machen deutlich, dass Johannes sich am Jordan bei Jericho befindet: Zum einen ist davon die Rede, dass Johannes der Täufer in der Wüste war. Der Jordan fließt auf den letzten Kilometern, bevor er ins Tote Meer mündet, durch die Wüste, geziert nur von einem schmalen Rand von Vegetation. Zum andern heißt es, dass die Leute aus Judäa und Jerusalem kamen. Um von Jerusalem und dem judäischen Kernland zum Jordan zu gehen, nahm man die Straße nach Jericho. Johannes hat also sicher bewusst den Ort für seine Taufe gewählt, der den Einzug ins Verheißene Land symbolisierte.[66]

Wenn Johannes der Täufer ruft: „Kehrt um!" (Matthäus 3,2), so steht hinter dem griechischen Ausruf *metanoiete* wohl der hebräische Ausruf *schubu*. Das hebräische Verb *schub* kann nicht nur mit „umkehren", sondern auch mit „zurückkehren" übersetzt werden. Man kann den Aufruf von Johannes dem Täufer also durchaus auch als „Kehrt zurück!" verstehen, d. h. als Aufruf an das durch die Babylonische Gefangenschaft unter die Länder zerstreute Volk Israels, in das Verheißene Land zurückzukehren, weil die Königsherrschaft Gottes bald anbrechen wird. Wenn schließlich Johannes einige seiner Zuhörer als „Schlangenbrut", d. h. als Nachkommenschaft der Schlange, anspricht (Matthäus 3,7), so klingt darin der Fluch des Sündenfalls an, denn „Schlangenbrut" ist ein Sammelbegriff für die Nachkommen der Schlange (1. Mose 3,15). Und sofort fordert Johannes die Getauften auf, „rechtschaffene Früchte der Rückkehr" zu bringen (Matthäus 3,8), weil jeder Baum, der keine Frucht bringt, ins Feuer geworfen wird (Matthäus 3,10). Der Durchzug durch den Jordan, das Eintauchen in das Reinigungswasser, führt also aus der Wüste nicht nur in das Verheißene Land, sondern zurück in den Garten Eden, wo die Bäume Früchte tragen.[67] Für die Nachkommenschaft der Schlange und für abgestorbene Bäume ist dagegen kein Platz in diesem Garten.

An die Taufstelle, wo Johannes tauft, kommt nun auch Jesus, um sich taufen zu lassen. Als er aus dem Wasser auftaucht, öffnet sich der Himmel und der Geist Gottes schwebt wie eine Taube auf ihn herab. Die Taufe Jesu ist seine messianische Salbung, in ihr verbinden sich aber auch nach alttestamentlichem Vorbild Wasser und Geist in einer Weise, die deutlich macht, dass in Jesus eine neue Schöpfung anbricht. Johannes 3 reflektiert dieses Geschehen und spricht von einer „Wiedergeburt": Der Mensch muss ein zweites Mal geboren werden, er muss ein neuer Adam sein. Diese Wiedergeburt geschieht durch Wasser und Geist:

2. Land und Wasser

Johannes 3,5
Wahrlich, wahrlich, ich sage dir: Es sei denn, dass jemand geboren werde aus Wasser und Geist, so kann er nicht in das Reich Gottes kommen.

Wasser steht dabei für Reinigung, Geist für Heiligung. Ein Priester, der in das Heiligtum hineingeht, muss sich zuerst mit Wasser waschen, um die Unreinheit zu beseitigen, anschließend mit Öl salben, um am Heiligkeitsglanz Gottes Anteil zu bekommen. Um in das Reich Gottes zu kommen, muss dasselbe geschehen, was den Priestern als ritueller Vollzug aufgetragen ist.

Auch in der Geschichte, in der Jesus auf dem Wasser geht, finden wir die Verbindung von Wasser und Geist. In Matthäus 14,24 gerät das Boot in Not, weil ihm ein starkes *pneuma* – ein starker Geistwind – entgegenweht. Doch dieser Geistwind kommt nicht alleine, sondern mit dem Geistwind kommt ihnen Jesus selbst auf dem Wasser entgegen. Erst als Jesus vom Wasser ins Boot steigt, legt sich der Wind und die Jünger erkennen ihn als Gottes Sohn. Das gleiche Ereignis ist auch im Johannesevangelium berichtet, wo die Parallelen zur Schöpfungsgeschichte im Text noch deutlicher hervortreten:

1. Mose 1,2-3	*Johannes 6,17-20*
[…] und es war *finster* auf der Tiefe […]	Und es war schon *finster* geworden […]. Und das Meer wurde aufgewühlt von einem starken
und der *Geistwind*[68] Gottes schwebte	*Geistwind*[69]. Als sie nun etwa eine Stunde gerudert hatten, sahen sie Jesus *auf*
auf dem Wasser. Und Gott sprach: Es werde Licht! Und es ward Licht.	*dem Meer*[70] gehen. Und er sprach: Ich bin's! Fürchtet euch nicht!

Der Geistwind weht nicht alleine über das Wasser, sondern im Geistwind kommt Gott selber – im Neuen Testament Jesus – über das Wasser. In der Version des Johannesevangeliums bekennen die Jünger ihn daraufhin als Sohn Gottes, bei Johannes offenbart er sich selber mit den Worten *ego eimi* – „Ich bin!" –, die den Gottesnamen Jahwe („Ich bin, der ich bin") anklingen lassen.

Aus dieser Verbindung von Wasser und Geist geht schließlich auch die Gemeinde hervor. So ruft Petrus seine Zuhörer an Pfingsten auf:

Apostelgeschichte 2,38-39
Kehrt um und *jeder von euch lasse sich taufen* auf den Namen Jesu Christi zur Vergebung eurer Sünden, *so werdet ihr empfangen die Gabe des Heiligen Geistes*. Denn euch und euren Kindern gilt diese Verheißung und allen, die fern sind, so viele der Herr, unser Gott, herzurufen wird.

Das Kommen des Heiligen Geistes auf Jesus, als er aus dem Taufwasser heraufsteigt, ist das Vorbild für die christliche Taufe, mit der sich die Gabe des Heiligen Geistes verbindet. Die Taufe wird hier als Taufe auf den Namen Jesu Christi, also als Taufe auf den Gesalbten, bezeichnet. Der Empfang des Heiligen Geistes gibt Anteil an der Salbung Jesu und führt zu einer Vereinigung der Gemeinde mit Jesus, die so eng ist, dass Paulus von einer Einverleibung sprechen kann:

1. Korinther 12,13
Denn wir sind durch einen Geist alle in einen Leib hinein getauft.

Für die Verbindung des Glaubenden zu Jesus, die der Heilige Geist schafft, benutzt Paulus immer wieder Formulierungen wie „in ... hinein" oder nur „in". Durch den Geist sind wir „in den Leib Jesu hinein getauft", und wer zu Jesus gehört, der ist „in Jesus". Es ist eine geografische oder räumliche Sprache, die Paulus benutzt: Durch die Taufe gelangt man in Jesus hinein, so wie das Volk Israel durch den Jordan hindurch ins Verheißene Land gezogen ist. Jesus selber ist das Land, in das man durch Wassertaufe und Geistempfang eintritt. Ohne Gottes Geist wird das Wasser zum Ort des Todes. Doch durch den Geisthauch Gottes wird aus dem Wasser das Land hervorgebracht, auf dem diejenigen, denen der Geist Gottes eingehaucht wird, leben können und Frucht finden, ja sogar Frucht selbst hervorbringen, nämlich die „Frucht des Geistes" (Galater 5,22).

Der Geist drängt also das Wasser zurück, um Land zum Vorschein zu bringen, er führt durch das Wasser hindurch, er führt aus der Wüste in das Verheißene Land hinein und dieses Land ist ein Land der Fruchtbarkeit und des Lebens. Der Geist selbst schafft die Frucht, die am Leben erhält und Leben hervorbringt, und er schafft im Christen, der durch den Geist in Christus ist, die Frucht des Geistes.

3. Leben und Tod

Schon die Unterscheidungen von Licht und Finsternis sowie von Land und Wasser, sind Unterscheidungen von Leben und Tod, wie die vorhergehenden Ausführungen deutlich gemacht haben. Während Licht und Land Lebensvoraussetzungen für den Menschen sind, kommt der Geist als Atem, der nicht nur außerhalb, sondern innerhalb des Menschen wirksam ist, dem Menschen noch näher.

Als Erstes ist hierbei an die Erschaffung des Menschen zu denken:

1. Mose 2,7
Da machte Gott der HERR den Menschen aus Erde vom Acker und blies ihm den Odem des Lebens in seine Nase. Und so ward der Mensch ein lebendiges Wesen.

Im Menschen selbst verbinden sich damit Himmel und Erde: Aus irdischer Materie ist sein Leib geformt, doch erst durch Einhauchung des göttlichen Atems erwacht die tote Materie zum Leben. Nur durch die

Verbindung von Irdischem und Himmlischem wird der Mensch ein lebendiges Wesen.

Zwar ist das hebräische Wort, das für „Odem" steht, nicht *Ruach*, sondern *Neschamah*, doch können *Ruach* und *Neschamah* im Alten Testament auch parallel verwendet werden:

Hiob 27,3
Solange noch mein Odem (*Neschamah*) in mir ist
und der Geist (*Ruach*) Gottes[71] in meiner Nase.

Hiob 32,8
Aber der Geist (*Ruach*) ist es in den Menschen
und der Odem (*Neschamah*) des Allmächtigen, der sie verständig macht.

Jesaja 42,5
So spricht Gott, der HERR,
der die Himmel schafft und ausbreitet,
der die Erde macht und ihr Gewächs,
der dem Volk auf ihr den Odem (*Neschamah*) gibt
und den Geist (*Ruach*) denen, die auf ihr gehen.

Zugespitzt könnte man sagen, dass in jedem Menschen der Geist Gottes wirksam ist, weil der menschliche Lebensatem von Gott eingehaucht ist und damit göttlichen Ursprungs ist. Alles Leben kommt vom Geist Gottes, selbst das der Tiere! Atem ist ein Geschenk Gottes, alles, was Odem hat, lebt aus Gottes Geist. Der Umkehrschluss daraus ist, dass ohne den Geist-Atem Gottes kein Leben bestehen kann:

Psalm 104,29-30
Verbirgst du dein Angesicht, so erschrecken sie;
nimmst du weg ihren *Geist-Atem*, so vergehen sie und werden wieder Staub.

3. Leben und Tod

Du sendest aus deinen *Geist-Atem*[72], so werden sie geschaffen,
und du machst neu das Angesicht der Erde.

Da der Atem des Menschen letztlich seine Quelle in Gott hat – er kommt aus dem Mund (oder der Nase) Gottes –, bedeutet das Abwenden von Gottes Angesicht auch eine Trennung des Menschen vom Geist-Atem Gottes. Segen bedeutet, dass Gott das Angesicht über dem Menschen leuchten lässt und sein Angesicht über ihn erhebt (4. Mose 6,24-26). Der Mensch ist ganz und gar von der Zuwendung von Gottes Angesicht abhängig. Aus diesem Grund kann der Psalmist sagen, dass man nur auf Gott vertrauen soll, nicht einmal auf die Mächtigsten unter den Menschen:

Psalm 146,3-4
Verlasset euch nicht auf Fürsten;
sie sind Menschen, die können ja nicht helfen.
Denn des Menschen *Geist* muss davon,
und er muss wieder zu Erde werden;
denn verloren sind all seine Pläne.

Eine wichtige Rolle spielt das Bedeutungsspektrum des Atems im Buch des Propheten Hesekiel. Das Buch beginnt damit, dass sich über Hesekiel der Himmel öffnet und dass er in einer Vision den Thronwagen der Herrlichkeit Gottes sieht. Die Herrlichkeit Gottes kommt daher auf einem Thron, der Räder hat – Gott ist somit beweglich – und der vom Geist Gottes angetrieben wird (Hesekiel 1,12.20). Am Ende der Vision fällt Hesekiel vor der Herrlichkeit Gottes auf sein Angesicht und hört einen reden:

Hesekiel 2,1-2
Und er sprach zu mir: Du, Sohn Adams[73], tritt auf deine Füße, so will ich mit dir reden. Und als er so mit mir redete, *kam Geist*[74] *in mich* und stellte mich auf meine Füße, und ich hörte dem zu, der mit mir redete. Es ist das erste Mal im Hesekielbuch, dass Gott Hesekiel anredet. In sei-

nen Anreden wird er Hesekiel nicht bei seinem Namen nennen, sondern immer als *Ben Adam*, d. h. Sohn Adams, ansprechen. Die Bibelübersetzungen übersetzen in der Regel als „Menschenkind", da „Adam" auch „Mensch" bedeutet. Doch aufgrund der Parallele zu 1. Mose 2 ist es sinnvoller, den Titel *Ben Adam* als expliziten Bezug auf die Adamsgeschichte zu verstehen: Hesekiel ist ein neuer Adam, der vor Gott am Boden liegt und durch Geisteinhauchung zum Leben erweckt wird. Man könnte dem Adamsmotiv durch das Hesekielbuch folgen, was hier aber nicht das Thema ist. Auf jeden Fall soll durch die Gabe des Geistes (Hesekiel 36,26-27) letztlich das verwüstete Land wieder zum Garten Eden werden (Hesekiel 36,35). Dass Gott Hesekiel als „Sohn Adams" anspricht, zielt aber letztlich darauf ab, dass Hesekiel als Prophet alle Nachkommen Adams repräsentiert. Was nämlich mit Hesekiel bei seiner Berufung geschieht, das kündigt er in Hesekiel 37,1-14 als endzeitliches Ereignis für das ganze Volk Israel an (siehe dazu ausführlicher unten 4.3): Ein Feld voller Totengebeine wird durch Einhauchung des Geistes wieder zum Leben erweckt. Es sind wörtlich die gleichen Formulierungen, die bei der Berufung Hesekiels und bei der Auferweckung der Totengebeine verwendet werden (vgl. Hesekiel 2,2 mit 37,10): Der Geist kommt in sie und stellt sie auf ihre Füße. Die Vision schließt mit einem Deutewort, in dem Gott sagt, dass er Israels Gräber auftun wird und sie aus ihren Gräbern herausholen wird und ins Land Israel bringen wird. Die Belebung des ersten Adams durch Gottes Atem wird hier zum Vorbild für die Auferstehung von Adams Nachkommen. Wie die erste Schöpfung, so ist auch die zweite Schöpfung der Auferstehung ein Werk des Geistes Gottes.

Im Neuen Testament finden wir die Formulierung, dass Jesus durch den Geist Gottes von den Toten auferweckt wurde (Römer 8,11; vgl. 1. Petrus 3,18). Es ist immer der Geist, der lebendig macht (2. Korinther 3,6). Dieses Ereignis der Auferweckung Jesu aus den Toten durch den Geist Gottes wird zur Voraussetzung, dass auch die Christen durch den Geist, der von Jesus herkommt, lebendig gemacht werden:

3. Leben und Tod

Römer 8,11
Wenn aber der Geist dessen, der Jesus von den Toten auferweckt hat, in euch wohnt, so wird er, der Christus von den Toten auferweckt hat, auch eure sterblichen Leiber lebendig machen durch seinen Geist, der in euch wohnt.

1. Korinther 15,45
Wie geschrieben steht: Der erste Mensch, Adam, „wurde zu einem lebendigen Wesen" (1. Mose 2,7), und der letzte Adam zum Geist, der lebendig macht.

So tritt der auferstandene Jesus zu seinen Jüngern, bläst sie an und sagt zu ihnen: „Nehmt hin den heiligen Geist!" (Johannes 20,22). Der Heilige Geist, der den Aposteln verliehen wird, kommt nun aus dem Mund des auferstandenen Jesus. Bei der Lektüre des Johannesevangeliums hallt dabei noch das Jesuswort aus Johannes 6,63 nach:

Johannes 6,63
Der Geist ist's, der da lebendig macht; das Fleisch ist nichts nütze. Die Worte, die ich zu euch geredet habe, die sind Geist und sind Leben.

Hier wird noch eine weitere Verbindung deutlich, nämlich diejenige zwischen Geist und Wort. Wie der Atem kommt auch das Wort aus dem Mund und wird vom Atemhauch getragen. So können Wort und Geist parallel verwendet werden:

Psalm 33,6
Der Himmel ist durch das Wort des HERRN gemacht
und all sein Heer durch den Hauch (*Ruach*) seines Mundes.

Das Wort Gottes hat Lebenskraft und ist Schöpfungswort, weil es zusammen mit dem Lebenshauch Gottes aus dem Mund Gottes ergeht.

Wenn Jesus sagt, dass seine Worte Geist und Leben sind, dann nimmt er in Anspruch, dass auch sein Wort geistgehaucht ist und somit die Kraft des Schöpfungswortes Gottes hat.

König David, der selber als gesalbter König Geistträger war (1. Samuel 16,13) und damit prophetisch reden konnte, formuliert am Ende seines Lebens:

2. Samuel 23,2
Der Geist des HERRN hat durch mich geredet,
und sein Wort ist auf meiner Zunge.

Der Prophet kann Gottes Wort sagen, weil er den Geisthauch Gottes in sich hat. Das Wort aus dem Mund des Propheten ist darum gottgehaucht (inspiriert), wie es in den beiden klassischen neutestamentlichen Stellen zur Inspiration der Heiligen Schrift heißt:

2. Petrus 1,20-21
Und das sollt ihr vor allem wissen, dass keine Weissagung in der Schrift eine Sache eigener Auslegung ist. Denn es ist noch nie eine Weissagung aus menschlichem Willen hervorgebracht worden, sondern getrieben von dem heiligen Geist haben Menschen im Namen Gottes geredet.

2. Timotheus 3,16
Denn alle Schrift, von Gott eingehaucht[75], ist nütze zur Lehre, zur Zurechtweisung, zur Besserung, zur Erziehung in der Gerechtigkeit.

Was sich hier auf das alttestamentliche Prophetenwort bezieht, wird neutestamentlich aber auch über die Apostel ausgesagt, sodass in der Kanonwerdung das apostolische Wort von Anfang an dem prophetischen Wort gleichgestellt wurde. Wie die Propheten reden die Apostel „vom Heiligen Geist erfüllt [...] das Wort Gottes mit Freimut" (Apostelgeschichte 4,31). Aber nicht nur die Apostel, sondern alle Gläubigen sind nach Pfingsten Geistträger, sodass in gottesdienstlichen Zusammenkünften durch jeden Geistträger das Wort Gottes gesagt werden kann:

1. Korinther 12,8
Dem einen wird durch den Geist ein Wort der Weisheit gegeben; dem andern ein Wort der Erkenntnis durch denselben Geist.

Auffällig in dieser Formulierung ist, dass der Geist nicht einfach Weisheit oder Erkenntnis verleiht, sondern ein *Wort* der Weisheit und ein *Wort* der Erkenntnis. Der Geist ist eben Wind, Atem, Hauch und schenkt damit nicht nur die abstrakte Idee, sondern er trägt die Weisheit und Erkenntnis im gesprochenen Wort:

1. Korinther 2,13
Und davon reden wir auch nicht mit Worten, wie sie menschliche Weisheit lehren kann, sondern mit Worten, die der Geist lehrt, und deuten geistliche Dinge für geistliche Menschen.

2. Korinther 4,13-14
Weil wir aber denselben Geist des Glaubens haben, wie geschrieben steht (Psalm 116,10): „Ich glaube, darum rede ich", so glauben wir auch, darum reden wir auch; denn wir wissen, dass der, der den Herrn Jesus auferweckt hat, wird uns auch auferwecken mit Jesus und wird uns vor sich stellen samt euch.

Dies führt nun noch zu einem letzten Punkt, denn hier ist der Geist des Glaubens nicht nur mit der Auferstehung verbunden, sondern auch mit dem Jüngsten Gericht. Das Wort Gottes schafft nicht nur Leben, sondern auch Tod; es richtet, denn der Geist Gottes ist ein Geist der Unterscheidung von Gut und Böse:

Hebräer 4,12-13
Denn das Wort Gottes ist lebendig und kräftig und schärfer als jedes zweischneidige Schwert, und dringt durch, bis es scheidet Seele und Geist, auch Mark und Bein, und ist ein Richter der Gedanken und Sinne des Herzens. Und kein Geschöpf ist vor ihm verborgen, sondern es ist alles bloß und aufgedeckt vor den Augen Gottes, dem wir Rechenschaft geben müssen.

4. Gut und Böse

In der eben zitierten Passage aus Hebräer 4,12-13 ist im Zusammenhang mit dem lebendigen Wort Gottes davon die Rede, dass vor Gott kein Geschöpf verborgen ist, sondern dass seinen Augen alles bloß und aufgedeckt ist. Diese Passage erinnert an den Sündenfall in 1. Mose 3, wo Adam und Eva sich erfolglos vor Gott verstecken wollen, schlussendlich aber bloß und aufgedeckt vor ihm stehen und sein Gerichtswort entgegennehmen müssen.

Auch im Zusammenhang mit dem Sündenfall taucht der Geist Gottes auf, was allerdings in den deutschen Bibelübersetzungen nicht sichtbar wird:

1. Mose 3,8a
Und sie hörten Gott den HERRN, wie er im Garten ging, als der Tag kühl geworden war.

Hinter der deutschen Übersetzung „als der Tag kühl geworden war" (so Luther 1984; vgl. rev. Elb.: „bei der Kühle des Tages") steht eine hebräische Formulierung, die wörtlich mit „als der Geist/Wind des Tages" zu übersetzen ist. Ähnliche Formulierungen finden sich in 2. Chronik 18,21 („Ich will ausziehen und werden *zum Geist der Lüge*"[76]) und in Jesaja 28,5-6 („Zu der Zeit wird der HERR Zebaoth zu einer lieblichen Krone und zu einem herrlichen Kranz für die Übriggebliebenen seines Volks

4. Gut und Böse

und *zum Geist des Rechts* für den, der zu Gericht sitzt [...]"[77]). Die hebräische Formulierung besagt also nicht, dass Gott „im" oder „mit" dem Wind des Tages kommt, sondern dass er „als" Wind oder Geist des Tages kommt. Da schwer zu verstehen ist, was damit gemeint sein soll, wird der „Wind des Tages" gerne als die „Abendkühle" gedeutet und der Vers entsprechend dahingehend verstanden, dass Gott wie ein älterer Herr, dem es tagsüber zu heiß ist, in der kühlen Abendbrise noch einen Spaziergang unternimmt und dabei davon überrascht wird, dass er Adam und Eva auf dem Spaziergang nicht begegnet, weshalb er dann nach ihnen ruft.

Vom Textzusammenhang her legt sich aber eine andere Deutung nahe: Gott kommt als Geist, und zwar als „Geist des Tages". Was ist damit gemeint? Bei der Schöpfung kommt Gott auch als Geist über die Wasser (1. Mose 1,2), lässt es Licht werden (1,3), unterscheidet das Licht von der Finsternis (1,4) und nennt das Licht „Tag" und die Finsternis „Nacht". Nachdem Adam und Eva gesündigt haben, wollen sie sich verbergen, wie Psalm 139,7 formuliert:

Psalm 139,7
Wohin soll ich gehen vor deinem Geist,
und wohin fliehen vor deinem Angesicht?

Wenig später folgen im Psalm diese Worte:

Psalm 139,11-12
Spräche ich: Finsternis möge mich decken
und Nacht statt Licht um mich sein,
so wäre auch Finsternis nicht finster bei dir,
und die Nacht leuchtete wie der Tag.

Der Geist des Tages ist der Geist, der Licht in die Finsternis bringt, der selbst die Nacht erleuchtet und zum Tag werden lässt. Meredith Kline hat argumentiert, dass in der Rede vom „Geist des Tages" der Tag letztlich eine Abkürzung ist für den „Tag des Gerichts" oder den „Tag des

HERRN". Gott ist Geist und er kommt „als Geist" zum Tag des Gerichts in den Garten Eden. Kline schreibt:

> Das beängstigende Geräusch der sich nähernden Herrlichkeits-Erscheinung sagte ihnen, dass Gott kam, um mit ihnen ins Gericht zu gehen. Der Klang des Gerichtstages ging dem furchterregenden Anblick der Erscheinung ihres Richters voraus. Offensichtlich war es von Weitem zu hören, bevor die suchenden, entlarvenden Strahlen des göttlichen Lichts durch die Bäume inmitten des Gartens stachen. Für einen Moment schien es ihnen möglich, sich vor den Augen der Herrlichkeit im Schatten des Laubes zu verstecken. So positionierten sie sich unbeabsichtigt am Ort des Gerichts im Garten, beim Baum der richterlichen Unterscheidung zwischen Gut und Böse.[78]

Wie wir bereits gesehen haben, gehören der Geist und der Thron Gottes, auf dem die Herrlichkeit Gottes thront, eng zusammen. Der Thron Gottes ist aber zugleich auch sein Richterstuhl, weshalb mit dem Geist Gottes immer auch das göttliche Gericht, die Unterscheidung von Gut und Böse, einhergeht.

Mose ist im Alten Testament der Modellprophet (siehe dazu auch oben unter 2.1, „Die Salbung und die drei alttestamentlichen Ämter", die Ausführungen zum Prophetenamt in Bezug auf die Salbung). Als Prophet tritt er nicht nur auf dem Berg Sinai in die Wolke der Herrlichkeit Gottes ein, um Gott zu begegnen und von ihm Weisung (Tora) zu empfangen, sondern er muss im Volk auch Recht sprechen. Als ihm diese Aufgabe zu viel wird, sagt Gott zu ihm:

4. Mose 11,16-17
Sammle mir siebzig Männer unter den Ältesten Israels, von denen du weißt, dass sie Älteste sind im Volk und seine Amtsleute sind, und bringe sie vor die Stiftshütte und stelle sie dort vor dich, so will ich herniederkommen und dort mit dir reden und von deinem

Geist, der auf dir ist, nehmen und auf sie legen, damit sie mit dir die Last des Volkes tragen und du nicht allein tragen musst.

Als der Geist dann auf sie kommt, geraten die Ältesten in Verzückung „wie Propheten" (4. Mose 11,25). Zwei Älteste, deren Namen Mose aufgeschrieben hat, sind nicht vor die Stiftshütte gekommen, sondern im Lager geblieben, aber auch auf sie kommt der Geist und auch sie geraten in Verzückung, und zwar mitten im Lager. Als Josua dies Mose berichtet und ihn auffordert, das zu unterbinden, antwortet Mose gelassen:

4. Mose 11,29
Eiferst du um meinetwillen? Wollte Gott, dass alle im Volk des HERRN Propheten wären und der HERR seinen Geist über sie kommen ließe!

Mose wünscht sich ein allgemeines Prophetentum. Bevor er stirbt, legt er Josua seine Hände auf, sodass Josua mit dem „Geist der Weisheit" erfüllt wird (5. Mose 34,9). Das mosaische Buch des Gesetzes wird für Josua zum Wegweiser für seinen Auftrag (Josua 1,7-8). Dass Weisheit und Rechtsprechung eng zusammengehören, wird man später auch bei Salomo sehen, dessen große Weisheit sich zuallererst an seinem weisen Urteil zeigt (1. Könige 3,16-28). Auch auf die Richter im Richterbuch kommt der Geist des HERRN, um sie zu ihrem Richteramt zu befähigen (Richter 3,10; 6,34; 11,29; 13,25; 14,6.19; 15,14). Richter heißen sie nicht nur, weil sie als Richter im Volk amtieren (Debora, zu der die Israeliten zum Gericht kommen, wird in Richter 4,4 als Prophetin bezeichnet), sondern auch, weil Gott durch sie das Gericht an seinen Feinden vollzieht.

Mit wenigen Ausnahmen (Debora, Samuel) amtieren Propheten zwar nicht explizit als Richter im Volk, in diesem weiteren Sinne sind sie aber eben als Geistträger dennoch Richter, weil sie in die jeweilige Situation hinein das Gesetz Gottes verkündigen, das Urteil Gottes sprechen und dieses Urteil manchmal auch vollstrecken. Wie bereits unter 2.1, „Die Salbung und die drei alttestamentlichen Ämter", ausgeführt, ist es nach

Jeremia 23,18 ein Kennzeichen der Propheten, dass sie zu Mitgliedern des göttlichen Thronrates werden und durch das Sehen und Hören seines Wortes auch sein Urteil kennen. Der Wunsch Moses, dass der Geist über alle im Volk Gottes komme, damit alle Propheten seien, erfüllt sich im Pfingstereignis, sodass Paulus das Prophetenkriterium (Mitglied im göttlichen Thronrat) auf alle Christen beziehen kann (1. Korinther 2,9-16), zugespitzt in folgendem Satz:

1. Korinther 2,15
Der geistliche Mensch aber beurteilt alles und wird doch selber von niemandem beurteilt.

Durch den Geist wird das Gesetz Gottes ins Herz geschrieben (Jeremia 31,33; Hesekiel 11,19-20). Weil der Geist den Geistträger in den Thronrat Gottes hineinnimmt, kann Jesus, nachdem er die Jünger angehaucht hat, ihnen das Richteramt verleihen:

Johannes 20,22-23
Nehmt hin den heiligen Geist! Welchen ihr die Sünden erlasst, denen sind sie erlassen; und welchen ihr die Sünden behaltet, denen sind sie behalten.

Es ist nichts anderes als das mosaische Prophetenamt, das Jesus damit seinen Jüngern überträgt.

An dieser Stelle sollte nun noch in den Blick kommen, dass es bei der Unterscheidung von Gut und Böse nicht nur um das individuelle Fällen moralischer Urteile geht. Das prophetische Amt ist schon von Mose her ein Amt, das sich nicht nur auf das individuelle moralische oder ethische Urteil bezieht, sondern auf das Urteil in Bezug auf das Volk Gottes. Man könnte sagen: Das prophetische Amt hat eine kirchliche Dimension. Dazu gehört auch die Feststellung, dass die Unterscheidung von Gut und Böse nicht nur das moralisch Gute und Böse im engeren Sinne meint, sondern in einem umfassenden Sinne: Zum Guten gehört auch das Schöne, das Heilsame, das Gesunde, das Lebensfördernde, kurz: alles, was das von Gott kommende Leben fördert und erhält. Umgekehrt gehört zum Bösen (das man in diesem breiteren Sinne dann vielleicht eher als das „Schlechte" bezeichnen sollte) auch alles Destruktive, Krankmachende, alles, was im weitesten Sinne unter dem Zeichen des Todes steht.

Aus diesem Grund ist die weisheitliche Unterscheidung von Gut und Böse auch eine Voraussetzung für den Bau der Gemeinde. Die Unterscheidung von Gut und Böse ist innerbiblisch im Schöpfungshandeln Gottes selbst verankert. Schon am ersten Schöpfungstag, nach Erschaffung des Lichts, lesen wir:

1. Mose 1,4
Und Gott sah, dass das Licht gut war. Da schied Gott das Licht von der Finsternis.

Bezeichnenderweise wird hier allein das Licht, nicht aber die Finsternis als gut beurteilt. Gott ist der Vater des Lichts und in ihm ist kein Wechsel von Licht und Finsternis (Jakobus 1,17). Von 1. Mose 1,3 an sind Licht und Finsternis in der Schöpfung anwesend, beide können unterschieden werden, nur das Licht ist gut. Dies ist die Grundunterscheidung der Weisheit. Die Schöpfung kann durch Weisheit erkannt werden, denn Gott hat sie durch Weisheit erschaffen (vgl. Sprüche 8,22-30):

Sprüche 3,19
Der HERR hat die Erde durch Weisheit gegründet
und nach seiner Einsicht die Himmel bereitet.

Als Gott Mose den Auftrag gibt, dass die Israeliten ihm die Stiftshütte bauen sollen, betont er darum, dass er die Kunsthandwerker mit dem Geist Gottes erfüllt hat, damit sie die notwendige Weisheit haben, die das schöpferische Handeln erfordert:

2. Mose 31,2-5 (vgl. 35,30-35)
Siehe, ich habe mit Namen berufen Bezalel, den Sohn Uris, des Sohnes Hurs, vom Stamm Juda, und habe ihn erfüllt mit dem Geist Gottes, mit Weisheit und Verstand und Erkenntnis und aller Geschicklichkeit, kunstreich zu arbeiten in Gold, Silber, Kupfer, kunstreiche Steine zu schneiden und einzusetzen, kunstreich zu schnitzen in Holz, um jede Arbeit zu vollbringen.

Wie Gott die Welt durch Weisheit geschaffen hat, so soll auch die Stiftshütte, die ein Abbild der Schöpfung ist, durch Weisheit gemacht werden. Bei der Stiftshütte wie beim Tempel spielen Gold und Edelsteine an den Böden eine wichtige Rolle, da auch an den Fundamenten der Erde Gold und Edelsteine zu finden sind (siehe das Weisheitslied in Hiob 28; die Weisheit ist nach Hiob 28 dagegen in den Stollen und Bergwerken gerade nicht zu finden, weil sie nicht Teil der Schöpfung ist, sondern der Schöpfung vorausgeht).

Um den Tempel Gottes zu bauen, braucht es also die von Gottes Geist verliehene Weisheit. So ist es auch kein Zufall, dass der Erbauer des ersten Tempels Salomo ist. Er erbittet von Gott „ein hörendes/gehorsames Herz", damit er das Volk Gottes richten kann „und erkennen, was gut und böse ist" (1. Könige 3,9). Weil Gott an dieser Bitte Gefallen findet, schenkt er Salomo ein „weises und verständiges Herz, sodass deinesgleichen nicht vor dir gewesen ist und nach dir nicht aufkommen wird" (1. Könige 3,12). Mit dieser Weisheit wird Salomo nicht nur zum Erbauer des Tempels in Jerusalem, sondern die Weisheit zeigt sich auch in seiner gerechten Rechtsprechung, weil er Gut und Böse unterscheiden kann (1. Könige 3,16-28).

Wenn nun Paulus im ersten Brief an die Korinther über seine Rolle als Gemeindegründer in Korinth spricht, dann knüpft er genau an die alttestamentlichen Zusammenhänge von Weisheit und Bau des Heiligtums an:

4. Gut und Böse

1. Korinther 3,10-15
Ich nach Gottes Gnade, die mir gegeben ist, habe den Grund gelegt *als ein weiser Baumeister*; ein anderer baut darauf. Ein jeder aber sehe zu, wie er darauf baut. Einen anderen Grund kann niemand legen als den, der gelegt ist, welcher ist Jesus Christus.
Wenn aber jemand auf den Grund baut Gold, Silber, Edelsteine, Holz, Heu, Stroh, so wird das Werk eines jeden offenbar werden. Der Tag des Gerichts wird es klarmachen; denn mit Feuer wird er sich offenbaren. Und von welcher Art eines jeden Werk ist, wird das Feuer erweisen. Wird jemandes Werk bleiben, das er darauf gebaut hat, so wird er Lohn empfangen. Wird aber jemandes Werk verbrennen, so wird er Schaden leiden; er selbst aber wird gerettet werden, doch so wie durchs Feuer hindurch.

Und sofort fragt Paulus:

1. Korinther 3,16
Wisst ihr nicht, dass ihr Gottes Tempel seid und der Geist Gottes in euch wohnt?

Paulus verbindet hier eine ganze Reihe von Dingen: Zum Gemeindeaufbau braucht es Weisheit (die Gemeinde als Bau steht damit in einer Reihe zur Schöpfung, zur Stiftshütte und zum Tempel). Ob die Gemeinde mit geistgewirkter Weisheit erbaut ist, entscheidet sich an der Unterscheidung von Gut und Böse. Ist sie durch Gottes Weisheit erbaut, so sind die Materialien feuerfest und bestehen im Gericht. Der Gemeindebauer muss also unterscheiden können zwischen dem, was im Gericht besteht, und dem, was im Gericht verbrennt. Es ist die Unterscheidung von Leben und Tod, Gut und Böse. Und Paulus erinnert die Gemeinde daran, dass die Gemeinde selbst letztlich als Tempel der Wohnort des Heiligen Geistes ist.
Auch in den hinteren Kapiteln des 1. Korintherbriefes, wo Paulus das Thema des Gemeindebaus noch einmal aufgreift, betont er die Wichtig-

keit der durch den Geist Gottes verliehenen Gabe der Weisheit und der Erkenntnis:

1. Korinther 12,7-11
In einem jeden offenbart sich der Geist zum Nutzen aller; dem einen wird durch den Geist gegeben, von der Weisheit zu reden; dem andern wird gegeben, von der Erkenntnis zu reden, nach demselben Geist; einem andern Glaube, in demselben Geist; einem andern die Gabe, gesund zu machen, in dem einen Geist; [...] Dies alles aber wirkt derselbe eine Geist und teilt einem jeden das Seine zu, wie er will.

Gemeindeaufbau ist für Paulus Tempelbau. Und dafür braucht es den Geist und die durch den „Geist der Weisheit" (Jesaja 11,2) verliehene Weisheit. Es ist die Weisheit, zu unterscheiden, was „dem Nutzen aller" dient (1. Korinther 12,7-11), anstatt nur der Profilierung Einzelner; zu unterscheiden, was die Gemeinde erbaut (1. Korinther 14,26), statt sie zu spalten und zu zerstören. Es ist die Weisheit, zu unterscheiden, was Leben bringt statt Tod, was gut ist statt böse. Dafür braucht es ein hörendes Herz wie Salomo, um zu hören, „was der Geist den Gemeinden sagt" (Offenbarung 2,7.11.17.29; 3,6.13.22).

5. Fazit: Was bedeutet der Glaube an den Heiligen Geist?

Für viele Christen ist der Heilige Geist die rätselhafteste der drei Personen der Dreieinigkeit. Kann man den christlichen Glauben nicht auch ohne den Heiligen Geist formulieren und bekennen? In Gegenreaktion zur Pfingstbewegung und zu verschiedenen charismatischen Bewegungen sind in den letzten rund 100 Jahren zudem viele Christen und Gemeinden noch zurückhaltender und unsicherer geworden in Bezug auf den Heiligen Geist.

5. Fazit

Die Schwierigkeit, die Bedeutung des Heiligen Geistes als dritte Person der Dreieinigkeit zu verstehen, hängt sicher auch damit zusammen, dass mit Vater und Sohn ein familiäres Verhältnis beschrieben wird, in das der Geist nicht so richtig hineinzupassen scheint. Während der Mensch zu Gott als Vater und Schöpfer in einem Verhältnis der Kindschaft, aber auch der Geschöpflichkeit steht, und zu Gott als Sohn in einem Verhältnis der Freundschaft (Johannes 15,14-15) und sogar der Geschwisterlichkeit (Römer 8,17; 1. Johannes 3,2) der Gotteskinder als Miterben des eingeborenen Sohnes Gottes, ist es schwieriger, das Verhältnis des Menschen zum Heiligen Geist zu beschreiben. Aber gerade dort, wo in der Bibel das Verhältnis von Vater und Sohn beschrieben wird – ob innertrinitarisch oder ob bezogen auf die Gotteskindschaft der Menschen –, ist immer der Geist derjenige, der dieses Verhältnis herstellt. Jesus wird Sohn Gottes genannt, weil der Heilige Geist über Maria kommt und die Kraft des Höchsten sie überschattet (Lukas 1,35). Gott der Vater bekennt sich zu ihm als „mein lieber Sohn", als er seinen Geist auf das Taufwasser herabsendet (Lukas 3,22). Die, die der Geist Gottes treibt, sind „Kinder Gottes", weil der Geist Gottes ein Geist der Kindschaft ist (Römer 8,14-16). Letztlich kann überhaupt nur durch den Heiligen Geist der Mensch in Beziehung zu Gott dem Vater und dem Sohn gesetzt werden, weil der Geist das ist, was Gott und Menschen verbindet. Der Geist ist das Leben (Hiob 33,4; Johannes 6,63), er ist die Lebenskraft und der Lebensatem Gottes und nur durch den Geist Gottes ist der Mensch in der Ebenbildlichkeit Gottes geschaffen. Ohne den Geist wäre der Mensch nur eine aus Erdboden geformte, leblose Statue.

Wenn nun also der Mensch in Bezug auf Gott, den Vater, sowohl in einem Kindschaftsverhältnis wie auch in einem Geschöpflichkeitsverhältnis steht, wenn er in Bezug auf Jesus Christus gerade auch in seinem Menschsein Anteil an Gott hat und darum auch am Leiden und an der Freiheit und Herrschaft Gottes, so ist ihm im Heiligen Geist das Leben Gottes und damit die Gotteskindschaft geschenkt. Dies beinhaltet etwas, was gerade in der heutigen Zeit ein unaufgebbarer Bekenntnisinhalt des christlichen Glaubens ist: dass nämlich der Geist der Materie vorausgeht. Weil der Heilige Geist, der dem Menschen Leben und Licht schenkt, Gott ist, gehört der Geist auf die Seite des Schöpfers, nicht der Schöpfung. In der heutigen westlichen Zivilisation ist das Weltbild vorherrschend, dass Geist auf die Seite der Geschöpflichkeit gehört: Sowohl das Leben an sich wie auch die Vernunft, das menschliche Bewusstsein und Selbstbewusstsein, die Intelligenz, die Weisheit – das alles wird rein materialistisch, biologisch, verstanden. Zwar ist auch für die modernste Biologie die Entstehung des Lebens immer noch ein Geheimnis und die Quantenphysik hat ein rein materialistisches Verständnis der Natur längst überholt,[79] doch alle Arbeitshypothesen gehen davon aus, dass Leben sich aus unbelebter Materie selbst entwickelt hat und immer komplexer geworden ist, bis – über diverse Stationen tierischer Intelligenz und tierischen Bewusstseins – sich „Geist" entwickelt hat, d. h. das, was nach allgemeiner Auffassung den Menschen (graduell) vom Tier unterscheidet.

Im biblischen Offenbarungswort ist dagegen der Geist und mit ihm Lebenskraft, aber auch Sprache (denn der Lebensatem trägt das Wort, vgl. Psalm 33,6) und Weisheit Teil des Schöpfergottes. Der Geist Gottes erschafft, belebt und ordnet die Materie. Das Grundprinzip von allem, was existiert, ist nicht das materielle Chaos, sondern der ordnende, weisheitliche Geist (vgl. 1. Korinther 14,32-33). Wie man über den Menschen denkt, wie man aber auch über Leben und Geist denkt, hat große ethische Implikationen, beispielsweise mit Blick auf den Anfang und das Ende menschlichen Lebens, aber auch auf die Möglichkeiten von Gentechnologie und überhaupt auf das Verhältnis des Menschen zur Technik. Es ist kein Zufall, dass in der Neuzeit, in der die Weltanschauung sich dahingehend vorschoben hat, dass der Vorrang des Geistes dem Vorrang der Materie wich, auch das Nachdenken über den Menschen als Erschaffer von Leben und Geist eine immer wichtigere Rolle spielt. Das vielleicht bekannteste Stück Weltliteratur, das um diese Frage kreist, ist Mary Shelleys „Frankenstein" (1818), in welchem es Victor Frankenstein gelingt, aus Leichenteilen eine menschliche Kreatur zum Leben zu erwecken. Frankenstein macht sich mit utopischen Vorstellungen ans Werk, man beachte die religiöse Sprache:

5. Fazit

Leben und Tod schienen mir nur durch imaginäre Grenzen voneinander getrennt, die ich als erster durchbrechen sollte, um eine Flut von Licht in die dunkle Welt zu bringen. Eine neue Menschengattung würde mich als ihren Schöpfer und Entdecker preisen; viele glückliche und vortreffliche Geschöpfe würden mir ihr Leben verdanken. Kein Vater konnte solchen Anspruch auf die Dankbarkeit seines Kindes erheben wie ich. Bei weiterer Überlegung war ich überzeugt, wenn ich leblose Materie beleben konnte, würde ich im Laufe der Zeit auch imstande sein […], auch da Leben wieder herzustellen, wo der Tod den Körper bereits der Verwesung überantwortet hatte.[80]

Das Experiment gelingt, doch die Utopie verkehrt sich in eine Dystopie, als Victor Frankenstein erkennen muss, dass er ein Monster erschaffen hat, das statt Leben und Licht Tod und Finsternis verbreitet. Der Mensch als Schöpfer wird zur Kraft, die zwar Gutes will, aber Böses schafft.

Eine Adaption ins 21. Jahrhundert findet diese dystopische Idee des Menschen, der sich zum Herrn von Leben und Geist machen möchte, im Bestseller „Homo Deus"[81] des israelitischen Intellektuellen Yuval Harari (2016): Aus der Überzeugung heraus, dass der menschliche Geist sich vollumfänglich als Erzeugnis von Materie verstehen lässt, d. h. als das Ergebnis von elektro-chemischen Abläufen im Gehirn, erschafft der Mensch neue Formen von Intelligenz („künstliche Intelligenz"), die den Menschen letztlich übertreffen und ersetzen. Nach Harari gibt es keinen Grund zur Annahme, dass biologische Algorithmen eine „geistige" Dimension haben, aufgrund derer sie nicht durch nicht-biologische, d. h. technische Algorithmen gleichwertig ersetzbar sind. Soll heißen: Alles, was den Menschen ausmacht, lässt sich früher oder später technisch nachbauen und übertreffen. Geist ist zu hundert Prozent Materie und kann darum aus Materie konstruiert werden. In der Dystopie Hararis werden die Menschen zu einer nutzlosen Masse, die von einer Elite technisch optimierter Übermenschen beherrscht wird.[82]

Sowohl Mary Shellys wie auch Yuval Hararis Denkvoraussetzungen stehen im Gegensatz zum christlichen Bekenntnis: „Ich glaube an den Heiligen Geist." Nur, wenn es den Heiligen Geist nicht gibt, nur wenn der Mensch nicht im Ebenbild Gottes geschaffen ist, indem der Geist Gottes die Materie belebt und begabt, ordnet, gestaltet und heiligt, nur wenn „Geist" auf die Seite der Geschöpflichkeit, nicht des Schöpfers gehört, wird es dem Menschen jemals möglich sein, selber Gott zu spielen und Leben und Geist zu erschaffen. Eine christliche Ethik, die am Apostolischen Glaubensbekenntnis festhält, muss in den Fragen rund um Lebensanfang und Lebensende unbedingt den Glaubenssatz „Ich glaube an den Heiligen Geist" bedenken und zur unaufgebbaren Voraussetzung machen. Sie muss dies, entgegen dem vorherrschenden Materialismus unserer Zeit, ebenso rund um die technischen Möglichkeiten tun, die sich in den Dienst des Menschen stellen können, die aber auch anfangen können, den Menschen zu unterwerfen und zu beherrschen: Der Mensch ist eine Schöpfung Gottes, nicht Gott eine Schöpfung des Menschen.

Während sich mit Jesus im Apostolischen Glaubensbekenntnis die ganze Geschichte seiner Menschwerdung, sein Leiden und Sterben bis zu seiner Auferstehung und seiner Himmelfahrt verbindet, finden wir mit Blick auf den Heiligen Geist nur die kurze Formulierung: „Ich glaube an den Heiligen Geist."

Dieser Geist ist an Pfingsten, das auf die Himmelfahrt Jesu folgt, auf die Gemeinde gekommen, er ist aber schon bei der Schöpfung anwesend. Der Heilige Geist ist der Schöpfer Geist, wie es in einem alten Pfingsthymnus heißt: „Komm, Schöpfer Geist!" (*Veni Creator Spiritus*). An den Gegensatzpaaren Licht und Finsternis, Land und Wasser, Leben und Tod, Gut und Böse, die alle in der Schöpfung verankert sind, kann man durch die ganze Bibel hindurch nachverfolgen, dass der Geist Gottes nicht nur bei der Schöpfung über dem Wasser schwebt, sondern dass sein schöpferisches Handeln sich durch die ganze Bibel zieht. Ohne Geist gibt es kein Licht und kein Leben, im ganz physischen wie auch im geistlichen Sinn.

Der Geist ist nicht ein Supplement für die besonders eifrigen und glaubensstarken Christen, sondern er ist der Atem, die Lebenskraft der Gemeinde und der ganzen Schöpfung. Ohne ihn ist alles nichts.

Kapitel 4

„Die heilige, katholische Kirche"

Der letzte Teil des Apostolikums wird oft zum dritten Artikel gerechnet und dann als Aufzählung der Wirkungen des Heiligen Geistes verstanden. Der Aufbau kann aber auch anders verstanden werden, nämlich so, dass bewusst die Heilsgaben Gottes nicht auf die einzelnen Personen der Dreieinigkeit verteilt werden, sondern an den Schluss gestellt werden, um deutlich zu machen, dass alles Gaben und Wirkungen sind, die Vater, Sohn und Heiliger Geist gemeinsam wirken. So ist beispielsweise über Jesus im zweiten Artikel zwar gesagt, dass er gelitten hat, gekreuzigt wurde und gestorben ist, aber es wird nicht gesagt, dass dies alles „zur Vergebung der Sünden" geschehen ist. Vielmehr ist die „Vergebung der Sünden", die im Neuen Testament stärker mit Jesus Christus als mit dem Heiligen Geist verbunden ist (so z. B. Epheser 1,7: „In ihm haben wir die Erlösung durch sein Blut, die Vergebung der Sünden, nach dem Reichtum seiner Gnade"), als Heilsgabe Gottes erst am Schluss genannt. Dies ändert nichts daran, dass alles durch den Heiligen Geist gewirkt und uns übereignet wird, sodass es schon seine Richtigkeit hat, dass die Aufzählung der Wirkungen und Heilsgaben des dreieinigen Gottes direkt an das Bekenntnis zum Heiligen Geist anschließt. Dennoch gibt es auch eine kleine sprachliche Trennung, indem „die heilige, katholische Kirche […]" und alles, was darauf folgt, sprachlich direkt von „Ich glaube […]" abhängig ist und nicht vom Heiligen Geist. In diesem Sinne wird hier die ganze Aufzählung der Heilsgaben in einem eigenen Kapitel besprochen, nicht, um es vom Heiligen Geist zu trennen, sondern um deutlich zu machen, dass dies alles von Vater, Sohn und Heiligem Geist gemeinsam gewirkt ist.

Aufgezählt sind Glaubensinhalte, die zentral für den christlichen Glauben sind. Auch wenn die ganze Aufzählung abhängig von *credo*, d. h., „ich glaube", ist, ist doch sofort zu betonen, dass diese Glaubensinhalte nicht in derselben Weise Gegenstand des Glaubens sind wie Gott der Vater, Jesus Christus und der Heilige Geist. Das wird sprachlich daran sichtbar, dass bei den Personen der Dreieinigkeit das „ich glaube" immer mit einem „an" formuliert ist, während dieses „an" nun fehlt. Das Bekenntnis unterscheidet damit zwischen dem Glauben „an" Gott, der sich also personal auf Gott ausrichtet, und der glaubenden Zustimmung zu bestimmten Glaubensinhalten, die sich aus dem Glauben an Gott ergeben.

Während diese Aufzählung oft dem dritten Glaubensartikel, also dem Heiligen Geist, zugerechnet wird, ist die Logik wohl eher, dass am Schluss des Glaubensbekenntnisses die wichtigsten Dinge, die der dreieinige Gott schafft und wirkt, genannt werden. Die Kirche, die Gemeinschaft der Heiligen, die Vergebung der Sünden, die Auferstehung der Toten und das ewige Leben sind das Werk des dreieinigen Gottes: Vater, Sohn und Heiliger Geist.

Wer mit dem Apostolischen Bekenntnis betet: „Ich glaube die heilige, katholische Kirche", bekennt sich damit also nicht zu einem Glauben „an" die Kirche, sondern dazu, die Wirklichkeit dieser Kirche zu glauben. Nun macht es wenig Sinn, die Wirklichkeit von etwas Offensichtlichem zu bekennen. Das Bekenntnis: „Ich glaube, dass das Gras grün und der Himmel blau ist", erfordert normalerweise nicht sehr viel Mut. Das Apostolikum bekennt aber eine Reihe von Glaubensinhalten, die nicht offensichtlich sind, sondern verborgen. Sie müssen geglaubt werden, weil sie nicht ohne Weiteres geschaut werden können.

Als Erstes wird die heilige, katholische Kirche geglaubt. Im lateinischen Text des Apostolischen Glaubensbekenntnisses steht für „Kirche" das griechische Wort *ekklesia*, das im Neuen Testament für die Gemeinde gebraucht wird. Die in neuerer Zeit weitverbreitete Auffassung, dass Pfingsten das Gründungsdatum der Kirche ist, hat in der Bibel selbst keinen Anhaltspunkt. Laut Apostelgeschichte 2,41 wurden zur Gemeinde an Pfingsten etwa 3000 Menschen „hinzugefügt", was ihre Existenz schon vor Pfingsten voraussetzt. Schon Jesus redet selbstverständlich von der Ekklesia (Matthäus 16,18; 18,17) und auch in der Septuaginta, der

5. Fazit

griechischen Übersetzung des Alten Testaments aus vorchristlicher Zeit, kommt das Wort Ekklesia 103-mal vor, zum ersten Mal in 5. Mose 4,10:

5. Mose 4,10
An dem Tag, an dem du vor dem HERRN, deinem Gott, am Horeb standest, *am Tag der Ekklesia*,[83] als der HERR zu mir sprach: Versammle mir das Volk, dass ich sie meine Worte hören lasse, dass sie lernen sollen, um mich zu fürchten all die Tage, solange sie auf dem Erdboden leben, und die sie ihre Kinder lehren sollen.

Mose ruft hier das Ereignis am Sinai/Horeb in Erinnerung, wo Gott das Volk Israel, das er aus der Knechtschaft in Ägypten befreit hat, versammelt, um sich ihm zu offenbaren, um mit ihm einen Bund zu schließen und um ihm sein Wort (angefangen bei den Zehn Geboten) zu geben. Das griechische Wort *ekklesia* bezeichnet im allgemeinsten Sinne eine Versammlung, es bedeutet wörtlich „die Herausgerufene", es ist also eine einberufene Versammlung. Genau dies trifft zu in 5. Mose 4,10, wo Mose daran erinnert, wie Gott ihn aufgefordert hat, das Volk aus seinem Lager herauszurufen, es zu versammeln; und sofort wird hinzugefügt, was das Ziel dieser Ekklesia sein soll: Israel ist herausgerufen, um die Worte Gottes zu *hören*, um Gottesfurcht zu *lernen* und um die kommenden Generationen zu *lehren*. Man kann durchaus Anklänge daran hören in Apostelgeschichte 2,42-43, wo die Gemeinde, nachdem 3000 Menschen hinzugefügt wurden, sich beständig trifft, um die Lehre der Apostel zu hören in der Gemeinschaft des Brotbrechens und des Gebets, was zu einer großen Gottesfurcht führt.

Beim Sinaiereignis, auf das Mose in 5. Mose 4,10 zurückverweist, konstituiert Gott Israel als sein Bundesvolk, indem er sagt:

2. Mose 19,5-6a
Werdet ihr nun meiner Stimme gehorchen und meinen Bund halten, so sollt ihr mein Eigentum sein vor allen Völkern; denn die ganze Erde ist mein. Und ihr sollt mir ein Königreich von Priestern und ein heiliges Volk sein.

Hier sind nun beide Eigenschaften genannt, die im Apostolischen Glaubensbekenntnis in Bezug auf die Kirche gebraucht werden: Sie ist heilig und katholisch.

Erstens ist die Kirche „heilig". Dies hat eine passive und eine aktive Seite. Die passive Seite besteht darin, dass die „Heiligkeit" des Volkes Israel, der Kirche oder auch einer Einzelperson bedeutet, dass sie Gottes Namen trägt und darum sein Eigentum ist. Der Hohepriester trägt ein goldenes Stirnblatt, auf dem steht: „Heilig dem HERRN" (2. Mose 28,36). Wenn die Priester das Volk segnen, dann legen sie mit der Segenshandlung den Namen Gottes auf das Volk (4. Mose 6,27). Die Ekklesia ist damit „dem HERRN gehörig" – genau dies bedeutet das griechische *Kyriake*, von dem sich das deutsche Wort „Kirche" herleitet: Die Kirche ist die dem HERRN gehörige Versammlung, sie ist sein Eigentum. Die aktive Seite der Heiligkeit liegt darin, dass das, was dem HERRN gehört, sich auch aktiv heiligt, d. h. paulinisch gesprochen, „des Herrn würdig, ihm ganz zu Gefallen lebt und Frucht bringt in jedem guten Werk" (Kolosser 1,10).

Zweitens ist die Kirche „katholisch". Evangelische Christen nehmen immer wieder Anstoß daran, dass sie im Apostolischen Glaubensbekenntnis bekennen sollen, dass sie an die „katholische Kirche" glauben,[84] doch das Wort „katholisch" ist hier nicht konfessionell gemeint, sondern in seiner eigentlichen Bedeutung „allumfassend". Wenn Gott gerade bei der Berufung Israels sagt, dass Israel sein Eigentum sein soll „vor allen Völkern", und hinzufügt: „denn die ganze Erde ist mein" (2. Mose 19,5), dann wird diese „katholische", d. h. allumfassende Perspektive angesprochen. Gott erhebt einen Besitzanspruch auf alle Völker, sie alle sind sein Eigentum. Israel ist es aber „vor" allen Völkern, ist also besonders herausgehoben und herausgerufen, aber nicht, um im Unterschied zu allen Völkern heilig zu sein, sondern als Vorbild für alle Völker. Die Abrahamsverheißung klingt hier an, wo Gott Abraham verheißt, dass in ihm alle Völker auf Erden gesegnet werden sollen (1. Mose 12,3). Wenn Segen mit 4. Mose 6,27 so verstanden wird, dass im Segen der Gottesname auf das, was gesegnet wird, gelegt wird, so bedeutet dies, dass in

Abraham alle Völker den Namen Gottes tragen und damit sein Eigentum sein sollen. Zuerst ist nun aber Israel herausgerufen, um Gottes Eigentum vor allen Völkern zu sein. Der Auftrag Israels ist es, sich zu heiligen. So gibt Gott Mose folgenden Auftrag:

> *3. Mose 19,2*
> Rede mit der ganzen Gemeinde der Israeliten und sprich zu ihnen: Ihr sollt heilig sein, denn ich bin heilig, der HERR, euer Gott.

In 3. Mose 19 wird dann beispielhaft aufgezählt, was Heiligung für Israel bedeutet. In der Mitte des Kapitels findet sich das auch für das Neue Testament so zentrale Gebot der Nächstenliebe:

> *3. Mose 19,18*
> Du sollst dich nicht rächen noch Zorn bewahren gegen die Kinder deines Volks.
> Du sollst deinen Nächsten lieben wie dich selbst; ich bin der HERR.

Hier wird deutlich, dass der „Nächste" zunächst einmal der andere Israelit ist, d. h. der, der zum Volk Gottes dazugehört, im ganz ursprünglichen Wortsinn der „Nachbar". Die Nächstenliebe muss zuerst im Inneren des Gottesvolkes beginnen und eingeübt werden, also dem gegenüber, der mir am nächsten ist. Doch das Kapitel endet dann mit einem weiteren Liebesgebot, das etwas weniger bekannt ist:

> *3. Mose 19,33-34*
> Wenn ein Fremdling bei euch wohnt in eurem Lande, den sollt ihr nicht bedrücken. Er soll bei euch wohnen wie ein Einheimischer unter euch, und du sollst ihn lieben wie dich selbst; denn ihr seid auch Fremdlinge gewesen in Ägyptenland. Ich bin der HERR, euer Gott.

Wenn Gott am Beginn des Kapitels fordert, dass Israel heilig sein soll, wie er heilig ist, so begründet er beide Liebesgebote – das der Nächstenliebe und das der Fremdenliebe – mit seinem eigenen Namen: „Ich bin Jahwe." Und die Heiligkeit geht vom inneren Kreis (der „Nächste") zum äußeren Kreis (der „Fremdling", der wie ein Einheimischer werden soll). Hier ist die Katholizität der Heiligkeit Israels erneut betont.

Die Rede von Israel als Ekklesia zielt aber nicht einfach nur auf die Volksgemeinschaft ab, sondern auf die gottesdienstliche Versammlung Israels, die zuerst am Sinai stattfindet und später vor allem an den drei Pilgerfesten (Passa, Wochenfest und Laubhüttenfest). Das sogenannte „Gemeindegesetz" in 5. Mose 23,2-9 befasst sich mit der Frage, wer an solchen gottesdienstlichen Versammlungen teilnehmen darf. In diesem Gemeindegesetz ist fünfmal von der „Ekklesia Jahwes" die Rede (sonst im Alten Testament nur noch in 1. Chronik 28,8; 29,20 und Micha 2,5):

5. Mose 23,2-9
Kein Entmannter oder Verschnittener soll in die *Gemeinde Jahwes* kommen.
Es soll auch kein Mischling in die *Gemeinde Jahwes* kommen; auch seine Nachkommenschaft bis ins zehnte Glied soll nicht in die *Gemeinde Jahwes* kommen.
Die Ammoniter und Moabiter sollen nicht in die *Gemeinde Jahwes* kommen, auch nicht ihre Nachkommen bis ins zehnte Glied.
[...]
Den Edomiter sollst du nicht verabscheuen; er ist dein Bruder.
Den Ägypter sollst du auch nicht verabscheuen; denn du bist Fremdling in seinem Lande gewesen.
Die Kinder, die sie im dritten Glied zeugen, dürfen in die *Gemeinde Jahwes* kommen.[85]

Ohne in die Details dieser Regelungen gehen zu können, geht es hier offensichtlich um zwei einander widerstreitende Anliegen: Einerseits wird die Heiligkeit und Reinheit der Gemeinde Jahwes durch Zutrittsbe-

5. Fazit

schränkungen betont, andererseits aber auch ihr katholischer Charakter, der darauf abzielt, dass auch die Nichtisraeliten Anteil an der Gemeinde Jahwes haben sollen. Dieses Gemeindegesetz wird in Jesaja 56 in einer Verheißung aufgenommen, die auf die messianische Heilszeit vorausweist:

Jesaja 56,3-4
Der Ausländer[86], der sich dem HERRN zugewandt hat, soll nicht sagen: Der HERR wird mich getrennt halten von seinem Volk. Und der Eunuch[87] soll nicht sagen: Siehe, ich bin ein dürrer Baum.

Hier sind die Ausländer und Eunuchen angesprochen, die nach dem Gemeindegesetz aus 5. Mose 23,2-9 aus der Versammlung Jahwes ausgeschlossen sind, und es wird ihnen verheißen, dass dieser Ausschluss beendet wird. Die folgenden Verse sprechen davon, dass Gott ihnen in seinem Haus und seinen Mauern ein Denkmal und einen Namen gibt, und zwar einen ewigen Namen, der nicht vergehen soll (Jesaja 56,5). Sie werden damit zum Eigentum Jahwes, das heißt, zu Trägern von Jahwes Namen und damit Teil des heiligen Volkes. Weiter wird verheißen, dass der Tempel ein Bethaus für alle Völker sein wird (Jesaja 56,7), ein Wort, das Jesus bei der Tempelreinigung zitiert (Markus 11,17) und damit deutlich macht, dass er nach Jerusalem gekommen ist, um die in Jesaja 56 verheißene Zeit zu bringen. Der Abschnitt in Jesaja 56 schließt mit folgenden Worten:

Jesaja 56,8
Gott der HERR, der die Versprengten Israels sammelt, spricht: Ich will noch mehr zur Zahl derer, die versammelt sind, sammeln.

Ein Eunuch begegnet uns nach Pfingsten in der Apostelgeschichte, nämlich der Kämmerer aus Äthiopien, der in Apostelgeschichte 8,27 explizit als Eunuch bezeichnet wird (was nicht in allen deutschen Übersetzungen erkennbar ist). Als Philippus ihm begegnet, liest er im Jesajabuch in Kapitel 53,7-8 von einem Knecht Gottes, der wie ein Schaf zur Schlachtbank geführt wird, dessen Urteil aber in seiner Erniedrigung aufgehoben wird, sodass seine Nachkommen unzählbar werden. Der Kämmerer versteht nicht, von wem Jesaja spricht. Philippus steigt auf seinen Wagen und erklärt es ihm:

Apostelgeschichte 8,35
Philippus aber tat seinen Mund auf und fing mit diesem Wort der Schrift an und predigte ihm das Evangelium von Jesus.

Es wird uns hier gesagt, dass Jesaja 53,7-8 der Ausgangspunkt der Evangeliumsverkündigung ist. Nehmen wir an, dass die beiden das Jesajabuch weiterlesen, so kommen sie bald zu Jesaja 55,1-5 („Wohlan, alle, die ihr durstig seid, kommt her zum Wasser! […] Siehe, du wirst Heiden rufen, die du nicht kennst, und Heiden, die dich nicht kennen, werden zu dir laufen, um des HERRN willen […]"), und wir lesen in Apostelgeschichte 8,36:

Apostelgeschichte 8,36
Und als sie die Straße dahinfuhren, kamen sie an ein Wasser. Da sprach der Kämmerer: Siehe, da ist Wasser; was hindert's mich, dass ich mich taufen lasse?

Die Taufe verbindet sich laut Apostelgeschichte 2,38 mit der Vergebung der Sünden und dem Empfang der Gabe des Heiligen Geistes. Wer aber den Heiligen Geist empfängt, wird selbst heilig und Träger von Gottes Namen (Römer 8,14-17). Was gibt es für ein Hindernis, dass der Kämmerer sich taufen lassen kann und dadurch geheiligt und zur Ekklesia hinzugefügt wird? Die Antwort finden wir in 5. Mose 23,2: „Kein Entmannter oder Verschnittener soll in die Ekklesia Jahwes kommen." Die Tora verbietet es also, Eunuchen in die Gemeinde aufzunehmen. Doch als Philippus und der Eunuch im Jesajabuch weiterlesen, stoßen sie auf Jesaja 56,3-4, wo verheißen ist, dass eine Zeit kommt, in der die Eunuchen nicht mehr länger ausgeschlossen sind aus der Ekklesia Jahwes. Die

5. Fazit

Frage ist nur: Ist diese Zeit schon gekommen oder steht sie noch aus? Da Philippus aber bereits Jesaja 53 auf das Leiden, Sterben und Auferstehen von Jesus gedeutet hat, ist klar: Die Zeit von Jesaja 56 ist gekommen und der Eunuch aus Äthiopien darf getauft werden. Er wird zum ersten getauften Heiden in der Apostelgeschichte (noch vor Kornelius in Apostelgeschichte 10).

Der Satz „Ich glaube die heilige, katholische Kirche" ist zutiefst im Alten Testament verankert. Er besagt, dass die ganze Welt Gottes Eigentum ist. Dieses Eigentum beginnt Gott zu sammeln, indem er das Volk Israel aus der Hand Pharaos befreit. Doch die Sammlung zielt auf alle Völker ab. Die Menschwerdung Jesu und die Ausgießung des Heiligen Geistes gehen dieser Ausweitung auf alle Völker aber voraus, was sich auch in der Reihenfolge des Apostolikums zeigt. Paulus schreibt:

Epheser 2,11-13.18-21
Darum denkt daran, dass ihr, die ihr von Geburt einst Heiden wart und Unbeschnittene genannt wurdet von denen, die äußerlich beschnitten sind, dass ihr zu jener Zeit ohne Christus wart, ausgeschlossen vom Bürgerrecht Israels und Fremde außerhalb des Bundes der Verheißung; daher hattet ihr keine Hoffnung und wart ohne Gott in der Welt. Jetzt aber in Christus Jesus seid ihr, die ihr einst Ferne wart, Nahe geworden durch das Blut Christi.
[...]
Denn durch ihn haben wir alle beide in einem Geist den Zugang zum Vater. So seid ihr nun nicht mehr Gäste und Fremdlinge, sondern Mitbürger der Heiligen und Gottes Hausgenossen, erbaut auf den Grund der Apostel und Propheten, da Jesus Christus der Eckstein ist, auf welchem der ganze Bau ineinandergefügt wächst zu einem heiligen Tempel in dem Herrn.

Kapitel 4

1. „Gemeinschaft der Heiligen"

Wenn auf „Ich glaube die heilige, katholische Kirche" im Bekenntnis „Ich glaube die Gemeinschaft der Heiligen" folgt, so wird damit etwas Weiteres über diese Kirche ausgesagt, nämlich, dass die Versammlung all derer, die zur heiligen, katholischen Kirche gehören, eine Versammlung zur Gemeinschaft ist.

Man könnte sagen: So, wie sich die heilige, katholische Kirche in der Taufe konstituiert (oben am Beispiel der Taufe des Kämmerers aus Äthiopien ausgeführt), so wird diese Kirche in der Tischgemeinschaft des Abendmahls erhalten. Paulus schreibt:

1. Korinther 12,13
Denn wir sind durch einen Geist alle zu einem Leib getauft, wir seien Juden oder Griechen, Sklaven oder Freie, und sind alle mit einem Geist getränkt.

Zwei Kapitel vorher hat er erklärt, dass diese „Gemeinschaft des Leibes" im Abendmahl zum Ausdruck kommt:

1. Korinther 10,16-17
Der gesegnete Kelch, den wir segnen, ist der nicht die Gemeinschaft des Blutes Christi? Das Brot, das wir brechen, ist das nicht die Gemeinschaft des Leibes Christi? Denn ein Brot ist es: So sind wir viele ein Leib, weil wir alle an einem Brot teilhaben.

An Pfingsten werden rund 3000 Menschen in Taufe und Geistempfang zur Gemeinde hinzugefügt, die dann „beständig in der Lehre der Apostel und in der Gemeinschaft und im Brotbrechen und im Gebet" bleiben (Apostelgeschichte 2,38-42).

Die „Gemeinschaft der Heiligen" ist darum die Gestalt, in der die heilige, katholische Kirche existiert. Dies ist aber wiederum keine Neuerung des Neuen Testaments, sondern tief im Alten Testament verankert.

1. „Gemeinschaft der Heiligen"

Michael Morales hat gezeigt, dass ein Grundmuster der biblischen Theologie Alten und Neuen Testaments in folgenden drei Schritten besteht:[88]

Durch das Wasser → zum Berg Gottes → um anzubeten

Ich würde noch ergänzen: Die Anbetung verbindet sich mit einer Tischgemeinschaft. Das Wasser ist ein Wasser der Reinigung und des Todes: Alles, was in der Gegenwart Gottes nicht bestehen kann, wird abgewaschen und getötet. Was aus dem Wasser herauskommt, ist gereinigt, um Gott zu begegnen. So führt der Weg zum Berg Gottes und damit zum Haus Gottes. Im Haus Gottes ist der Tisch bereitet für die Tischgemeinschaft und die Menschen, die an den Tisch Gottes eingeladen sind, loben und preisen ihn. Das Abendmahl ist in diesem Sinne „Eucharistie", d. h. „Danksagung".

Das erste Mal, dass das Volk Gottes im Alten Testament als „die Heiligen" bezeichnet wird, ist, als Mose die Stämme segnet, bevor er stirbt:

5. Mose 33,2-5

Der HERR ist vom Sinai gekommen und ist ihnen aufgeleuchtet von Seïr her. Er ist erschienen vom Berge Paran her und ist gezogen nach Meribat-Kadesch; in seiner Rechten ist ein feuriges Gesetz für sie. Wie hat er sein Volk so lieb! Alle Heiligen sind in seiner Hand. Sie werden sich setzen zu deinen Füßen und werden lernen von deinen Worten. Mose hat das Gesetz geboten, das Erbe der Gemeinde Jakobs. Und der Herr ward König über Jeschurun, als sich versammelten die Häupter des Volks samt den Stämmen Israels.

Die Rede ist hier vom Sinai-Ereignis, als sich das Volk Israel versammelte und Gott über Israel[89] König wurde. Die Rede ist hier davon, dass sich die Heiligen Gottes zu seinen Füßen setzen und von seinen Worten lernen werden. Das verweist uns auf 2. Mose 24,9-11, wo Mose zusammen mit den Priestern (Aaron und seine Söhne) und siebzig Ältesten (als Repräsentanten der Stämme Israels) auf den Sinai steigt, nachdem das Volk Israel von Gott die Zehn Gebote und das Gesetz empfangen hat:

2. Mose 24,9-11
Da stiegen Mose, Aaron, Nadab und Abihu und siebzig von den Ältesten Israels hinauf und sahen den Gott Israels. Unter seinen Füßen war es wie eine Fläche von Saphir und wie der Himmel, wenn es klar ist. Und er reckte seine Hand nicht aus wider die Edlen Israels. Und als sie Gott geschaut hatten, aßen und tranken sie.

Die „Edlen Israels" steigen hier auf den Berg Gottes in seine Gegenwart, wo sie ihm begegnen und sich unter seinen Füßen dann zur Mahlzeit in seiner Gegenwart setzen. Sie sind eine Gemeinschaft der Heiligen. Durch das Wasser des Schilfmeers, in dem die Ägypter und damit auch die Knechtschaft „abgewaschen" wurde (Paulus bezeichnet in 1. Korinther 10,2 den Durchzug durch das Schilfmeer als eine Taufe), sind sie zum Berg Gottes gelangt und die ganze Offenbarung Gottes am Sinai mit der Gabe seines Wortes mündet in diese Mahlzeit in seiner Gegenwart.

Explizit findet sich der Zusammenhang der Versammlung der Heiligen und der Tischgemeinschaft Gottes in Psalm 145:

Psalm 145,10-16
Es sollen dir danken, HERR, alle deine Werke
und deine Heiligen dich loben
und die Ehre deines Königtums rühmen
und von deiner Macht reden,
dass die Menschen deine gewaltigen Taten kundwerden
und die herrliche Pracht deines Königtums.
[…]
Aller Augen warten auf dich,
und du gibst ihnen ihre Speise zur rechten Zeit.
Du tust deine Hand auf
und sättigst alles, was lebt, nach deinem Wohlgefallen.

Die Tischgemeinschaft Gottes ist eine königliche, da Gott als König zu seinem Tisch einlädt. Diese Gemeinschaft der Heiligen, die als Tisch-

1. „Gemeinschaft der Heiligen"

gemeinschaft Gottes letztlich auch Anteil an der königlichen Herrschaft Gottes bedeutet, gründet innerhalb des Alten Testaments nicht im Sinaiereignis, sondern bereits in der Schöpfung selbst. Auch bei der Schöpfung geht es „durch die Wasser hindurch" (1. Mose 1,2.6-10), bis schließlich der Mensch, im Ebenbild Gottes geschaffen, als irdischer Repräsentant der königlichen Herrschaft Gottes eingesetzt und an den Tisch Gottes geladen wird:

1. Mose 1,28-29
Und Gott segnete sie und sprach zu ihnen: Seid fruchtbar und mehret euch und füllet die Erde und machet sie euch untertan und herrschet über die Fische im Meer und über die Vögel unter dem Himmel und über das Vieh und über alles Getier, das auf Erden kriecht.

Und Gott sprach: Seht da, ich habe euch gegeben alle Pflanzen, die Samen bringen, auf der ganzen Erde, und alle Bäume mit Früchten, die Samen bringen, zu eurer Speise.

Dass der Mensch dazu geschaffen ist, mit Gott Tischgemeinschaft zu haben, zeigt sich besonders an der großen Bedeutung der Speisegebote in der Bibel. Schon das erste Gebot ist ein Speisegebot:

1. Mose 2,16-17
Und Gott der HERR gebot dem Menschen und sprach: Du darfst essen von allen Bäumen im Garten, aber von dem Baum der Erkenntnis des Guten und Bösen sollst du nicht essen; denn an dem Tage, da du von ihm isst, musst du des Todes sterben.

An diesem Speisegebot kommen Adam und Eva zu Fall (1. Mose 3,6). Auch Noah und seine Familie kommen durch die Wasser der Sintflut hindurch zum Berg Gottes, dem Ararat, und auch dort gibt Gott eine Speiseordnung:

1. Mose 9,3-4
Alles, was sich regt und lebt, das sei eure Speise; wie das grüne Kraut habe ich es euch alles gegeben. Allein esst das Fleisch nicht mit seinem Blut, in dem sein Leben ist!

So, wie Adam und Eva von allen Bäumen essen dürfen, außer vom Baum der Erkenntnis, so dürfen Noah und seine Familie von allen Tieren essen, nur nicht vom Blut, in dem das Leben ist. Das Blutgenussverbot wird hier zum ersten Mal in der Bibel ausformuliert. Auch hier folgt die Speiseordnung auf ein Herrschaftsmandat (1. Mose 9,2).

Ein wichtiger Text für die Rede von der Gemeinschaft der Heiligen ist schließlich in Daniel 7 zu finden. Nachdem der Menschensohn mit den Wolken des Himmels zu dem gelangt, der uralt ist (siehe dazu oben 2.3), kommen die „Heiligen des Höchsten" in den Blick. Ihnen wird verheißen, dass sie das Reich empfangen und für immer besitzen werden (Daniel 7,18). Doch das vierte der zuvor im gleichen Kapitel erwähnten Tiere kämpft gegen sie und behält den Sieg, bis der Uralte über das Tier Gericht hält und es vernichtet:

Daniel 7,27
Aber das Reich und die Macht und die Gewalt über die Königreiche unter dem ganzen Himmel wird dem Volk der Heiligen des Höchsten gegeben werden, dessen Reich ewig ist, und alle Mächte werden ihm dienen und gehorchen.

Aus neutestamentlicher Sicht ist es bedeutsam, dass in Daniel 7 die Heiligen erst Anteil an der himmlischen Herrschaft Gottes empfangen, nachdem der Menschensohn mit den Wolken des Himmels zu Gott kommt und dort selbst in die Königsherrschaft eingesetzt wird. Jesus sagt seinen Jüngern bei seiner Himmelfahrt, dass sie warten sollen, bis sie ausgerüstet werden „mit Kraft aus der Höhe" (Lukas 24,29).

Vom Alten Testament her gesehen ist die „Gemeinschaft der Heiligen" also eine Gemeinschaft derjenigen, die durch die Wasser hindurch zum Berg bzw. Haus Gottes gekommen sind, an seiner Tischgemeinschaft und damit auch an seiner königlichen Herrschaft teilhaben. Im Johannesevangelium steht im Zentrum der Abendmahlsreden Jesu (Johannes 13-17) die Rede vom wahren Weinstock und der Verbindung, die seine Jünger mit ihm haben (Johannes 15,1-8). Gleich darauf sagt Jesus:

Johannes 15,15
Ich sage hinfort nicht, dass ihr Knechte seid; denn ein Knecht weiß nicht, was sein Herr tut. Euch aber habe ich gesagt, dass ihr Freunde seid; denn alles, was ich von meinem Vater gehört habe, habe ich euch kundgetan.

Bei der Einsetzung des Abendmahls (die im Johannesevangelium nicht erzählt wird, sondern impliziert ist), erklärt Jesus seine Apostel zu Freunden, die Anteil haben an seiner Einsicht in die Ratschlüsse des himmlischen Vaters. Die Tischgemeinschaft gibt ihnen Anteil an der verborgenen himmlischen Herrschaft Gottes. So kann Paulus sagen:

1. Korinther 2,11-12.16
Denn welcher Mensch weiß, was im Menschen ist, als allein der Geist des Menschen, der in ihm ist? So weiß auch niemand, was in Gott ist, als allein der Geist Gottes. Wir aber haben nicht empfangen den Geist der Welt, sondern den Geist, der aus Gott ist, dass wir wissen können, was uns von Gott geschenkt ist. […] Denn „wer hat des Herrn Sinn erkannt, oder wer will ihn unterweisen?" Wir aber haben Christi Sinn.

Epheser 2,6
Er [Gott] hat uns mit auferweckt und mit eingesetzt im Himmel in Christus Jesus.

Die Gemeinschaft der Heiligen ist eine Gemeinschaft mit dem dreieinigen Gott und eine zwischenmenschliche Gemeinschaft. Sie ist eine verborgene, himmlische Wirklichkeit, die geglaubt werden muss. Sichtbaren Ausdruck findet sie in der Abendmahlsgemeinschaft, die eine „Gemeinschaft des Leibes Christi" ist (1. Korinther 10,16), mit Christus als Haupt und der Gemeinde als Gliedern (1. Korinther 12).[90]

Auch hierfür ist das vollendete Heilswerk des dreieinigen Gottes vorausgesetzt. Die Gemeinschaft der Heiligen ist gestiftet durch den Heiligen Geist (1. Korinther 12,13), der an Pfingsten kommt, nachdem Jesus zur Rechten Gottes eingesetzt ist in der Höhe.

2. „Vergebung der Sünden"

Mit der Taufe und dem Abendmahl ist im Neuen Testament auch die Vergebung der Sünden verbunden. Johannes der Täufer predigt die „Taufe der Buße zur Vergebung der Sünden" (Markus 1,4), Petrus fordert nach der Pfingstpredigt dazu auf, dass ein jeder sich taufen lasse „auf den Namen Jesu Christi zur Vergebung eurer Sünden" (Apostelgeschichte 2,38), und Jesus reicht bei der Einsetzung des Abendmahls seinen Jüngern den Kelch mit dem „Blut des Bundes, das vergossen wird für viele zur Vergebung der Sünden" (Matthäus 26,28). Die Elemente, die sich hier mit der Vergebung der Sünden verbinden, sind Wasser und Blut. Beide haben schon im Alten Testament einen Bezug zu Sündenvergebung.

Das Wasser ist ein Wasser der Reinigung. Es spielt im alttestamentlichen Gottesdienst eine Rolle für die Abwaschung von kultischer Unreinheit, wird aber auch als Bild für die Reinigung von Sünde gebraucht. Im Psalm 51, der überschrieben ist als Psalm Davids, „als der Prophet Nathan zu ihm kam, nachdem er zu Batseba eingegangen war" (Psalm 51,2), betet David mit Blick auf seinen Ehebruch mit Batseba, der dazu geführt hat, dass David für den Tod von Batsebas Ehemann gesorgt hat (2. Samuel 12,1-5):

Psalm 51,4
Wasche mich rein von meiner Missetat,
und reinige mich von meiner Sünde.

2. „Vergebung der Sünden"

Was David hier als Einzelner erbittet, ist im Alten Testament immer wieder auch für das gesamte Gottesvolk bedeutsam. Viele Ausleger haben darauf hingewiesen, dass schon die Wasser der Sintflut nicht nur Wasser des Gerichts sind, indem sie töten, sondern auch Wasser der Reinigung, indem sie die Schöpfung von allem Bösen reinigen und erneuern und besonders den Erdboden vom unschuldig vergossenen Blut reinwaschen, das er geschluckt hat (vgl. 1. Mose 4,11). Im Wasser des Schilfmeers ertrinken später die Ägypter, die Israel versklavt haben, und so ist das, was Israel gefangen gehalten hat, durch Wasser von Israel abgewaschen. Beides, Sintflut und Schilfmeer, wird im Neuen Testament als Taufe gedeutet (1. Petrus 3,20-22; 1. Korinther 10,1-2). Nach Petrus ist die Sintflut „ein Vorbild der Taufe, die jetzt auch euch rettet":

1. Petrus 3,21
Denn in ihr wird nicht der Schmutz vom Leib abgewaschen, sondern wir bitten Gott um ein gutes Gewissen, durch die Auferstehung Jesu Christi, welcher ist zur Rechten Gottes, aufgefahren gen Himmel, und es sind ihm untertan die Engel und die Gewaltigen und die Mächte.

Durch das Wasser geht Israel schließlich auch, als es die Wüste hinter sich lässt und ins Verheißene Land einzieht (Josua 3). Als Israel später im Babylonischen Exil ist, gebraucht der Prophet Hesekiel dieses Bild im Zusammenhang mit der Verheißung, dass Israel wieder ins Verheißene Land zurückkehren wird:

Hesekiel 36,24-25
Denn ich will euch aus den Heiden herausholen und euch aus allen Ländern sammeln und wieder in euer Land bringen, und will reines Wasser über euch sprengen, dass ihr rein werdet; von all eurer Unreinheit und von allen euren Götzen will ich euch reinigen.

Der Weg zurück ins Verheißene Land führt durch das Wasser, das alle Unreinheit und Schuld abwäscht. Wie oben (3.2) bereits ausgeführt, beginnt Johannes der Täufer genau an der Stelle zu taufen, wo Israel unter Josua durch den Jordan ins Verheißene Land gezogen ist. Sein Ruf zur Umkehr, der auch ein Ruf zur Rückkehr des unter die Heiden zerstreuten Volkes in das Verheißene Land ist, verbindet sich mit der Vergebung der Sünden:

Markus 1,4
Johannes der Täufer war in der Wüste und predigte die Taufe der Umkehr/Rückkehr zur Vergebung der Sünden.

Und genauso predigt Petrus an Pfingsten:

Apostelgeschichte 2,38
Kehrt um/zurück, und jeder von euch lasse sich taufen auf den Namen Jesu Christi zur Vergebung eurer Sünden, so werdet ihr empfangen die Gabe des Heiligen Geistes.

Das andere Element, das im Neuen Testament mit „Vergebung der Sünden" verbunden wird, ist das „Blut des Bundes", das Jesus den Jüngern im Abendmahl reicht (Matthäus 26,28). Mit der Formulierung „das ist mein Blut des Bundes", zitiert Jesus 2. Mose 24,8:

2. Mose 24,8
Da nahm Mose das Blut und besprengte das Volk damit und sprach: Seht, das ist das Blut des Bundes, den der HERR mit euch geschlossen hat aufgrund aller dieser Worte.

Das Blut, das hier erwähnt ist, ist das Blut von zuvor geschlachteten Opfertieren, die Worte sind die Worte des Bundes mit den Zehn Geboten (2. Mose 20) und dem Gesetz (2. Mose 21-23). Die Besprengung mit Blut hat hier einen reinigenden Charakter (vgl. 3. Mose 16,19), wobei „Reinigung" im Sinne von „Sühne" gemeint ist. Das hebräische Wort für Sühne ist doppeldeutig, so kann „sühnen" einerseits als „bedecken", andererseits

2. „Vergebung der Sünden"

aber auch als „loskaufen" verstanden werden. Was damit gemeint ist, kann an folgendem Text gezeigt werden (vgl. dazu auch oben 1.3, „die Opfer"). Es sind Worte, die Gott nach der Sintflut zu Noah spricht:

1. Mose 9,3-6
Alles, was sich regt und lebt, das sei eure Speise; wie das grüne Kraut habe ich es euch alles gegeben. Allein esst das Fleisch nicht mit seinem Blut, in dem sein Leben ist!
Auch will ich euer eigenes Blut, das ist das Leben eines jeden unter euch, rächen und will es von allen Tieren fordern und will des Menschen Leben fordern von einem jeden Menschen. Wer Menschenblut vergießt, dessen Blut soll auch durch Menschen vergossen werden; denn Gott hat den Menschen zu seinem Bild gemacht.

Der Grund, warum das Blut nicht gegessen werden darf, ist, weil im Blut das Leben ist (vgl. 3. Mose 17,10-14). Wenn das Blut also sühnende Funktion dadurch hat, dass es etwas bedeckt, dann in dem Sinne, dass Leben den Tod bedeckt. So bestreichen die Israeliten beim Auszug von Ägypten die Eingänge ihrer Häuser mit dem Blut des Passalammes, sodass der Verderber daran vorbeigeht (2. Mose 12,21-23). Ebenso besprengt der Hohepriester am Tag der Versöhnung das Heiligtum, um es von den Sünden Israels zu reinigen (3. Mose 16,14-20). Während Wasser Unreinheit abwäscht, überdeckt Blut den Tod mit dem Zeichen des Lebens. Im Neuen Testament wird auf diese Bedeutung beispielsweise in Hebräer 9 und 1. Johannes 1 Bezug genommen:

Hebräer 9,13-14
Denn wenn schon das Blut von Böcken und Stieren und die Asche der Kuh durch Besprengung die Unreinen heiligt, sodass sie leiblich rein sind, um wie viel mehr wird dann das Blut Christi, der sich selbst als Opfer ohne Fehl durch den ewigen Geist Gott dargebracht hat, unser Gewissen reinigen von den toten Werken, zu dienen dem lebendigen Gott!

1. Johannes 1,7
Wenn wir aber im Licht wandeln, wie er im Licht ist, so haben wir Gemeinschaft untereinander, und das Blut Jesu, seines Sohnes, macht uns rein von aller Sünde.

Bei Johannes ist die Gemeinschaft der Heiligen direkt in Bezug gesetzt zur Vergebung der Sünden. Im gleichen Zusammenhang bei Johannes kommt neben der bedeckenden Bedeutung des Blutes auch die loskaufende Bedeutung zum Tragen:

1. Johannes 2,1-2
Meine Kinder, dies schreibe ich euch, damit ihr nicht sündigt. Und wenn jemand sündigt, so haben wir einen Fürsprecher bei dem Vater, Jesus Christus, der gerecht ist. Und er ist die Versöhnung für unsere Sünden, nicht allein aber für die unseren, sondern auch für die der ganzen Welt.

Wenn Jesus hier als Fürsprecher bezeichnet wird, dann macht dies deutlich, dass Johannes jetzt von einem Gerichtskontext spricht. Dass Jesus die „Versöhnung für unsere Sünden" ist, meint nicht so sehr, dass Jesus die Sünden bedeckt, sondern dass er durch sein Blut für unsere Sünden bezahlt hat. Das weist nochmals zurück auf die oben zitierte Passage aus 1. Mose 9,3-6, wo es heißt: „Wer Menschenblut vergießt, dessen Blut soll auch durch Menschen vergossen werden; denn Gott hat den Menschen zu seinem Bild geschaffen". Die Kurzversion davon lautet „Leben um Leben" (2. Mose 21,23; 5. Mose 19,21).

Dieses Prinzip des „Leben um Leben" wird oft als Aufforderung zur Rache missverstanden. Es wird in der Bibel aber immer in einem rechtlichen Kontext verwendet und es hat dabei im Wesentlichen zwei Funktionen: Erstens bedeutet es eine Eingrenzung der Rache, indem die Gewaltspirale der Blutrache durchbrochen wird, wo ein Mord mit der Auslöschung einer ganzen Familie, diese dann wiederum mit der Auslöschung einer ganzen Sippe usw. gerächt wird (vgl. 1. Mose 4,23-24).

2. „Vergebung der Sünden"

Zum andern bedeutet es aber auch einen Schutz für menschliches Leben, indem es verbietet, einen Mord durch Geldzahlung zu sühnen, was mit der Gottesebenbildlichkeit des Menschen begründet wird. Im Codex Hammurabi, einem altbabylonischen Gesetzeskodex (ca. 1750 v. Chr.), wird zwischen Bürgern, Palasthörigen und Sklaven unterschieden. Bei Vergehen gegen Leib und Leben von Menschen gilt dieses „Leben um Leben"-Prinzip nur, wenn das Opfer ein Bürger ist, andernfalls sind Geldzahlungen zu leisten. Der Sklave ist entmenschlicht und wird zum Besitz degradiert, sodass man ihn wie ein Stück Vieh ersetzen kann. Die Bedeutung der Gottesebenbildlichkeit für das biblische Gesetz wird im Vergleich dazu deutlich, wenn es etwa heißt:

2. Mose 21,27
[Wenn jemand] seinem Sklaven oder seiner Sklavin einen Zahn ausschlägt, soll er sie freilassen um des Zahnes willen.

5. Mose 23,16-17
Du sollst den Sklaven nicht seinem Herrn ausliefern, der von ihm zu dir geflüchtet ist. Er soll bei dir bleiben an dem Ort, den er erwählt, in einer deiner Städte, wo es ihm gefällt. Du sollst ihn nicht bedrücken.

Der Sklave wird hier nicht primär unter dem Gesichtspunkt betrachtet, dass er jemandem gehört, sondern dass er Ebenbild Gottes ist und darum als Mensch behandelt werden soll.

Zurück zur Sühnethematik: Blut hat insofern eine „loskaufende" Bedeutung, als es für das Leben steht und darum der Forderung „Leben um Leben" entspricht. Sünde ist hier als „Blutschuld" verstanden, d. h. als Schuld an unschuldig vergossenem Blut. In diesem Sinne hat Jesus seinen eigenen Tod auch als Lösegeld für die Schuld der Menschheit verstanden:

Markus 10,45 (vgl. 1. Timotheus 2,6)
Denn der Menschensohn ist nicht gekommen, dass er sich dienen lasse, sondern dass er diene und sein Leben gebe als Lösegeld für viele.

Wenn Jesus beim Abendmahl sagt, dass sein Blut vergossen wird „für viele zur Vergebung der Sünden", so sind darin beide Aspekte der Sühne enthalten, sowohl der Aspekt der Bedeckung von Schuld (dies klingt auch an, wenn Petrus in 1. Petrus 4,8 mit Bezug auf Sprüche 10,12 schreibt, dass die Liebe der Sünden Menge zudeckt) wie auch der Aspekt des Freikaufs.

Bemerkenswert ist, wie Jesus in seiner öffentlichen Wirksamkeit Menschen die Sünden vergeben hat. Dass er Tischgemeinschaft mit Sündern hatte, hat bei den Pharisäern und Schriftgelehrten für Irritationen gesorgt (z. B. Matthäus 9,10-11; Markus 2,16). Doch gerade bei solchen Gelegenheiten hat er den Menschen ihre Sünden vergeben, so z. B. der Sünderin in Lukas 7,36-50. Um die Meinungsverschiedenheiten zu verstehen, die Jesus mit den Pharisäern in Bezug auf den Umgang mit Sündern hatte, ist es wiederum hilfreich, einen Blick ins Alte Testament zu werfen.

In 3. Mose 26 findet sich ein Kapitel, in dem Gott im Zusammenhang mit dem Sinaibund dem Volk das Heil verheißt, wenn sie dem Bund treu sind (3. Mose 26,3-13), für den Bundesbruch dagegen Gericht ankündigt (3. Mose 26,14-39). Dieses Gericht gipfelt letztlich darin, dass Israel das Land, das Gott ihm gegeben hat, verliert und unter die Völker zerstreut wird. Doch wenn dieses Gericht eingetreten ist, soll es zur Umkehr kommen:

3. Mose 26,40-42
Da werden sie dann bekennen ihre Missetat und ihrer Väter Missetat, dass sie mir untreu gewesen sind und mir zuwidergehandelt haben. […] Da wird sich ja ihr unbeschnittenes Herz demütigen, und dann werden sie die Strafe für ihre Missetat abtragen. Und ich werde an meinen Bund mit Jakob gedenken und an meinen Bund mit Isaak und an meinen Bund mit Abraham und werde an das Land gedenken.

Als es dann aber tatsächlich so weit ist, bekennen die Israeliten ihre Missetat nicht, sondern klagen Gott an: „Der Herr handelt nicht recht" (Hesekiel 33,20). Wohin sie kommen, entheiligen sie den heiligen Namen Gottes (Hesekiel 36,20). Darum beschließt Gott, für die Wiederherstel-

2. „Vergebung der Sünden"

lung Israels nicht darauf zu warten, dass Israel seine Missetaten bekennt, sondern sie ohne ihr Zutun wieder ins Land zu bringen:

Hesekiel 36,22
So spricht Gott der HERR: Ich tue es nicht um euretwillen, ihr vom Hause Israel, sondern um meines heiligen Namens willen, den ihr entheiligt habt unter den Heiden, wohin ihr auch gekommen seid.

Und dann verheißt Gott eine ganze Abfolge von Dingen, die er tun wird – nicht um Israels willen (d. h. nicht, weil Israel bußfertig wäre), sondern um seines heiligen Namens willen: Er wird sie aus den Heiden herausholen und wieder in ihr Land bringen (36,24). Er wird reines Wasser auf sie sprengen und sie von ihrer Unreinheit und ihren Sünden reinigen (36,25). Er wird ihnen ein neues Herz und einen neuen Geist geben (36,26-27). Sie sollen im Land wohnen, das den Vätern verheißen ist (36,28), und dieses Land wird fruchtbar sein (36,29-30). Und dann erst kommt es zur Umkehr Israels:

Hesekiel 36,31-32
Dann werdet ihr an euren bösen Wandel denken und an euer Tun, das nicht gut war, und werdet euch selbst zuwider sein um eurer Sünde und eures Götzendienstes willen. Nicht um euretwillen tue ich das, spricht Gott der HERR, das sollt ihr wissen, sondern ihr werdet euch schämen müssen und schamrot werden, ihr vom Hause Israel, über euren Wandel.

Die Abfolge ist bei Hesekiel gegenüber 3. Mose 26 umgekehrt: Gott wartet nicht, bis die Sünder umkehren, bevor er sie wiederherstellt, sondern er bringt sie als Sünder zurück ins Land, er reinigt, erneuert, belebt und segnet sie und erst dann werden sie ihre Sünde erkennen und beschämt werden.

Mit Blick auf die Evangelien könnte man sagen, dass Jesus nach Hesekiel 36 gehandelt hat, während die Pharisäer in den Kategorien von

3. Mose 26 gedacht haben. Im Verständnis der Pharisäer sollten die Sünder zuerst umkehren und Buße tun, bevor man mit ihnen Tischgemeinschaft haben kann. Doch Jesus hat sie in die Tischgemeinschaft geholt, um sie in dieser Gemeinschaft zu erneuern und ihnen die Sünden zu vergeben, sodass sie beschämt werden und dadurch zu neuen Menschen werden.

Dietrich Bonhoeffer schreibt zur Bedeutung der Scham mit Bezug auf Hesekiel 36:

> Überwindung der Scham gibt es nur im Ertragen eines Aktes letzter Beschämung, nämlich des Offenbarwerdenmüssens vor Gott [...] Überwindung der Scham gibt es nur in der Beschämung durch die Vergebung der Sünde, das heißt durch die Wiederherstellung der Gemeinschaft mit Gott und dem Menschen.[91]

In der Vergebung der Sünden stellt Jesus diese Gemeinschaft wieder her. Er sucht die Gemeinschaft nicht mit den Gerechten, sondern mit den Sündern, um sie gerecht zu machen und zu heiligen. Paulus schreibt:

Römer 5,8-9
Gott aber erweist seine Liebe zu uns darin, dass Christus für uns gestorben ist, als wir noch Sünder waren. Um wie viel mehr werden wir nun durch ihn bewahrt werden vor dem Zorn, nachdem wir jetzt durch sein Blut gerecht geworden sind!

Vergebung der Sünden und Gemeinschaft der Heiligen gehören darum untrennbar zusammen.

3. „Auferstehung der Toten"

Auf die Vergebung der Sünden folgt die Auferstehung der Toten. Im Neuen Testament wird immer wieder betont, dass es der Geist Gottes ist,

3. „Auferstehung der Toten"

der lebendig macht (Johannes 6,63; Römer 8,11; 1. Korinther 15,45; 2. Korinther 3,6; 1. Petrus 3,18; siehe dazu oben unter 3.3).

Dies gründet natürlich im Alten Testament, wo Adam, geformt aus Erdboden (hebr. *Adamah*), belebt wird durch den Atem Gottes. Hesekiel, der, nachdem er die Herrlichkeit Gottes geschaut hat, wie tot umfällt, wird von Gott durch Geisteinhauchung wieder auf die Füße gestellt und als „Sohn Adams" angesprochen (siehe dazu oben 4.3):

Hesekiel 2,1-2
Und er sprach zu mir: Du, Sohn Adams[92], tritt auf deine Füße, so will ich mit dir reden. Und als er so mit mir redete, kam Geist[93] in mich und stellte mich auf meine Füße, und ich hörte dem zu, der mit mir redete.

Hesekiel wird damit als Prophet zum Vorbild für ganz Israel, das in gleicher Weise durch Gottes Geist auferweckt wird. In einer Vision sieht Hesekiel ein Feld voller verstreut herumliegender Knochen. Gott fordert ihn auf, über diesen Knochen zu weissagen, damit sie wieder lebendig werden. Als Hesekiel zum ersten Mal weissagt, geht ein Rauschen über sie hinweg und die Knochen rücken zusammen, fügen sich zu Skeletten zusammen, es wachsen Sehnen und Fleisch darauf und sie werden mit Haut überzogen. Aus verstreuten Knochen werden herumliegende Leichen. Doch ihnen fehlt noch das Leben. Darum sagt Gott zu Hesekiel:

Hesekiel 37,9-14
Weissage zum Geist; weissage, du Sohn Adams, und sprich zum Geist: So spricht Gott der HERR: Geist, komm herzu von den vier Winden und blase diese Getöteten an, dass sie wieder lebendig werden!
Und ich weissagte, wie er mir befohlen hatte. Da kam der Geist in sie, und sie wurden wieder lebendig und stellten sich auf ihre Füße, ein überaus großes Heer. Und er sprach zu mir: Du, Sohn Adams, diese Gebeine sind das ganze Haus Israel. Siehe, jetzt sprechen sie:

> Unsere Gebeine sind verdorrt, und unsere Hoffnung ist verloren, und es ist aus mit uns. Darum weissage und sprich zu ihnen: So spricht Gott der HERR: Siehe, ich will eure Gräber auftun und hole euch, mein Volk, aus euren Gräbern herauf und bringe euch ins Land Israels. Und ihr sollt erfahren, dass ich der HERR bin, wenn ich eure Gräber öffne und euch, mein Volk, aus euren Gräbern heraufhole. Und ich will meinen Geist in euch geben, dass ihr wieder leben sollt, und will euch in euer Land setzen, und ihr sollt erfahren, dass ich der HERR bin. Ich rede es und tue es auch, spricht der HERR.[94]

Die Wiederherstellung Israels wird hier als Auferstehung und Öffnung der Gräber verheißen. Was sich an Hesekiel bei seiner Berufung ereignet, wiederholt sich in der Zukunft am ganzen Volk. Zwar gibt es Ausleger, die meinen, Hesekiel meine diese Auferstehung nicht wörtlich, sondern nur als Metapher für eine innerweltliche Wiederherstellung Israels. Doch schon von den Erzeltern Israels her ist klar, dass auch die Verstorbenen an Abrahams Landverheißung Anteil haben werden. Aus diesem Grund kauft Abraham als Erstes im Verheißenen Land ein kleines Landstück für das Begräbnis seiner Frau Sara (1. Mose 23,1-20). Das erste Stück Land, das Israel im Verheißenen Land besitzt, ist eine Grabhöhle. Dort werden dann auch Abraham (1. Mose 25,1-11) und Isaak (1. Mose 35,27-29) begraben und es ist auch Jakobs letzter Wunsch, dass seine Gebeine von Ägypten zum Grab der seiner Eltern und Großeltern transportiert werden (1. Mose 47,27-31), was dann auch feierlich getan wird (1. Mose 50,1-14), ebenso später mit Josefs Gebeinen (2. Mose 13,19; Josua 24,32). Die Beerdigungen der Erzeltern werden so detailliert und gewissenhaft geschildert, weil es wichtig ist, dass auch sie, die die Verheißung zwar empfangen haben, die Erfüllung aber nicht erlangt haben, in ihren Gräbern darauf warten, im endzeitlichen Eingreifen Gottes aus den Gräbern gerufen zu werden, damit sie in der Auferstehung Anteil an der Erfüllung haben.

Ein Missverständnis, dem man gelegentlich auch begegnet, ist es auch

3. „Auferstehung der Toten"

zu meinen, in biblischen Zeiten habe es einen Auferstehungsglauben schlicht deshalb gegeben, weil die Menschen die Naturgesetze noch nicht so genau kannten und darum Auferstehung für möglich hielten. Aber auch die Menschen in biblischen Zeiten machten nicht die Erfahrung, dass Tote ab und zu auferstehen. Jesaja sagt klar (siehe auch oben 2.4, „Hinabgestiegen in das Reich des Todes"):

Jesaja 26,14
Tote werden nicht lebendig, Schatten stehen nicht auf; darum hast du sie heimgesucht und vertilgt und jedes Gedenken an sie zunichte gemacht.

Schon im Alten Testament ist Auferstehung nicht etwas, was gelegentlich einmal geschieht (oder von dem man zumindest glaubt, es geschehe gelegentlich), sondern die Endgültigkeit des Todes wird voll anerkannt und schon die Menschen des Altertums erfuhren den Tod als etwas Endgültiges. Die einzige Möglichkeit einer Auferstehung besteht darin, dass Gott mit einem neuen Schöpfungsakt das Tote wieder auferweckt:

Jesaja 26,19
Aber deine Toten werden leben, deine Leichname werden auferstehen. Wachet auf und rühmet, die ihr liegt unter der Erde! Denn ein Tau der Lichter ist dein Tau, und die Erde wird die Toten herausgeben.

Die Texte in Hesekiel 37 und Jesaja 26 sind zwei von ganz wenigen Texten im Alten Testament, die explizit von der Auferstehung der Toten sprechen. Der Grund dafür, dass die Auferstehung im Alten Testament so selten diskutiert und explizit thematisiert wird, könnte entweder sein, dass sie keine wichtige Rolle spielte, oder aber, dass sie zu den selbstverständlichen Dingen gehörte. Trifft Letzteres zu, dann ist zu erwarten, dass es im Alten Testament viele Anspielungen auf die Auferstehung gibt, die aber nicht explizit gemacht werden mussten, weil sie allgemein verstanden wurden. Ein solches Beispiel wäre die Wichtigkeit des Beerdigungsortes im Verheißenen Land bei den Erzeltern.

Einen Hinweis darauf, dass viele Aussagen im Alten Testament auf die Auferstehung zu beziehen sind, ohne dass man es auf den ersten Blick erkennt, bietet das Gespräch, das Jesus mit einigen Sadduzäern führt. Die Sadduzäer glaubten im Unterschied zu den Pharisäern nicht an die Auferstehung der Toten, wie z. B. Markus 12,18 bemerkt. Aus diesem Grund stellen die Sadduzäer Jesus eine Frage zu einem konstruierten Beispiel, in dem eine Frau entsprechend dem mosaischen Gesetz (5. Mose 25,5-6) mehrere Männer nacheinander hat, weil sie alle sterben und es keine Nachkommen gibt. Die Frage der Sadduzäer ist, da die Frau nach mosaischem Gesetz mit allen rechtmäßig verheiratet war, mit welchem sie in der Auferstehung der Toten verheiratet sein wird. Jesus antwortet darauf:

Markus 12,24-27
Ist's nicht so? Ihr irrt, weil ihr weder die Schrift kennt noch die Kraft Gottes. Wenn sie von den Toten auferstehen werden, so werden sie weder heiraten noch sich heiraten lassen, sondern sie sind wie die Engel im Himmel.

Aber von den Toten, dass sie auferstehen, habt ihr nicht gelesen im Buch des Mose, bei dem Dornbusch, wie Gott zu ihm sagte: „Ich bin der Gott Abrahams und der Gott Isaaks und der Gott Jakobs? Gott ist nicht ein Gott der Toten, sondern der Lebenden. Ihr irrt sehr.

Jesus sagt hier, dass man zweierlei kennen muss, um an die Auferstehung der Toten zu glauben: die Schrift und die Kraft Gottes. Die Kraft Gottes ist seine Schöpferkraft, die durch seinen Geist wirksam ist. Was aber ist mit der Schrift? Jesus zitiert dann nicht Jesaja 26 oder Hesekiel 37, sondern er erklärt, die Auferstandenen seien wie die Engel im Himmel, und zitiert 2. Mose 3,6, wo Gott sich aus dem brennenden Dornbusch heraus Mose als Gott Abrahams, Isaaks und Jakobs zu erkennen gibt. Auf den ersten Blick mag man den Eindruck haben, dass Jesus hier nicht besonders stark argumentiert. Auf jeden Fall muss man aber davon ausgehen, dass ein Teil

3. „Auferstehung der Toten"

seines Arguments gar nicht ausgesprochen, sondern als selbstverständlich vorausgesetzt wird. Lukas berichtet über dasselbe Gespräch:

Lukas 20,39
Da antworteten einige der Schriftgelehrten und sprachen: Meister, du hast recht geredet.

Jesus hat also ein Schriftargument angeführt, das offenbar von einigen Schriftgelehrten als gut argumentiert beurteilt wird, was voraussetzt, dass sie es verstanden haben. Doch was ist eigentlich sein Argument?[95]

Ein erster Schritt, um das Argument Jesu zu verstehen, besteht darin, sich den alttestamentlichen Zusammenhang von Engeln und Sternen zu vergegenwärtigen. Am einfachsten kann man es vielleicht so umschreiben, dass die irdische Welt ein Abbild der himmlischen Welt ist und dass darum die Sterne als himmlische Heerscharen die Engel symbolisieren oder repräsentieren. Hier einige alttestamentliche Beispiele für den Zusammenhang von Engeln und Sternen:

Hiob 38,4-7
Wo warst du, als ich die Erde gründete?
Sage mir's, wenn du so klug bist!
Weißt du, wer ihr das Maß gesetzt hat
oder wer über ihr die Richtschnur gezogen hat?
Worauf sind ihre Pfeiler eingesenkt,
oder wer hat ihren Eckstein gelegt,
als mich die Morgensterne miteinander lobten
und jauchzten alle Gottessöhne?

Psalm 148,1-3
Halleluja!
Lobet im Himmel den HERRN,
lobet ihn in der Höhe!
Lobet ihn, alle seine Engel,

lobet ihn, all sein Heer!
Lobet ihn, Sonne und Mond,
lobet ihn, alle leuchtenden Sterne!

Jesaja 14,12-15
Wie bist du vom Himmel gefallen, du schöner Morgenstern?
Wie wurdest du zu Boden geschlagen, der du alle Völker niederschlugst?
Du aber gedachtest in deinem Herzen:
„Ich will in den Himmel steigen und meinen Thron über die Sterne Gottes erhöhen,
ich will mich setzen auf den Berg der Versammlung im fernsten Norden.
Ich will auffahren über die hohen Wolken
und gleich sein dem Allerhöchsten."
Ja, hinunter zu den Toten fuhrst du, zur tiefsten Grube.

Sucht man nun im Alten Testament nach der Aussage, dass wir in der Auferstehung sein werden wie die Engel, wird man nicht fündig. Sucht man aber danach, dass wir sein werden wie die Sterne, so wird man zur explizitesten Auferstehungsformulierung des Alten Testaments überhaupt geführt, nämlich zu Daniel 12,2-3:

Daniel 12,2-3
Und viele, die unter der Erde schlafen liegen, werden aufwachen,
die einen zum ewigen Leben, die andern zu ewiger Schmach und Schande.
Und die da lehren, werden leuchten wie des Himmels Glanz,
und die viele zur Gerechtigkeit weisen, wie die Sterne immer und ewiglich.

Auch Paulus gebraucht Sonne, Mond und Sterne als Bilder für den Auferstehungsleib:

3. „Auferstehung der Toten"

1. Korinther 15,40–43.47–49
Es gibt himmlische Körper und irdische Körper; aber eine andere Herrlichkeit haben die himmlischen und eine andere die irdischen. Einen anderen Glanz hat die Sonne, einen anderen Glanz hat der Mond, einen anderen Glanz haben die Sterne; denn ein Stern unterscheidet sich vom andern durch seinen Glanz. So auch die Auferstehung der Toten. Es wird gesät verweslich und wird auferstehen unverweslich. Es wird gesät in Niedrigkeit und wird auferstehen in Herrlichkeit.
[...]
Der erste Mensch ist von der Erde und irdisch; der zweite Mensch ist vom Himmel. Wie der irdische ist, so sind auch die irdischen; und wie der himmlische ist, so sind auch die himmlischen. Und wie wir getragen haben das Bild des irdischen, so werden wir auch tragen das Bild des himmlischen.

Daniel, Jesus und Paulus vergleichen also alle drei den Auferstehungsleib mit Sternen oder Engeln. Wie kommt aber Daniel darauf, dass die Auferstandenen leuchten werden wie die Sterne? Bezieht er sich auf ein älteres alttestamentliches Gotteswort?

Die wahrscheinlichste Antwort darauf ist, dass Daniel 12,2-3 sich auf die Abrahamsverheißung bezieht, gerade auch, wenn er die, die zu ewigem Leben auferstehen, als Lehrer der Gerechtigkeit („die viele zur Gerechtigkeit weisen") beschreibt:

1. Mose 15,5-6
„Sieh an den Himmel und zähle die Sterne; kannst du sie zählen? So soll deine Nachkommenschaft sein!⁹⁶"
Abram glaubte dem HERRN, und das rechnete er ihm zur Gerechtigkeit.

Viele Bibelübersetzungen meinen, dass es bei diesem Vergleich nur um die Zahl der Sterne geht. So übersetzt beispielsweise Luther 1984: „So

zahlreich sollen deine Nachkommen sein!" Das Wort „zahlreich" steht im hebräischen Text aber nicht, sondern ist sinngemäß eingefügt. Der hebräische Text ist offener formuliert: „So (d. h. wie die Sterne) soll deine Nachkommenschaft sein."
Natürlich spielt es in der Abrahamsgeschichte eine wichtige Rolle, dass ein alter Mann, der keinen Sohn hat, die Verheißung einer äußerst zahlreichen Nachkommenschaft empfängt. Dennoch wurde sowohl innerbiblisch (z. B. Daniel 12,2-3) wie auch im Frühjudentum der Sternenvergleich der Abrahamsverheißung immer auch als Verheißung der Verherrlichung von Abrahams Nachkommenschaft verstanden. Die Nachkommen Abrahams sollen also nicht nur so zahlreich sein wie die Sterne, sondern sie sollen auch leuchten wie die Sterne. Auf diese Verheißung folgt sofort der für den Römerbrief (Römer 4,3.22; vgl. Jakobus 2,23) so wichtige Satz, dass Abram dem HERRN glaubte und ihm dies zur Gerechtigkeit gerechnet wurde. Paulus zitiert diesen Satz als Vorbild für den Auferstehungsglauben:

Römer 4,23-25
Dass es Abraham zugerechnet worden ist, ist aber nicht allein um seinetwillen geschrieben, sondern auch um unsertwillen, denen es zugerechnet werden soll, denn wir glauben an den, der unsern Herrn Jesus Christus auferweckt hat von den Toten, welcher ist um unserer Sünde willen dahingegeben und um unserer Rechtfertigung willen auferweckt.

Auch der Hebräerbrief versteht Abrahams Glauben als Auferstehungsglauben (Hebräer 11,17-19). Schon im frühjüdischen Sirachbuch (2. Jh. v. Chr.) lesen wir:

Sirach 44,21
Gott verhieß Abraham mit einem Eid, dass durch sein Geschlecht die Völker gesegnet werden sollten und er zahlreich werden sollte wie der Staub der Erde und seine Nachkommen wie die Sterne

erhöht werden sollen und Erben werden von einem Meer bis ans andere und vom Euphrat bis an die Enden der Erde.

Sirach bezieht sich hier darauf, dass Abraham zuerst in 1. Mose 13,16 die Verheißung bekommt, dass seine Nachkommen zahlreich wie der Staub auf Erden sein werden, bevor dann in 1. Mose 15,5 der Vergleich mit den Sternen dazukommt (vgl. zudem 1. Mose 22,17). Der Mensch ist aus Erdenstaub gemacht und kehrt nach seinem Tod zur Erde zurück. 1. Mose 13,16 hat damit in der Tat nur die irdische Dimension der Abrahamsverheißung im Blick. Indem nun aber zwei Kapitel später das Bild gewechselt wird, kommt zur Zahl auch der Blick in den Himmel und die Erhöhung und Verherrlichung von Abrahams Nachkommenschaft dazu. Nach Sirach ist es diese verherrlichte Nachkommenschaft, die das Land erben soll. Zwei Zitate des Kirchenvaters Irenäus von Lyon (2. Jh. n. Chr.) unterstreichen diese Deutung, die bei Irenäus zuerst auf Jesus als den verheißenen Nachkommen Abrahams gedeutet wird:

Irenäus, Epid. 24 (zu 1. Mose 15)
Und, damit Abraham neben der Vermehrung auch von der Herrlichkeit seines Nachkommens wusste, führte Gott ihn in der Nacht nach draußen und sagte: Sieh an den Himmel und zähle die Sterne; kannst du sie zählen? So soll deine Nachkommenschaft sein!

Irenäus, Epid. 35 (zu Galater 3)
Christus erfüllte die Verheißung, die Gott Abraham verheißen hatte, seinen Nachkommen zu machen wie die Sterne am Himmel. Dies tat Christus, der von der Jungfrau geboren und Abrahams Nachkomme war, und bezeichnete diejenigen, die an ihn glaubten, als Lichter der Welt.

Im Hintergrund mag bei Irenäus auch noch Römer 8,17 stehen, wo Paulus, direkt bevor er auf die Auferstehung als Erlösung des Leibes (8,18-25) zu sprechen kommt, schreibt:

Römer 8,17
Sind wir aber Kinder, so sind wir auch Erben, nämlich Gottes Erben und Miterben Christi, wenn wir denn mit ihm leiden, damit wir auch mit zur Herrlichkeit erhoben werden.

Dass wir aber Kinder Gottes sind, ist nach Römer 8,14-16 wiederum das Werk des Geistes. Es ist der Geist, der lebendig macht.
Kommen wir nochmals kurz auf die Auseinandersetzung Jesu mit den Sadduzäern in Markus 12 zu sprechen: Bezieht man Jesu Aussage, dass wir in der Auferstehung sein werden wie die Engel, über Daniel 12,2-3 auf die Abrahamsverheißung in 1. Mose 15,5 zurück, so wird auch das zweite Argument deutlicher:

Markus 12,26
Aber von den Toten, dass sie auferstehen, habt ihr nicht gelesen im Buch des Mose, bei dem Dornbusch, wie Gott zu ihm sagte und sprach: „Ich bin der Gott Abrahams und der Gott Isaaks und der Gott Jakobs."

Als Gott Mose beruft, um Israel aus Ägypten zu führen, und als er seinen Namen offenbart, gibt er sich als Gott Abrahams, Isaaks und Jakobs zu erkennen und ruft damit die Abrahamsverheißung in Erinnerung. Jesus argumentiert, dass diese Verbindung beinhaltet, dass Abraham, Isaak und Jakob nicht einfach zum Staub der Erde zurückgekehrt sind, sondern dass die Verheißung gilt, dass sie und ihre Nachkommenschaft wie die Sterne sein sollen. Sie tut dies auch, als Mose auf dem Sinai in die Herrlichkeit Gottes eintritt. Hier wird er selbst zum prophetischen Zeichen der Auferstehung, indem sein Angesicht leuchtet, wann immer er in der Gegenwart Gottes war (2. Mose 34,29-35). Paulus deutet diesen Glanz als das Werk des Geistes, der lebendig macht (2. Korinther 3,6), und kommt ausgehend von diesem Amt des Mose auch auf die Auferstehung (als Herrlichkeit, die nicht aufhört) zu sprechen:

2. Korinther 4,14
Denn wir wissen, dass der, der den Herrn Jesus auferweckt hat, uns auch auferwecken wird mit Jesus und wird uns vor sich stellen samt euch.

4. „Und das ewige Leben"

Der letzte Satz des Apostolischen Glaubensbekenntnisses bekennt, dass das Leben, in das hinein die Auferstehung der Toten führt, „das ewige Leben" ist. So formuliert wiederum Daniel 12,2:

Daniel 12,2
Und viele, die unter der Erde schlafen liegen, werden aufwachen, die einen zum ewigen Leben, die andern zu ewiger Schmach und Schande.

Jesus nimmt darauf Bezug:

Johannes 5,28-29
Es kommt die Stunde, in der alle, die in den Gräbern sind, seine Stimme hören werden, und werden hervorgehen, die Gutes getan haben, zur Auferstehung des Lebens, die aber Böses getan haben, zur Auferstehung des Gerichts.

Die ganze Thematik des ewigen Lebens gründet im Alten Testament letztlich im Garten Eden, wo der Baum des Lebens steht. Nach dem Sündenfall vertreibt Gott Adam und Eva aus dem Garten:

1. Mose 3,22
Und Gott der HERR sprach: Siehe, der Mensch ist geworden wie unsereiner und weiß, was gut und böse ist. Nun aber, dass er nur nicht ausstrecke seine Hand und breche auch von dem Baum des Lebens und esse und lebe ewiglich!

Der Baum des Lebens ist damit das Gegenstück zum Baum der Erkenntnis von Gut und Böse, von dem es heißt:

1. Mose 2,16-17
Und Gott der HERR gebot dem Menschen und sprach: Du darfst essen von allen Bäumen im Garten, aber von dem Baum der Erkenntnis des Guten und Bösen sollst du nicht essen; denn an dem Tage, da du von ihm isst, musst du des Todes sterben.

Das ewige Leben ist von Anfang an mit der Speise verbunden. Das macht zunächst einmal deutlich, dass schon im Garten Eden der Mensch für sich genommen sterblich ist. Nicht aufgrund perfekter Gene lebt er ewig, sondern nur aufgrund seines Zutritts in die Gegenwart Gottes, wo die Früchte des Lebens gegessen werden können.

Nachdem dem Menschen der Zutritt zur Frucht des Lebensbaumes verboten wird, steht jeder menschliche Versuch, selbst nach der Lebensspeise zu greifen, unter dem Gericht Gottes. Dies wird besonders deutlich am Blutgenussverbot, das gerade damit begründen wird, dass im Blut das Leben ist:

1. Mose 9,3-4
Alles, was sich regt und lebt, das sei eure Speise; wie das grüne Kraut habe ich es euch gegeben. Allein esst das Fleisch nicht mit seinem Blut, in dem sein Leben ist!

3. Mose 17,10-14
Und wer vom Hause Israel oder von den Fremdlingen unter euch irgendwelches Blut isst, gegen den will ich mein Antlitz kehren und will ihn aus seinem Volk ausrotten. Denn des Leibes Leben ist im Blut, und ich habe es euch für den Altar gegeben, dass ihr damit entsühnt werdet. Denn das Blut ist die Entsühnung, weil das Leben in ihm ist. Darum habe ich den Israeliten gesagt: Keiner unter euch soll Blut essen, auch kein Fremdling, der unter euch wohnt. Und wer vom Haus Israel oder

4. „Und das ewige Leben"

von den Fremdlingen unter euch auf der Jagd ein Tier oder einen Vogel fängt, die man essen darf, soll ihr Blut ausfließen lassen und mit Erde zuscharren. Denn des Leibes Leben ist im Blut, und ich habe den Israeliten gesagt: Ihr sollt keines Leibes Blut essen; denn des Leibes Leben ist in seinem Blut. Wer es isst, der wird ausgerottet werden.

Dieses Verbot, Blut zu essen, ist eines von ganz wenigen Geboten im Sinai-Gesetz, das explizit auch den Nichtisraeliten gilt. Als sich die Apostel versammeln, um zu beschließen, woran sich Heidenchristen halten müssen, um zur Gemeinde gehören zu können, wird das Blutgenussverbot beibehalten:

Apostelgeschichte 15,28-29
Denn es gefällt dem Heiligen Geist und uns, euch weiter keine Last aufzuerlegen, als nur diese notwendigen Dinge: dass ihr euch enthaltet vom Götzenopfer und vom Blut und vom Erstickten und von Unzucht. Wenn ihr euch davor bewahrt, tut ihr recht.

Neben das strikte Verbot, Blut zu essen, das sogar im Neuen Testament beibehalten wird, stellt Jesus selber das Gebot, sein Blut zu trinken, um ewig zu leben:

Johannes 6,53-56
Jesus sprach zu ihnen: Wahrlich, wahrlich, ich sage euch: Wenn ihr nicht das Fleisch des Menschensohns esst und sein Blut trinkt, so habt ihr kein Leben in euch. Wer mein Fleisch isst und mein Blut trinkt, der hat das ewige Leben, und ich werde ihn am Jüngsten Tage auferwecken. Denn mein Fleisch ist die wahre Speise und mein Blut ist der wahre Trank. Wer mein Fleisch isst und mein Blut trinkt, der bleibt in mir und ich in ihm.

Jesus kehrt hier das alttestamentliche Blutgenussverbot mit Blick auf sein eigenes Blut um, sodass das Essen seines Fleisches und das Trinken seines Blutes geradezu zur Bedingung des ewigen Lebens wird. Der Mensch greift hier aber nicht eigenmächtig nach dem Leben, sondern er muss es sich von Jesus geben lassen. Bei der Einsetzung des Abendmahls macht Jesus deutlich, dass diese Mahlzeit auf die Gemeinschaft mit Christus im kommenden Reich Gottes vorausweist:

Lukas 22,15-20
Und er sprach zu ihnen: Mich hat herzlich verlangt, dies Passalamm mit euch zu essen, ehe ich leide. Denn ich sage euch, dass ich es nicht mehr essen werde, bis es erfüllt wird im Reich Gottes.

Und er nahm den Kelch, dankte und sprach: Nehmt ihn und teilt ihn unter euch; denn ich sage euch: Ich werde von nun an nicht trinken von dem Gewächs des Weinstocks, bis das Reich Gottes kommt.

Und er nahm das Brot, dankte und brach's und gab es ihnen und sprach: Das ist mein Leib, der für euch gegeben wird; das tut zu meinem Gedächtnis.

Desgleichen auch den Kelch nach dem Mahl und sprach: Dieser Kelch ist der neue Bund in meinem Blut, das für euch vergossen wird.

Der Mensch ist nie, auch nach der Auferstehung nicht, im Besitz des ewigen Lebens. Sein Leben empfängt er immer aus der Gegenwart Gottes, aus der Speise, die er aus Gottes Hand nimmt, aus der Tischgemeinschaft Gottes. Ewig ist das ewige Leben, weil Gott für immer unter den Menschen wohnt (vgl. Hesekiel 37,26-28) und ihnen Leben schenkt. So findet sich der Mensch im letzten Kapitel der Bibel in der Gegenwart Gottes mit Zugang zu Speise und Trank des Lebens:

Offenbarung 22,1-2
Und er zeigte mir einen Strom lebendigen Wassers, klar wie Kristall, der ausgeht von dem Thron Gottes und des Lammes; mitten auf dem Platz und auf beiden Seiten des Stromes Bäume des Lebens,

4. „Und das ewige Leben"

die tragen zwölfmal Früchte, jeden Monat bringen sie ihre Frucht, und die Blätter der Bäume dienen zur Heilung der Völker.

Im Jesajabuch ist wortgewaltig verheißen, dass das ewige Leben in einem Festmahl Gottes Ausdruck findet, nachdem Gott den Tod besiegt hat:

Jesaja 25,6-8
Und der HERR Zebaoth wird auf diesem Berge allen Völkern ein fettes Mahl machen, ein Mahl von reinem Wein, von Fett, von Mark, von Wein, darin keine Hefe ist. Und er wird auf diesem Berge die Hülle wegnehmen, mit der alle Völker verhüllt sind, und die Decke, mit der alle Heiden zugedeckt sind. Er wird den Tod verschlingen auf ewig. Und Gott der HERR wird die Tränen von allen Angesichtern abwischen und wird aufheben die Schmach seines Volks in allen Landen; denn der HERR hat's gesagt.

Auferstehung von den Toten und ewiges Leben sind in den beiden christlichen Sakramenten der Taufe und des Abendmahls vorweggenommen. In der Taufe finden nach dem alttestamentlichen Vorbild der Sintflut und des Schilfmeerwunders (aber auch des Jona im Bauch des Fisches) Tod und Auferstehung statt, während im Abendmahl diejenigen, die durch Tod und Auferstehung hindurchgegangen sind, Anteil am Festmahl Gottes haben, in welchem sie die Speise und den Trank des Lebens empfangen. So ist es sachlich richtig, wenn Ignatius von Antiochien im 2. Jh. n. Chr. in seinem Brief an die Gemeinde in Ephesus (20,2) schreibt, es sei der Heilsplan Gottes für die Gemeinde, „dass ihr alle [...] gemeinsam in Gnade zusammenkommt, in einem Glauben und in Jesus Christus, der dem Fleische nach aus Davids Geschlecht stammt, dem Menschensohn und Gottessohn, ein Brot brechend, das ist die Unsterblichkeitsarznei, Gegengift gegen den Tod, [...] um immerfort in Jesus Christus zu leben".

5. „Amen."

Das Amen am Ende des Apostolikums erinnert uns daran, dass das Bekenntnis ein Gebet ist, dass wir es also nicht nur voreinander, sondern auch vor Gott sprechen. Es ist eine Antwort auf das Wort, das ergangen ist, und zwar auf das biblische Wort Alten und Neuen Testaments.

Das „Amen" führt uns selbst ein letztes Mal zurück ins Alte Testament, denn es handelt sich um ein hebräisches Wort der Zustimmung („gewiss!", „wahrlich!"), das von der hebräischen Wurzel *aman* abgeleitet ist, was je nach Verbform „sich als fest/zuverlässig erweisen", „fest/treu sein", „Bestand haben", „glauben", „vertrauen" bedeuten kann. Es ist also das eigentliche alttestamentliche Wort für „glauben". Das Glaubensbekenntnis beginnt mit „Ich glaube [...]" und endet mit einer Glaubensbekräftigung.

In Alten Testament findet sich das „Amen!" etwa in 1. Chronik 16 als Ausruf der Zustimmung des Volkes zu Davids Danklied bei der Überführung der Bundeslade nach Jerusalem:

> *1. Chronik 16,36*
> Gelobt sei der HERR, der Gott Israels, von Ewigkeit zu Ewigkeit!
> Und alles Volk sagte: Amen! und: Lobe den HERRN!

Auch in Nehemia 8,6 ist das „Amen!" ein Ausruf des ganzen versammelten Volkes, und zwar auf die Toraverlesung durch Esra.

Besonders bemerkenswert sind schließlich die vier Amen-Rufe im Psalmenbuch. Das Psalmenbuch ist in fünf Bücher aufgeteilt und am Ende der ersten vier Bücher findet sich jeweils ein Amen-Ruf. Das fünfte Buch endet dagegen mit einem Halleluja!

> *Psalm 41,14*
> Gelobt sei der HERR, der Gott Israels,
> von Ewigkeit zu Ewigkeit!
> Amen! Amen!

5. „Amen."

Psalm 72,19
Gelobt sei sein herrlicher Name ewiglich,
und alle Lande sollen seiner Ehre voll werden!
Amen! Amen!

Psalm 89,53
Gelobt sei der HERR ewiglich!
Amen! Amen!

Psalm 106,48
Gelobt sei der HERR, der Gott Israels,
von Ewigkeit zu Ewigkeit,
und alles Volk spreche:
Amen! Halleluja!

Psalm 150,6
Alles, was Odem hat, lobe den HERRN!
Halleluja!

Das Amen verbindet sich hier immer mit einem Gotteslob und mit einer Ewigkeitsperspektive, die gerade den Glauben auf das, was unvergänglich ist, richtet. Indem das ganze Volk in das „Amen" einstimmt, kommt zum Ausdruck, dass die Gemeinde eine Gemeinschaft der Heiligen ist. Auch das Apostolische Glaubensbekenntnis wird vom einzelnen Gemeindeglied mitgebetet, es wird aber in der versammelten Gemeinde gebetet. Die Vielfalt und Vielstimmigkeit der Gemeinde bringt darin die Einheit in der Vielfalt zum Ausdruck:

Epheser 4,3-6
Seid darauf bedacht, zu wahren die Einigkeit im Geist durch das Band des Friedens:
Ein Leib und *ein* Geist, wie ihr auch berufen seid zu *einer* Hoffnung eurer Berufung;

ein Herr, *ein* Glaube, *eine* Taufe; *ein* Gott und Vater aller, der da ist über allen und durch alle und in allen.

6. Fazit: Was bedeutet es, die heilige, katholische Kirche zu glauben?

Nachdem wir uns mit dem Bekenntnis zum Glauben an Gott den Vater und Schöpfer, an Jesus Christus, den eingeborenen Sohn und unseren Herrn, sowie an den Heiligen Geist zum dreieinigen Schöpfergott bekennen, bezieht sich der Bekenntnissatz „Ich glaube die heilige, katholische Kirche" und alle daran anschließenden Sätze („Ich glaube [...] die Gemeinschaft der Heiligen, Vergebung der Sünden, Auferstehung der Toten und das ewige Leben") auf den Bereich der Geschöpflichkeit. In personalem Sinne kann sich der christliche Glaube allein auf den dreieinigen Schöpfergott richten als Glaube „an" Gott. In sachlichem Sinne, als „Glaube, dass [...]", beinhaltet das Glaubensbekenntnis aber auch Aussagen über den geschöpflichen Bereich, namentlich über die Kirche und Gottes Handeln an der Kirche. Die Kirche ist *creatura verbi*, d. h. Geschöpf des Wortes Gottes.

Warum reicht es nun nicht aus, wenn Christen sich zu Gott dem Vater, dem Sohn und dem Heiligen Geist bekennen? Warum beinhaltet das Glaubensbekenntnis auch Glaubenssätze über die Kirche und Gottes Handeln an ihr? Ich möchte hier vier Aspekte hervorheben.

Erstens ist, wie bereits einleitend zu 4. erwähnt, allein schon die Tatsache, dass die Wirklichkeit der heiligen, katholischen Kirche ein Glaubensgegenstand ist, Ausdruck davon, dass die Existenz einer solchen Kirche nicht offensichtlich ist. Die sichtbaren Gestalten dieser Kirche waren und sind oft nicht heilig, sondern in vieler Hinsicht schuldig und unrein geworden, in den zahllosen Kirchenspaltungen haben sie sich oft auch nicht als katholisch erwiesen, sondern als gespalten und zerstritten, an die Stelle

6. Fazit

einer Gemeinschaft der Heiligen sind oft Zank und Zwietracht getreten, auch die Abendmahlsgemeinschaft unter den verschiedenen Konfessionen ist keine Selbstverständlichkeit. Das Bekenntnis zur heiligen, katholischen Kirche geschieht nicht durch eine rosarote Brille hindurch – weder das Alte noch das Neue Testament zeigen uns das Volk Gottes in einer solchen idealisierten Gestalt, sondern vielmehr in einem schonungslosen und bisweilen auch frustrierenden Realismus. Das Bekenntnis zur heiligen, katholischen Kirche ist das Bekenntnis zu einer geistlichen Wirklichkeit, die sich verbirgt und die erst offen zutage tritt, wenn Gott sein Werk mit seiner Kirche zur Vollendung bringt. Um es mit Paulus zu formulieren:

2. Korinther 4,7
Wir haben aber diesen Schatz in irdenen Gefäßen, auf dass die überschwängliche Kraft von Gott sei und nicht von uns.

Es ist ja nicht nur so, dass von der heiligen, katholischen Kirche und von der Gemeinschaft der Heiligen für unsere Augen wenig zu sehen ist, sondern dasselbe trifft auch auf die Vergebung der Sünden, die Auferstehung der Toten und das ewige Leben zu. Es ist also nicht der Fall, dass die sichtbare Wirklichkeit eigentlich perfekt sein sollte und dass es leider noch einige Schwächen gibt, die so bald wie möglich beseitigt werden sollen, sondern alle Glaubenssätze unter 4. stehen in offensichtlichem Widerspruch zur erfahrbaren und den Sinnen zugänglichen Wirklichkeit. In einer Zeit, in der das Wirklichkeitsverständnis von der Empirie dominiert wird, wo gerade auch der Wissenschaftsbegriff voraussetzt, dass nur das, was erfahrbar, experimentell überprüfbar und wiederholbar, vorhersehbar und beschreibbar gemacht werden kann, einen Wirklichkeitsanspruch haben kann, verweist uns das Glaubensbekenntnis auf eine verborgene Wirklichkeit (vgl. 1. Korinther 1,18-2,16). So schreibt Martin Luther in seiner Schrift „Vom unfreien Willen" (1525):

Damit also dem Glauben Raum gegeben werde, ist es notwendig, dass alles, was geglaubt wird, sich unsichtbar mache. Es kann sich aber nicht gründlicher unsichtbar machen als unter dem Gegensatz zur Empfindung und Erfahrung [...] Wenn Gott lebendig macht, so tut er das, indem er tötet, wenn er gerecht macht, tut er das, indem er schuldig macht, wenn er in den Himmel bringt, tut er das, indem er zur Hölle führt, so wie die Schrift sagt (1.Sam 2,6): „Der Herr tötet und macht lebendig, führt in die Hölle und wieder heraus."[97]

Es ist wichtig, dass das Glaubensbekenntnis über die Kirche und Gottes Handeln an der Kirche Glaubenssätze formuliert, die gegen die Erfahrungswirklichkeit stehen, weil Gott selber im Gegensatz zur Erfahrung handelt, weil er im Verborgenen wirkt. Es ist das Prinzip des Samens, der in der Erde begraben und damit verborgen werden muss, damit er Leben bringt. Alle Erfahrungstheologien, die eine Unmittelbarkeit des Sehens anstelle der Verborgenheit des Glaubens, eine Theologie der Herrlichkeit statt einer Theologie des Kreuzes behaupten, führen ins Scheitern hinein, denn, wie Jesus gesagt hat: „Wer sein Leben erhalten will, wird es verlieren; und wer sein Leben verliert um meinetwillen, der wird es finden" (Matthäus 16,25). Das Festhalten gerade dieser Sätze des Glaubensbekenntnisses bedeutet also eine Demut des Glaubens, die weiß, dass die Kirche sich nicht selber schafft, konstituiert und heiligt, sondern dass sie Geschöpf des Wortes Gottes ist und nur durch das verborgene Wirken Gottes eines Tages zur Vollkommenheit gelangen wird. Sie wird aus dem offensichtlichen Tod in das verheißene Leben hinein erweckt durch den Geist, der lebendig macht.

Zweitens betonen die Adjektive „heilig" und „katholisch", dass der christliche Glaube und auch die christliche Kirche zugleich exklusiv und inklusiv sind. So wie der Mensch zugleich Geschöpf aus Erdboden und Ebenbild Gottes mit Gottesatem ist, wie Jesus Christus wahrer Mensch und wahrer Gott ist, wie Leiden und Herrlichkeit zusammengehören, so gehören auch die Heiligkeit und die Katholizität der Kirche zusammen. Die Frage aus 5. Mose 23,2-9, wer zur Ekklesia Jahwes hinzutreten darf, die Fragen aus den Psalmen 15,1 („HERR, wer darf weilen in deinem Zelt? Wer darf wohnen auf deinem heiligen Berge?") und 24,3 („Wer darf auf des HERRN Berg gehen, und wer darf stehen an seiner heiligen Stätte?") sind von bleibender Gültigkeit. Das himmlische Jerusalem, das auf die Erde herabkommt, ist mit seinen zwölf Toren in alle Himmelsrichtungen katholisch (Offenbarung 21,12-13). Es ist aber mit der Eintrittsverweigerung gegen alles Unreine, gegen alles, was Gräuel tut und Lüge, zugleich auch heilig (Offenbarung 21,27). Während es Zeiten gab, wo die Kirchen eher die Heiligkeit hochgehalten haben und die Katholizität vernachlässigt haben, besteht heute in unseren westlichen Kirchen eher die Tendenz, die Katholizität zu betonen und die Heiligkeit zu vernachlässigen. Doch gerade die Vernachlässigung der Heiligkeit der Kirche, die Auflösung der Kirche in die säkularen, profanen Gestalten der Gesellschaft hinein, raubt ihr das Profil und damit auch die Lichtkraft, die Menschen zu ihrem Glanze zu ziehen (vgl. Jesaja 60,1-3).

Drittens hat der christliche Glauben sehr wohl eine sichtbare, erfahrbare Seite, und zwar in der Taufe und im Abendmahl. Auch wenn weder die Taufe noch das Abendmahl im Apostolischen Glaubensbekenntnis explizit genannt werden, führt doch die Rede von der „Gemeinschaft der Heiligen", der „Vergebung der Sünden" und der „Auferstehung der Toten" innerbiblisch zu diesen beiden christlichen Sakramenten. Dabei wird deutlich, dass es sich in Taufe und Abendmahl nicht einfach um neutestamentliche Innovationen handelt, sondern dass beide zutiefst im Alten Testament verwurzelt sind, weil der Weg zur Tischgemeinschaft auf dem Berg und im Haus Gottes immer durch das reinigende und richtende Wasser führt. Für die Reformatoren war das rechte Austeilen der Sakramente neben der reinen Verkündigung des Evangeliums konstitutiv für die Kirche und die heutigen Kirchen tun gut daran, wenn sie daran festhalten oder sich darauf zurückbesinnen.

Und viertens ist auch das Verhältnis von Diesseitigkeit und Jenseitigkeit wichtig. Auch hier sind Einseitigkeiten in beide Richtungen Gefährdungen des christlichen Glaubens. Auf der einen Seite wurde dem Christentum immer wieder eine Jenseitsvertröstung vorgeworfen, auf der anderen Seite führen christliche Bemühungen, eben diese Jenseitsvertröstung zu vermeiden, schnell in eine Jenseitsvergessenheit, bei der nur noch das Diesseits im Blick ist. In der lateinischen Formulierung *carnis resurrectionem*, die wörtlich „Auferstehung des Fleisches" bedeutet, aber üblicherweise in deutschen Fassungen des Apostolikums als „Auferstehung der Toten" übersetzt wird, kommt am deutlichsten zum Ausdruck, dass es kein Jenseits ohne Diesseits gibt, aber auch kein Diesseits ohne Jenseits. Das Fleisch, diese ganz und gar dem Irdischen, Diesseitigen verhaftete materielle Seite des Menschen, ist vergänglich. Reine Diesseitigkeit bedeutet, dass der Mensch wie eine Blume aufgeht, kurz blüht und dann verwelkt und vom Wind verweht wird (vgl. Jesaja 40,8). Mit der Auferstehung des Fleisches ist aber ausgesagt, dass gerade das Diesseitige und Vergängliche Anteil an der Ewigkeit des Jenseits hat, weil es durch das Wort und den Geist Gottes auferweckt wird. Die christliche Jenseitshoffnung beruht also nicht darauf, dass das Jenseits mit dem Diesseits nichts zu tun hat und der Mensch das Fleisch abstreifen und in die himmlische Glückseligkeit eingehen kann. „Auferstehung des Fleisches" bedeutet: am Auferstehungsleib Jesu sind die Wundmale zu sehen und zu spüren. So schreibt Paulus über die Auferstehung des Fleisches:

1. Korinther 15,42–44
Es wird gesät verweslich und wird auferstehen unverweslich. Es wird gesät in Niedrigkeit und wird auferstehen in Herrlichkeit. Es wird gesät in Armseligkeit und wird auferstehen in Kraft. Es wird gesät ein natürlicher Leib und wird auferstehen ein geistlicher Leib.

Mit anderen Worten: Nur was verweslich, in Niedrigkeit und Armseligkeit, gesät wird, wird auch unverweslich, in Herrlichkeit und Kraft, auferstehen. Das Jenseits ist die Ernte des Diesseits. Es ist da, wo das Verborgene ans Licht tritt, wo aus Glauben Schauen wird. Aus diesem Grund kann eine recht verstandene Auferstehungshoffnung gerade nicht zu einer Diesseitsflucht und Jenseitsvertröstung führen, weil man im Jenseits nur ernten kann, was im Diesseits gesät ist. Das letzte Hemd hat keine Taschen – auch keine Taschen für Saatgut; alles muss im Diesseits gesät werden.

6. Fazit

Wenn Gott der Vater am Anfang des Apostolikums als Schöpfer von Himmel und Erde benannt wird, so finden Himmel und Erde gerade in der Auferstehung des Fleisches zum ewigen Leben zusammen. Sie finden in Jesus Christus, dem Sohn Gottes, zusammen, in dem das ewige Wort Gottes selber Fleisch geworden ist, in den Tod gegeben, aber durch Gott auferweckt worden ist. Durch seinen Geist hat Gott Jesus aus den Toten auferweckt und dieser Geist ist auch denen gegeben, die an den dreieinigen Gott glauben und sich zu ihm bekennen.

Anhang:

Alttestamentliche Bibelstellen zum Apostolikum

Die folgende Tabelle enthält eine Zusammenstellung alttestamentlicher Bibelstellen zum Apostolischen Glaubensbekenntnis. Der Text des Apostolikums ist auf Latein und Deutsch wiedergegeben. Die Zusammenstellung der Bibelstellen zielt nicht auf Vollständigkeit. Einige der Stellen werden im Buch nicht diskutiert, umgekehrt sind auch nicht alle Bibelstellen, die diskutiert werden, in die Tabelle aufgenommen. Die Auswahl zielt vor allem darauf ab, Bibelstellen, die *deutlich* einen Bezug zum Wortlaut oder Inhalt des Apostolikums haben, zusammenzutragen als Hilfe für Predigtvorbereitung, religionspädagogische Arbeit oder auch einfach für das persönliche Studium.

Apostolicum lateinisch	*Apostolikum deutsch*	*Alttestamentliche Stellen*
Credo in Deum	Ich glaube an Gott	1 Mose 15,6; 5 Mose 6,4-5; Hab 2,4
Patrem omnipotentem	den Vater, den Allmächtigen,	1 Mose 5,1-3; 5 Mose 32,6; 2 Samuel 7,14; Ps 68,6; 89,27; 103,13; Jes 9,5; 63,16; 64,7; Mal 1,6; 2,10
Creatorem caeli et terrae	den Schöpfer des Himmels und der Erde.	1 Mose 1,1; 2,1.4; 14,19.22; 2 Mose 20,11; Hiob 38,4; Ps 33,6; 90,2; 104,1-24; 121,2; 146,5-6; Jes 65,17; 66,22; Jer 32,17

Alttestamentliche Bibelstellen zum Apostolikum

Et in Iesum Christum	Und an Jesus Christus,	2 Mose 28,41; 3 Mose 16,32; 1 Sam 2,10; 10,1; Ps 2,2; 89,21; Jes 45,1; 61,1; Dan 9,25; Sach 4,14
Filium eius unicum Dominum nostrum	seinen eingeborenen Sohn, unseren Herrn,	2 Mose 4,22; 2 Sam 7,14; Ps 2,7; Spr 30,4
qui conceptus est de Spiritu Sancto	empfangen durch den Heiligen Geist,	Jes 11,2; 42,1; 61,1; Hes 2,1-2; Mi 3,8; Sach 4,6
natus ex Maria Virgine	geboren von der Jungfrau Maria	1 Mose 3,15; Jes 7,14
passus sub Pontio Pilato,	gelitten unter Pontius Pilatus,	Ps 22; Jes 53,3-7
crucifixus mortuus et sepultus	gekreuzigt, gestorben und begraben,	5 Mose 21,23; Ps 31; Jes 53,8-9; Sach 12,10
descendid ad inferos	hinabgestiegen in das Reich des Todes,	1 Sam 2,6; Hiob 26,6; Ps 30,2.4; 71,20; 88,11-13; Hos 13,14; Jona 2,3-8
tertia die resurrexit a mortuis	am dritten Tage auferstanden von den Toten,	Ps 16,10; Jes 53,10; Hos 6,2; Jona 2,1.11
ascendid ad caelos	aufgefahren in den Himmel;	Ps 47,6; 68,19; Dan 7,13-14
sedet ad dexteram Dei	er sitzt zur Rechten Gottes,	Ps 110,1; Hes 1,26
Patris omnipotentis	des allmächtigen Vaters;	s. o.
inde venturus est	von dort wird er kommen,	Ps 18,10; 50,2-3; Hes 43,2; Sach 14,5; Mal 3,1

iudicare vivos et mortuos	zu richten die Lebenden und die Toten.	Ps 50,4; 76,8-10; 96,13; 103,6; 110,6; 139,23; Jes 2,4; 11,3; 33,22; Jer 11,20; Dan 12,2; Mi 4,3
Credo in Spiritum Sanctum	Ich glaube an den Heiligen Geist,	1 Mose 1,2; Hiob 33,4; Ps 51,13; Jes 11,2; 63,10-11; Joel 2,16; Mi 2,5
sanctam Ecclesiam catholicam	die heilige katholische (christliche/allgemeine) Kirche,	2 Mose 19,5-6; 3 Mose 19,2; 5 Mose 4,10; 7,6; 23,2-9; Jes 2,2-4; 49,6; 56,1-8; Mi 4,1-3
Sanctorum communionem	Gemeinschaft der Heiligen,	5 Mose 33,3; Ps 4,4; 30,5; 32,6; 50,5; 89,6.8; 145,10; 148,14; 149,1; Dan 7,18-27; Sach 14,5
remissionem peccatorum	Vergebung der Sünden,	2 Mose 34,6-7; Ps 51; 103,1-13; 130,4; Jes 1,18; 33,24; Mi 7,18-19; Dan 9,9
carnis resurrectionem	Auferstehung der Toten[98]	Jes 26,14-20; Hes 37,12-14; Dan 12,2-3
et vitam aeternam	und das ewige Leben.	1 Mose 3,22; Ps 21,5; Jes 25,6-8; 55,1-3; Dan 12,2
Amen	Amen.	1 Chr 16,36; Neh 8,6; Ps 41,14; 72,19; 89,53; 106,48

Bibelstellenverzeichnis

Altes Testament

1. Mose

1	25, 46, 63, 143	3,5	40, 46, 56, 60	12,1–3	57
		3,6	185	12,3	176
		3,7	47, 71	13,16	205
		3,8	37, 47, 160	15	205
		3,9	105	15,5	205–206
1–2	33, 38	3,15	102, 150	15,5–6	15, 203
1,1	14, 21–22, 30, 34, 68	3,17–18	56, 58, 105	22,17	205
		3,18–19	46	23,1–20	198
1,1–2	60	3,21	47, 71	25,1–11	198
1,1–2,3	34	3,22	207	28,12	58, 123
1,2	20, 81, 161, 185	3,24	47–48	28,14	58
		4	50–51	28,16–17	58
1,2–3	137, 151	4,1–11	50	35,27–29	198
1,3	161, 165	4,9	105	37–50	58
1,4	161, 165	4,10	127	47,27–31	198
1,6–10	185	4,11	189	50,1–14	198
1,8–10	21	4,15	50		
1,26–28	28	4,16	51	### 2. Mose	
1,27–28	43	4,23–24	192	1,6–7	58
1,28	21, 44, 56	5,1–3	32	3,1–6	105
1,28–29	185	5,3	88	3,5	61
1,31	27, 46	6–7	143	3,5–6	59
2	35, 45, 46, 59, 137, 156	6,2	32, 84	3,6	200
		6,2–4	114	3,13–15	60
2,1	20–21, 28	6,5–6	144	12,21–23	191
2,2	28	6,9	144	13,19	198
2,3	28	8,1	143	14,4	84
2,5	44	9,1	57	14,18–20	144
2,5–7	35	9,2	186	14,21	144
2,7	32, 65, 88, 135, 138, 153, 157	9,3–4	186, 208	15,7–11	145
		9,3–6	190, 192	15,14–18	146
		9,5–6	51	19,5	176
2,8	36	9,20	143	19,5–6	61, 175
2,9–10	37	11	105	20	190
2,15	42, 44, 49	11,4	56–58, 60, 123	20,10	44
2,16–17	185, 208	11,5	123	20,11	21
3	46, 127, 160	11,7	29	20,26	48

21–23	190	17,10–14	191, 208	3,17	147
21,23	192	19,2	177	5,1	147
21,27	193	19,18	177	24,32	198
24,8	190	19,33–34	177		
24,9–10	73	24,16–22	51	**Richter**	
24,9–11	183–184	25,4	44	3,10	73, 163
24,15–18	24, 26	26	194–196	4,4	163
25,1–31,17	27	26,3–13	194	6,34	73, 163
25,8–9	23	26,11–12	28	11,29	73, 163
25,21–22	72	26,14–39	194	13,25	73, 163
25,31–40	36	26,40–42	194	14,6	73, 163
26,1	48			14,19	73, 163
26,22	36	**4. Mose**		15,14	73, 163
28,36	176	3,7–8	43		
28,41–42	48	6,22–27	50	**1. Samuel**	
29	34	6,24–26	155	2,6	112, 216
30,25–30	71	6,27	176	2,10	112
31,2–5	166	11,16–17	162	10,1	74
34,29	72, 140	11,25	73, 163	10,6	74
34,29–35	32, 69, 206	11,29	75, 163	16	108
35,30–35	166	18,7	43	16,1–13	77
39,32	28			16,13	158
39,43	27–28	**5. Mose**		16,13–14	74
40,9	28	4,6–8	11	28	110
40,33	28	4,10	175		
40,34–35	49	5,6-7	15	**2. Samuel**	
40,34–38	34	5,10	15	5	108
		6,4–5	15	7	84, 86, 89, 96
3. Mose		19,21	192	7,5	108
1,1	34	23,2	180	7,8	108, 125
1–7	34, 49	23,2–9	178–179, 216	7,11–14	85
8	34	23,16–17	193	7,14	19
8–9	49	25,5–6	200	12,1–5	188
9,1–2	35	30,19–20	61	23,2	158
9,23	35, 49	32,6	18		
16,2	72	33,2–5	183	**1. Könige**	
16,4	72	34,9	73, 163	3,9	166
16,14–20	191			3,12	166
16,19	190	**Josua**		3,16–28	163, 166
16,23–24	72	1,7–8	163	6,20	135
16,32	72	3	147, 189		

6,33–35	49	3–41	108	103,6	127
7,15–26	38	8	31	103,13	19
7,49	38	8,4–10	30	104	138
8,27	23	15,1	216	104,1–3	137
8,66	35	16,10	121	104,1–5	24, 96
11,31–32	85	22	120	104,3	146
11,39	85	22,2	109	104,3–7	142
22,19–20	29	22,16	120	104,14–16	142
		22,30	121	104,15	69

2. Könige

		24,3	216	104,29–30	154
2,8–9	147	30,2	112	104,29–31	135
2,15	148	31,6	109, 121	104,30	138
		31,13	121	104,31	138

1. Chronik

		31,18	121	106,48	213
16,36	212	31,22	121	110	94–95, 96,
28,8	178	33,5–8	21–22		107, 124, 133
29,20	178	33,6	136–137,	110,1–2	94
			157, 170	115,17	116
		33,13–14	21	115,17–18	111

2. Chronik

		36,9–10	37	116,10	159
18,21	160	41,14	212	139,7	161
		50,2–6	127	139,8	112

Nehemia

		51	188	139,11–12	161
8,6	212	51,2	188	145,10–16	184
		51,4	188	146,3–4	155

Hiob

		51,13	74, 136	148,1–3	201
1,6	32, 84	68,6	18	150,6	213
15,30	136	68,19	113		
26,6	112	71,20	112	**Sprüche**	
27,3	154	72,19	213	3,19	165
28	166	76,9–10	127	8,22–30	165
32,8	154	78,69	24	10,12	194
33,4	169	82,1	30		
38,4–7	201	82,6	84	**Jesaja**	
		88,6–7	111	1	63

Psalmen

		88,11–13	111	1,2	62, 76
2	82, 84, 86, 89,	89,27	19	2,2–4	128
	94, 96, 124	89,53	213	6	31, 95, 107
2,2–8	86–87	91,11–12	103	6,1	106, 107
2,7	19, 87	91,13	104	6,3	31, 47
2,7–8	91	95,3	30	6,8	29

7,14	101	55,1–5	180	1,26	96
9,1	77	55,11	10	2	138
9,5–6	19, 77	56	181	2,1–2	88, 155, 197
11	79	56,3–4	179–180	2,2	138, 156
11,1–2	78, 83, 101, 108	56,3–8	92	8,16	36
		56,5	179	11,19–20	164
11,1–4	128	56,7	92, 179	33,20	194
11,2	168	56,8	179	34,17	126
11,3–9	78	57,15	106–107	34,18	126
11,6–9	129	59,19–60,3	139	34,23	126
14	117	60,1	39	34,23–24	86
14,9–15	116	60,1–3	76, 217	36	195–196
14,12–15	202	60,19	140	36,20	194
14,13–14	40, 57, 60	61	82, 91	36,22	195
14,14	117	61,1	140	36,24	195
25,6–8	211	61,1–3	79	36,24–25	189
25,8	112–113	63	135	36,24–30	148
26	199–200	63,9–11	136	36,25	195
26,14	111–112, 199	63,15–16	19	36,26–27	156, 195
26,19	112, 118, 125, 199	63,16	118	36,28	195
		63,19–64,3	118	36,29–30	195
28,5–6	160	64,7	18	36,31–32	195
40,3–10	76–77	65–66	63	36,34–35	45
40,8	218	65,17	76	36,35	149, 156
42	94	65,17–18	62	37	199–200
42,1	79, 82, 87, 91, 108	66,1	23, 26	37,1–14	156
		66,2	26	37,9–14	197
42,1–9	124	66,19–22	62	37,10	156
42,5	154	66,22	76	37,12	125
42,5–7	79			37,12–14	118
45,18	44	**Jeremia**		37,26–28	210
52,13	106–107, 132	23,16–18	70	40–48	35
52,13–53,12	107, 125	23,18	31, 164	43,27	35
53	181	31,14–17	86	44,14	43
53,2	108	31,33	164	47,1–12	38
53,4	63				
53,4–6	107	**Hesekiel**		**Daniel**	
53,7–8	179–180	1–2	32, 138	7	96–97, 107, 122–123, 133, 186
53,8–11	108	1,4	96		
53,9	120	1,12	138, 155		
53,10	120	1,20	138, 155	7,9	124

Bibelstellenverzeichnis

7,13–14	95, 122, 124	3,8	150	1,32	122
7,18	186	3,10	150	1,35	33, 81, 87,
7,27	186	3,16–17	101		101, 122, 169
12,2	118, 125, 207	5,14	40	3,8	87
12,2–3	202–204, 206	6,9–10	64	3,21–22	81
12,3	32, 75	6,10	22–23	3,22	83, 87, 169
		9,10–11	194	3,23	83

Hosea

		12,29	114	3,23–38	33, 82, 101
5,15	122	12,39–40	120	3,38	83
6,2	121	12,40	113	4,1	82
13,14	112	14,24	151	4,14	82
		16,16	118	4,18	91

Jona

		16,18	174	4,18–19	82
2,1	112	16,21	118	4,21	83, 91
2,3	120	16,22	118	4,25–27	92
2,3–10	113	16,25	117, 216	7,36–50	194
2,7	120	17,2	141	10,18–19	104
2,11	113, 120	18,17	174	15,1–7	126
		19,28	32	16,22	116
		21,4–5	109	19,46	92

Micha

		25,31–33	126	19,47	93
2,5	178	26,28	188, 190	20,1–8	93
		27,46	109	20,22–25	98

Sacharja

		28,18	97	20,36	32
9,9	109	28,18–20	90	20,39	201
12,8–10	109			20,41–44	94
		Markus		22,15–20	210

Maleachi

		1,4	188, 190	23,43	106
2,10	18	1,4–5	149	23,46	109
3,1–3	92–93	2,16	194	24,25–27	119
3,14	43	10,45	193	24,29	186
		11,17	179	24,45–47	119
		12	206	24,46	121

Neues Testament

		12,18	200	24,51	122
Matthäus		12,24–27	200		
1,1	68, 103	12,26	206	**Johannes**	
1,1–17	101	16,19	89, 122	1,1–5	25
1,18–23	100			1,12	84
3,2	150	**Lukas**		1,21–22	99
3,7	150	1,31–33	80	2,22	119
3,7–9	103	1,31–35	83	3,5	151

3,7	135	15,28–29	209		12,3	90
3,8	134–135				12,7–11	168
5,28–29	207	**Römer**			12,8	159
6,17–20	151	1,23	40		12,13	152, 182, 188
6,53–56	209	3,22–23	71		14,26	168
6,63	157, 169, 197	4	15		14,32–33	170
7,38	40	4,3	204		15,4	121
7,39	119	4,22	204		15,40–43	32, 203
8,12	39–40	4,23–25	204		15,42–44	218
8,37–45	103	5,8–9	196		15,45	157, 197
12,16	119	8,11	156–157, 197		15,47–49	203
12,41	107	8,14	84, 88		15,54–57	113
13–17	187	8,14–16	169, 206			
15,1–8	187	8,14–17	33, 180		**2. Korinther**	
15,3	10	8,15	131		3,6	156, 197, 206
15,14–15	169	8,17	131, 169, 205–206		3,15–18	32
15,15	187				3,17–18	141
19,2–3	106	8,18–25	205		4,4	89, 130
19,37	110	8,22	44		4,7	215
20,22	157	8,38	23		4,13–14	159
20,22–23	164	10,9	90		4,14	207
20,28	89	13,8	130			
					Galater	
Apostelgeschichte		**1. Korinther**			3	205
1,9	97, 122	1,18–2,16	215		3,26	84
2,27	121	2,7–9	119		4,4	130
2,38	180, 188, 190	2,9–16	164		5,22	153
2,38–39	152	2,11–12	187			
2,38–42	182	2,13	159		**Epheser**	
2,41	174	2,15	164		1,7	173
2,42–43	175	2,16	187		2,6	187
4,19	97	3,10–15	167		2,11–13	181
4,31	158–159	3,16	167		2,18–21	181
5,29	97	6,3	32		4,3–6	213
7,56	97	8,4–6	16–17		4,8	115
8,27	179	9,19	130		4,8–10	113–114
8,35	180	10,1–2	189			
8,36	180	10,2	184		**Philipper**	
9,3–5	97	10,16	188		2	98
10	181	10,16–17	182		2,6	106
13,35	121	12	188			

2,6–11	105, 117, 130	4,6	114	22,1–2	210
2,8–11	90, 123	4,8	194	22,1–17	39
		4,14	141		

Kolosser

1,10	176
1,15	130
1,15–16	89
1,18	123
2,15	114–115
3,10	89, 130

2. Thessalonicher

2,8	136

1. Timotheus

2,6	193

2. Timotheus

3,16	158

Hebräer

1,3	89, 130
2,15–19	31
4,12–13	160
9,13–14	191
11,17–19	204
11,39–40	115
12,1–2	115
12,2	116

Jakobus

1,17	25, 165
2,23	204

1. Petrus

3,18	156, 197
3,18–19	114
3,19	115
3,20–22	189
3,22	23

2. Petrus

1,20–21	158
2,4	32, 114–115

1. Johannes

1,7	192
2,1–2	192
3,2	169

Judas

6	32, 114–115

Offenbarung

2,7	168
2,11	168
2,17	168
2,29	168
3,6	168
3,13	168
3,22	168
4–5	95
4,4	116
4,8	47, 135
4,10	116
5,6	95
5,12–14	116
6,9–10	116
6,10	127
12	102
12,5	133
12,12	133
15,3–4	116
21–22	38, 63
21,1–5	63
21,12–13	217
21,27	217

Apokryphen

Sirach

44,21	204

Anmerkungen

1. Martin Mosebach, Häresie der Formlosigkeit. Die römische Liturgie und ihr Feind, München: DTV, 2012, S. 86–87.
2. Siehe Georg Huntemann, *Das Glaubensbekenntnis aktuell ausgelegt für Menschen von heute*, Holzgerlingen: Hänssler, 1988; Stefan Schweyer, *Gesunder Glaube. Nahrhafte Impulse zum Apostolischen Glaubensbekenntnis*, Norderstedt: BoD, 2. aktualisierte Aufl. 2019.
3. Martin Mosebach, *Die 21. Eine Reise ins Land der koptischen Märtyrer*, Hamburg: Rohwolt, 2018, 24.
4. Adolf Schlatter, *Die Bibel verstehen. Aufsätze zur biblischen Hermeneutik*, herausgegeben von Werner Neuer. Gießen: Brunnen, 2002, S. 53–54.
5. Eckhard J. Schnabel, *Der erste Brief des Paulus an die Korinther*, Wuppertal: R. Brockhaus, 2006, S. 449.
6. Siehe dazu besonders Nathan Chambers, „Genesis 1.1 as the First Act of Creation", *Journal for the Study of the Old Testament* 43 (2019), S. 385–394.
7. Darauf hat schon der angelsächsische Benediktinermönch Beda Venerabilis (672/673–735 n. Chr.) in seinem Kommentar (*princ. Gen.*) zu 1. Mose 1,2 hingewiesen: „Was bedeuten diese Details über die Erde, da die Bezugnahme auf den Himmel weggelassen wird, wenn nicht, dass der Autor möchte, dass nichts von dieser Beschreibung auf den Himmel angewendet wird? Dieser ist nämlich der höchste Himmel, der von jedem Zustand dieser veränderlichen Welt unterschieden immer ungestört in der Herrlichkeit der göttlichen Gegenwart bleibt. Denn von unserm Himmel, an dem Lichter platziert wurden, die für dieses irdische Leben notwendig sind, sagt die Schrift in den folgenden Versen, wie und wann er gemacht wurde. Daher ist der höhere Himmel, der für alle Sterblichen unzugänglich ist, nicht formlos und leer geschaffen worden wie die Erde. Am Anfang brachte die Schöpfung der Erde keine grünen Pflanzen und keine lebenden Tiere hervor,

aber der höhere Himmel, der für seine eigenen Bewohner geschaffen worden war, war erfüllt von den überaus gesegneten Heerscharen von Engeln".

[8] LUT84: „Wind" statt „Geistwind".
[9] Benno Jacob, *Der Pentateuch. Exegetisch-kritische Forschungen*, Leipzig: Veit & Comp, 1905, S. 157–158.
[10] L. Michael Morales, *The Tabernacle Pre-Figured. Cosmic Mountain Ideology in Genesis and Exodus*, Leuven: Peeters, 2012, S.87.
[11] LUT 84: „Und Mose sah dies ganze Werk an, und siehe, sie hatten es gemacht, wie der HERR geboten hatte."
[12] Eigene Übersetzung.
[13] Eigene Übersetzung.
[14] Eigene Übersetzung.
[15] Eigene Übersetzung.
[16] Der Babylonische Talmud spricht in Traktat Sanhedrin 38b von der himmlischen Familie: „Der Heilige, er sei gepriesen, tut nichts, ohne sich vorher mit der himmlischen Familie zu beraten".
[17] LUT84: „Gottesgemeinde".
[18] LUT 84: „Gott".
[19] Die Verbindung von Baum und Leuchter findet man in der Bibel u. a. in Sacharja 4,1-3 und in der Rahmung des Sendschreibens an Ephesus in Offenbarung 2,1.7. In der christlichen Tradition ist sie im Weihnachtsbaum enthalten, der den Baum des Lebens darstellt. Siehe dazu Michael Kotsch, *Weihnachten. Herkunft, Sinn und Unsinn von Weihnachtsbräuchen*, Hammerbrücke: Jota, 2003, S. 109–114.
[20] Eine gute Einführung in die Verbindung von Garten Eden und Tempel bietet Gregory K. Beale, *Der Tempel aller Zeiten. Die Wohnung Gottes und der Auftrag der Gemeinde*, Oerlinghausen: Betanien, 2011, S. 64–80.
[21] LUT84: „und du tränkst sie mit Wonne wie mit einem Strom".
[22] Zitiert nach Gregory K. Beale, *Der Tempel aller Zeiten. Die Wohnung Gottes und der Auftrag der Gemeinde*, Oerlinghausen: Betanien, 2011, S. 41. Er zitiert dort auch Rabbi Pinhas ben Ya'ir (2. Jh. n. Chr.): „Das

Haus des Allerheiligsten ist gemacht, um dem höchsten Himmel zu entsprechen. Das äußere Heilige entspricht der Erde. Der Vorhof bedeutet das Meer".

[23] Eigene Übersetzung.

[24] Christopher J. H. Wright, *Old Testament Ethics for the People of God*, Leicester: Inter-Varsity Press, 2004.

[25] Benno Jacob schreibt in seinem Genesiskommentar zu 1. Mose 2,5: „Zwei Seiten hat die Stellung des Menschen zur Erde: Er darf sie *beherrschen* […], und er muss ihr, um seine Nahrung zu gewinnen, *dienen*" (Benno Jacob, *Das Buch Genesis*, Stuttgart: Calwer, 2000, S. 80).

[26] Siehe dazu ausführlicher nach Gregory K. Beale, *Der Tempel aller Zeiten. Die Wohnung Gottes und der Auftrag der Gemeinde*, Oerlinghausen: Betanien, 2011, S. 81–178.

[27] LUT 84 übersetzt den kursiven Satz mit: „er hat sie nicht geschaffen, dass sie leer sein soll, sondern sie bereitet, dass man auf ihr wohnen solle".

[28] LUT 84: „Ehre".

[29] Peter Singer, *Praktische Ethik*, Stuttgart: Reclam, 2. Aufl. 1994, S. 223–224.

[30] Giuseppe Gracia, *Die Utopia-Methode. Der neue Kulturkampf gegen Freiheit und Christentum*, Basel: fontis, 2022, S. 61–64. Mit dem auf 2000 Jahren bezifferten Alter wird leider das Alte Testament in diesem sonst hilfreichen Gleichnis weitgehend ausgeblendet.

[31] Ebd., S. 65.

[32] Dorothy L. Sayers, *Das grösste Drama aller Zeiten*, Zürich: Theologischer Verlag, 1982, S. 50.

[33] Siehe dazu Siegbert Riecker, „Segen für die Völker. Gottes Mission im Alten Testament", in: Herbert H. Klement und Julius Steinberg (Hg.), *Freude an Gottes Weisung. Themenbuch zur Theologie des Alten Testamentes*, Steinen: arteMedia, 2012, S. 259–277.

[34] Eine ausgezeichnete Auslegung der Geschichten des Turmbaus zu Babel und der Himmelsleiter findet sich in Jan P. Fokkelman, *Narrative Art in Genesis. Specimens of Stylistic and Structural Analysis*, Sheffield: JSOT Press, 1991, S. 11–81.

35 LUT 84: „Acker".
36 LUT 84: „ist heiliges Land".
37 LUT 84: „Ich werde sein, der ich sein werde" und „ich werde sein".
38 Dieses Motiv findet sich auch im Adventslied „Maria durch ein Dornwald ging". Als Maria unter ihrem Herzen das Jesuskind durch den Dornwald trägt, beginnen die Dornen zu blühen, d. h., der Sündenfluch kehrt sich um und die Wüste wird wieder zum Garten.
39 Zitiert nach wörtl. Übers. in Anmerkung von LUT 84.
40 LUT 84: „Blöße".
41 So heißt es in der Doxologie nach „Sit laus Patri cum Filio", die sich im Evangelisch-reformierten Gesangbuch der deutschsprachigen Schweiz (1998) unter der Nr. 228 findet: „Ehr sei dem Vater und dem Sohn, dem Heilgen Geist *in einem Thron*, der heiligen Dreieinigkeit sei Lob und Preis in Ewigkeit". Die Dreieinigkeit wird hier besungen als drei Personen, die aber nicht von drei Thronen aus regieren, sondern von einem gemeinsamen Thron aus.
42 LUT 84: „Winde(s)".
43 Daniel Boyarin, *Die jüdischen Evangelien. Die Geschichte des jüdischen Christus*, Würzburg: Ergon, 2015, S. 54. Siehe dazu auch: Peter Schäfer, *Zwei Götter im Himmel. Gottesvorstellungen in der jüdischen Antike*, München: C.H. Beck, 2017.
44 Tom Wright, *Worum es Paulus wirklich ging*, Gießen: Brunnen, 2010, S. 108–109.
45 Zur aktuellen Herausforderung der Klärung des Verhältnisses von Christen zum Staat hat der Alttestamentler Stefan Felber ein Büchlein geschrieben, das auch auf eine biblische Verhältnisbestimmung von Religion und Politik eingeht: Stefan Felber, *Kein König außer dem Kaiser? Warum Kirche und Staat durch Zivilreligion ihr Wesen verfehlen*, Neuendettelsau: Freimund-Verlag, 2021.
46 Die Diskussion ist kompliziert und kann hier nicht geführt werden. Hilfreich sind folgende beiden Aufsätze: Marius Reiser, „Aufruhr um Isenbiehl oder: Was hat Jes 7,14 mit Jesus und Maria zu tun?", in: Marius Reiser, *Bibelkritik und Auslegung der Heiligen Schrift. Beiträge*

zur Geschichte der biblischen Exegese und Hermeneutik, Tübingen: Mohr Siebeck, 2007, S. 277–330; Carsten Ziegert, „Die unverheiratete Frau in Jes 7,14. Eine Anfrage an die hebräische Lexikographie", in: *Ephemerides Theologicae Lovanienses* 93, 2017, S. 269–287.

[47] Richard Bauckham, „God Crucified", in: Richard Bauckham, *Jesus and the God of Israel. „God Crucified" and other Studies on the New Testament's Christology of Divine Identity*, London: Paternoster, 2008, S. 33–37.

[48] In Psalm 68,19 heißt es allerdings, dass Gott von den Menschen Gaben empfangen hat, in Eph 4,8 dagegen, dass er den Menschen Gaben gegeben hat. Bei dieser Änderung handelt es sich sicher nicht um ein Versehen, vielmehr soll sie zum Ausdruck bringen, dass Psalm 68,19 in Jesus Christus im Übermaß erfüllt ist, sodass er nicht derjenige ist, der von den Menschen Gaben empfängt, sondern er bringt ihnen sogar Gaben.

[49] LUT 84: „Christus".

[50] LUT 84: „dieser Welt".

[51] Die Septuaginta, die griechische Übersetzung des Alten Testaments, die schon vor der Zeit Jesu existierte, übersetzt „du wirst nicht zulassen, dass dein Heiliger verwese".

[52] Dies und das folgende Zitat: Martin Luther, *Von der Freiheit eines Christenmenschen. Fünf Schriften aus den Anfängen der Reformation*, herausgegeben von Wolfgang Metzger. Neuhausen-Stuttgart: Hänssler, 1996, S. 162.

[53] *Bekenntnisse der Kirche. Bekenntnistexte aus zwanzig Jahrhunderten*, herausgegeben von Hans Steubing. Wuppertal: R. Brockhaus, 1997, S. 301.

[54] Siehe dazu ausführlicher Jack Levison, *A Boundless God. The Spirit according to the Old Testament*, Grand Rapids: Baker Academic, 2020, S. 15–32.

[55] LUT 84: „Odem".

[56] LUT 84: „Hauch".

[57] Siehe dazu auch mein Büchlein: Benjamin Kilchör, *„Mein Geist soll*

unter euch bleiben". Eine biblisch-theologische Grundlegung der Lehre vom Heiligen Geist, Ansbach: Logos Editions, 2020.
58 LUT 84: „Windes".
59 LUT 84: „Winde(s)".
60 LUT 84: „Wind auf Erden kommen".
61 LUT 84: „Wind."
62 LUT 84: „dein Schnauben."
63 LUT 84: „Winde".
64 Eigene Übersetzung.
65 Zunächst ist hier vom Geist der Menschen die Rede. Dieser ist aber nie ganz zu trennen vom Geist Gottes. Es gibt im ganzen Alten Testament so etwas wie eine allgemeine Gabe des Geistes, die nicht nur dem Volk Gottes zugedacht ist. So heißt es in Psalm 104,29-30, dass Gott seinen Geist aussendet, sodass die Menschen erschaffen werden, dass er aber ihren Geist wegnimmt, sodass sie vergehen und wieder zu Staub werden. Der Geist des Menschen ist damit nie ganz eigenständig, sondern immer abhängig vom Geist Gottes.
66 Siehe dazu Rainer Riesner, *Bethanien jenseits des Jordan. Topographie und Theologie im Johannes-Evangelium*, Gießen: Brunnen, 2002, S. 19–22.
67 Einer der wichtigsten alttestamentlichen Texte, die im Hintergrund der Johannestaufe stehen, ist Hesekiel 36. Dort wird für den Neuen Bund eine Wasserreinigung angekündigt (36,25), mit der sich dann die Gabe eines neuen Herzens und eines neuen Geistes verbindet (36,26-27). Dazu gehört die Rückkehr ins verheißene Land (36,24.28), wo die Bäume voller Früchte sein werden (36,30) und das verwüstete Land wieder wie der Garten Eden sein wird (36,35).
68 LUT 84: „Geist".
69 LUT 84: „Wind".
70 LUT 84: „See" statt „Meer".
71 LUT 84: „Hauch von Gott".
72 LUT 84 übersetzt an beiden Stellen „Odem" statt „Geistatem".
73 LUT 84: „Menschenkind".
74 LUT 84: „Leben".

75 LUT 84: „eingegeben".
76 Eigene Übersetzung.
77 Eigene Übersetzung.
78 Meredith G. Kline, *Images of the Spirit*, Eugene: Wipf and Stock, 1999, S. 106.
79 Nach dem deutschen Physiker Pascual Jordan (1902–1980) hat gerade die Quantenphysik auch in die Physik das Geheimnis wieder zurückgebracht. Er schreibt: „Alle antireligiösen Einwände aus naturwissenschaftlicher Begründung stammen aus der alten Meinung, [...], dass die Natur gewissermaßen mit sich allein ist, mit sich allein fertigwird und keine Eingriffe eines göttlichen Schöpfers und Weltregierers gestattet. Es muss heute mit aller Eindringlichkeit die Tatsache hervorgehoben werden, dass das, was heute noch zum festen Schema der Tagesmodelle allgemeinen Denkens gehört, nämlich die Vorstellung, dass die Entzauberung der Welt durch die Naturwissenschaft ein *unvermeidliches* Ergebnis naturwissenschaftlicher Forschung sei, auf zeitgebundenem Irrtum beruht. Wir sehen das Gegenteil am Beispiel der Radiumatome: Hier führt uns die tiefer bohrende und die bis zum Letzten dringende Forschungsbemühung zu der Feststellung, *dass das Geheimnis bleibt.* [...] Es bedeutet, dass die materialistische Naturphilosophie [...] nicht mehr, wie ihre Anhänger gern in Anspruch nehmen, im Einklang mit naturwissenschaftlicher Erkenntnis ist". Siehe: Pascual Jordan, „Die weltanschauliche Bedeutung der modernen Physik", in: Hans-Peter Dürr (Hg.), *Physik & Transzendenz. Die großen Physiker unserer Zeit über ihre Begegnung mit dem Wunderbaren*, Georgsmarienhütte: Driediger, 2021 (4. Aufl.), S. 168–192.
80 Mary Shelley, *Frankenstein*, Stuttgart: Reclam, 2018, S.74.
81 Yuval Noah Harari, *Homo Deus – Eine Geschichte von Morgen*, München: C.H. Beck, 2017.
82 Harari schreibt auf S.74: „Vielmehr werden sich die Bioingenieure den alten Körper des Sapiens vornehmen und seinen genetischen Code bewusst umschreiben, seine Gehirnströme neu ausrichten, sein bioche-

misches Gleichgewicht verändern und ihm sogar völlig neue Gliedmaßen wachsen lassen. Sie werden dadurch neue kleine Götter schaffen, sie sich von uns Sapiens möglicherweise genauso unterscheiden wie wir uns vom Homo erectus."

[83] Zitiert nach ELB. Die Formulierung „am Tag der Ekklesia" findet sich in 5. Mose 4,10 nur in der griechischen Übersetzung, nicht im hebräischen Text.

[84] In lutherischen Kirchen wird anstelle von „katholisch" darum in der Regel mit „christlich" übersetzt, in unierten und reformierten Kirchen mit „allgemein" oder „allgemein christlich".

[85] LUT 84 gibt „Gemeinde Jahwes" mit „Gemeinde des HERRN" wieder.

[86] LUT 84: „Fremde".

[87] LUT 84: „Verschnittene".

[88] L. Michael Morales, *The Tabernacle Pre-Figured. Cosmic Mountain Ideology in Genesis and Exodus*, Leuven: Peeters, 2012, S. 1.

[89] Jeschurun ist eine alte Bezeichnung für Israel.

[90] Siehe dazu Benjamin Kilchör, *Gemeinschaft des Leibes. Fünf Predigten über das Abendmahl zu Texten aus dem 1. Korintherbrief*, Beau Bassin: Fromm Verlag, 2017.

[91] Dietrich Bonhoeffer, *Ethik*, Gütersloh: Chr. Kaiser Verlag, 2. Auflage 1998, S. 308.

[92] LUT 84: „Menschenkind".

[93] LUT 84: „Leben".

[94] LUT 84 hat überall „Odem" statt „Geist" und „Menschenkind" statt „Sohn Adams".

[95] Die folgende Argumentation habe ich im Wesentlichen von Matthew Thiessen, „A Burried Pentateuchal Allusion to the Resurrection in Mark 12:25", *Catholic Biblical Quarterly* 76 (2014), S. 273–290, entnommen.

[96] LUT 84: „So zahlreich sollen deine Nachkommen sein!"

[97] Martin Luther, „Vom unfreien Willen", in: *Der neue Glaube. Luther Deutsch Bd. 3*, herausgegeben von Kurt Aland, Berlin: Evangelische Verlagsanstalt, 1957, 183.

[98] Das lateinische *carnis* bedeutet wörtlich eigentlich „Fleisch", die übliche deutsche Version des Apostolischen Glaubensbekenntnisses formuliert aber „Auferstehung der Toten" statt „Auferstehung des Fleisches".

Timothy Keller

Jona und der unverschämt barmherzige GOTT

208 Seiten, gebunden
ISBN Buch 978-3-7655-0760-1
ISBN E-Book 978-3-7655-7589-1

Jona im Bauch des Fischs – das ist wohl eine der bekanntesten Erzählungen aus dem Alten Testament. Doch kennen wir Jona wirklich so gut, wie wir meinen?

Timothy Keller zeigt uns einen vielschichtigen Jona:
- Der von Gott berufene Prophet, der einfach vor seinem Auftrag und vor Gott davonrennt
- Ein Nationalist, der nur sein Volk Israel sieht
- Ein Mann, der mit Gottes unbegreiflicher Gnade für Ninive nicht einverstanden ist, sie für sich selber aber als selbstverständlich ansieht.

Diese Themen sind auch für uns heute noch aktuell: Nationalismus, Ausgrenzung, Versöhnung. Timothy Keller beschreibt in seinem neuen Buch einen unverschämt barmherzigen Gott.

BRUNNEN VERLAG GIESSEN
www.brunnen-verlag.de

Dr. Walter Hilbrands
Prof. Dr. Hendrik J. Koorevaar

Einleitung in das Alte Testament

Ein historisch-kanonischer Ansatz

1264 Seiten, gebunden
ISBN Buch 978-3-7655-9580-6
ISBN E-Book 978-3-7655-7724-6

Ein Novum für eine Einleitung in das AT: Der historisch-kanonische Ansatz nimmt die biblischen Texte als historische Zeugnisse ernst und misst ihrer Stellung und Bedeutung im Kanon des Alten Testaments hohe Bedeutung bei. Ausgangspunkt ist das Zeugnis der alttestamentlichen Autoren und ihrer Texte selbst.

Mit Beiträgen von Thomas Bänziger, Gunnar Begerau, Wolfgang Bluedorn, Manfred Dreytza, Stefan Felber, Walter Gisin, Raymond R. Hausoul, Walter Hilbrands, Andreas Käser, Benjamin Kilchör, Herbert H. Klement, Bernhard Knieß, Hendrik J. Koorevaar, Hetty Lalleman, Geert W. Lorein, Winfried Meißner, Ronald T. Michener, Alan R. Millard, Jonathan Pater, Mart-Jan Paul, Siegbert Riecker, Heinrich von Siebenthal, Julius Steinberg, David Van Acker, Hans van den Herik, Pieter Gert van der Veen, Eveline van Staalduine-Sulman, Jan Verbruggen, Heiko Wenzel, Hans-Georg Wünch, Carsten Ziegert.

BRUNNEN VERLAG GIESSEN
www.brunnen-verlag.de